桂子山社会学论丛

新型城乡一体化发展的探索

来自武汉江夏的『中国经验』

江立华 等◎著

中国社会科学出版社

图书在版编目(CIP)数据

新型城乡一体化发展的探索：来自武汉江夏的"中国经验"/
江立华等著. —北京：中国社会科学出版社，2018.1
ISBN 978-7-5203-0446-7

Ⅰ.①新… Ⅱ.①江… Ⅲ.①城乡一体化—发展—研究—
中国 Ⅳ.①F299.21

中国版本图书馆 CIP 数据核字(2017)第 115704 号

出 版 人	赵剑英
责任编辑	冯春凤
责任校对	张爱华
责任印制	张雪娇

出　　版	中国社会科学出版社
社　　址	北京鼓楼西大街甲 158 号
邮　　编	100720
网　　址	http://www.csspw.cn
发 行 部	010-84083685
门 市 部	010-84029450
经　　销	新华书店及其他书店

印　　刷	北京君升印刷有限公司
装　　订	廊坊市广阳区广增装订厂
版　　次	2018 年 1 月第 1 版
印　　次	2018 年 1 月第 1 次印刷

开　　本	710×1000　1/16
印　　张	15.5
插　　页	2
字　　数	216 千字
定　　价	68.00 元

凡购买中国社会科学出版社图书，如有质量问题请与本社营销中心联系调换
电话:010-84083683

前　言

　　破解城乡二元结构难题，推动城乡一体化的全面发展，既是时代发展的新要求，也是解决"三农"问题的根本出路，更是建设中国特色社会主义当前面临的紧迫任务。党中央、国务院一直高度重视"三农"问题，从 2004 年的《关于促进农民增加收入若干政策的意见》到 2017 年的《关于深入推进农业供给侧结构性改革加快培育农业农村发展新动能的若干意见》《关于全面深化农村改革加快推进农业现代化的若干意见》，连续下发了 14 个"一号文件"，出台了一系列重大农业政策，并明确指出："坚持新发展理念，协调推进农业现代化与新型城镇化""走中国特色农业现代化道路，建立以工促农、以城带乡长效机制，形成城乡经济社会发展一体化新格局。""城乡发展一体化是解决'三农'问题的根本途径""必须健全体制机制，形成以工促农、以城带乡、工农互惠、城乡一体的新型工业城乡关系，让广大农民平等参与现代化进程、共同分享现代化成果"。这一系列论述为我国城乡一体化发展确定了重要目标、战略任务和重大措施，指明了前进方向。

　　近年来，我国城乡一体化建设不断加快，2017 年城镇化率达到了 58.52%。但城乡二元结构还未彻底解决，城镇建设与发展中存在一些隐患，例如，有的地方土地城市化快于人口城市化，空城空地时有发生；有的地方资源环境承载能力负荷过大，超前过度发展；有的地方农民户口"被城市化"，应享受待遇未"同等化"。特别是城乡一体化发展规划体系不健全，行政命令高于城乡规划，规划引领作用难以发挥；城乡一体化建设资金筹措难，投融资平台亟待完善，靠土地征用支撑建设现象较为普遍；产业支撑尚未完全形成，农业科技水平较低，规模效益亟待提高；基本公共服务体系未健全，城乡公民待遇水平悬殊较大，政策标准亟待衔接；体制机制创新瓶颈制约较多，行政区划利益壁垒复杂，发展环境亟待改善等等，有许多问题需要去研究、去探讨、去解决。

在拥有 13 亿人口的中国实现城乡一体化，是人类社会发展史上的伟大壮举，也是全中国人民的共同期盼，更是党和政府的一项艰巨而又复杂的重大战略任务。近年来，我国从中央、地方到相关部门都在不断地努力探索城乡一体化发展，特别是农村社会创新发展的理念、思路和途径。各个地方和基层的创新性探索，是形成自身特点的实践过程，也是对城镇化、农村发展之"中国经验"的丰富和发展。江夏在推进新型城镇化和城乡一体化发展方面的一系列新思路和新做法，反映了当地对于城乡协调发展这一历史性、战略性课题的深入思考和重新探索，无论在理论上还是实践上，都具有重要且深远的意义。

为了展现中部地区城乡一体化的发展面貌，本课题组多次深入到武汉市江夏区进行调查研究，深切感到武汉市江夏区的城乡一体化建设，经过多年的改革实践已经迈上了新阶段。因此，从理论意义上看，对江夏区新型城镇化建设进行研究，对于"中国经验"的研究具有十分重要的学术价值。因为整个中国经验是由中央经验、地方和部门经验、基层经验三个层次构成。正如已故社会学家郑杭生先生所说：在三个层次的实践创新和探索中，中央经验是"中国经验"的核心、灵魂和指导。"地方和部门经验、基层经验的重要性就在于它们共同构成了'中国经验'一个个亮点、一个个支点，共同标志着中国特色社会主义这种新型社会主义历程的一个个轨迹点、成长点。"① 江夏以新产业、新社区为抓手，着力打

---

① 郑杭生、杨敏、奂平清等著：《"中国经验"的亮丽篇章——社会学视野下"杭州经验"的理论与实践》，中国人民大学出版社 2010 年版，第 2 页。

造美好家园，涉及农业生产、社会关系和自然生态多重视角。这是新型城镇化和城乡一体化发展之"中国经验"来自基层的一个典型案例，从新的角度展现了"中国经验"的丰富内涵。

从现实意义上说，江夏在推进新型城镇化过程中在"全域规划""产业互动""设施互通""产镇融合""城镇多元协调发展"等方面进行了实践创新，其先进思路和做法需要经由社会科学从多个角度来概括、凝练和提升。从中国社会学的使命出发，对江夏创新性经验进行调查和研究，使业已成型的"江夏经验"或"江夏模式"与更多地方的实践展开对话，转而更好地指导江夏乃至全国的实践。作为社会科学重要组成部分的中国社会学有义务和使命对其经验进行调查研究，做出自己的符合实际的理论概括，以提升自己的理论品质，更好地服务于中国的现代化进程。

《新型城乡一体化发展的探索》一书，是在实地调查基础上，对江夏实践经验所做的一种社会学提炼和概括。书中深度分析了城乡一体发展中面临的亟待解决的城乡"规划统筹科学""产业优化提升壮大""基础设施健全配套""体制机制改革创新""公共服务健全均等""生态和谐持续""城镇多元协调集群发展"等重大问题，力图回答什么是新型城镇化、如何推进城乡一体化发展、在推进新型城镇化和城乡一体化发展过程中，建设和谐、现代、亮丽农村的重要意义和作用何在这些理论和现实问题，展示和深描我国基层和地方在城乡一体化进程中的全新成果，为我国新型城镇化的探索增添又一个典型案例。希望此书不仅为我国城乡一体化建设提供理论的支撑，还为各地及有关部门正确决策提供科学的依据和有益的启迪。

目　录

第一章 城乡一体化:新型城镇化的核心

改革开放 30 多年来，我国的经济社会发展取得了举世瞩目的成就。2010 年，我国国内生产总值已经超过日本，一跃成为世界第二大经济体。伴随经济快速增长，我国城镇化进程也在明显加快，城乡社会面貌发生了深刻变迁，城乡居民生活也有了质的提升。然而，我们也应该清醒地看到，一方面，近年来，某些地方、某些部门受"GDP 主义"影响，盲目推进城市化，由此导致诸如暴力拆迁、强制征地等损害居民利益的恶性事件频发；另一方面，与大规模的"造城运动"形成鲜明对比的是，广大农村地区逐渐出现人口"空心化"，劳动力和社区精英大量流失，生产发展缺少资金支持，农村的养老、教育和管理等领域也面临严峻的形势。可见，在经济社会发展过程中，盲目城市化、农村持续发展缺乏活力以及城乡发展不协调等问题，仍然在一定范围内、一定程度上存在。鉴于此，积极探索城乡协调、一体化发展的新思路、新模式和新办法，对于我国经济社会全面进步、城乡居民生活水平不断提高，具有重要的战略价值和现实意义。

一 城乡一体化的提出:背景、概念以及发展

城乡一体化的提出，是为了从根本上解决城乡分离和城乡对峙的局面，进而使城乡居民共享我国社会经济发展的成果，并在此基

础上实现经济的可持续增长和社会的公平、和谐。要深入地理解城乡一体化的内涵，就必须对其产生的宏观社会背景、概念演进的历史及其在现实社会中的发展过程做一个细致的梳理。

(一) 城乡一体化的背景：二元结构亟须破解

马克思在《资本论》中指出："一切发达的、以商品交换为媒介的分工的基础，都是城乡的分离。可以说，社会的全部经济史，都概括为这种对立的运动。"[①] 从表面上看，城乡分离似乎是生产力发展的必然结果，但在实质上，这一结果只是由早期的资本主义为积累原始资本的实践所造成。所以，马克思和恩格斯继而又提出，"消灭城乡之间的对立是社会统一的首要条件"[②]。城乡分离本身就是一个短暂的历史现象，其内在充斥着非正义和不可持续的因素。如果继续维持城乡分离的局面，一则会危及经济发展方式的从粗放向集约的转型；二则会造成城乡居民之间矛盾的累积并可能构成社会良性运行的潜在风险。从我国的本土现实看，城乡一体化作为一种战略提出的目的就在于着力破解新中国成立后形成的城乡二元结构，实现各类经济要素和人力资源在城乡区域的自由流动和双向发展。因此，我们有必要了解城乡二元结构发展、成型的大致过程及其破解之道。

1. 城乡二元结构的形成

城乡结构是社会结构的主要内容之一，尤其是在中国，城乡结构是最能体现本土社会结构特殊性的一个方面。因为，中国的城乡结构经历了一个十分独特的建构和演变过程，即从城乡二元经济结构向城乡二元经济社会结构转变，并由此诞生了城乡二元社会，这种二元结构不仅表现为在经济层面农业和非农业之间的分工、城市以工业为主的现代部门与农村的传统农业部门的并存，更体现在

[①] 《马克思恩格斯全集》第 23 卷，人民出版社 1972 年版，第 390 页。
[②] 《马克思恩格斯全集》第 3 卷，人民出版社 1960 年版，第 57 页。

"二元身份性的社会地位体系或结构，而且正是这样的社会地位体系又影响到城乡的人口分布、产业结构及其他重要的社会经济关系"①。因此，城乡二元结构是一个独特的中国现象，它具有以下几个方面的特征：①城乡居民存在两种身份制，城乡分割，形成两种社会形态和两大利益集团；②城市以国有经济为主，农村以集体和个体所有制为主，形成互相独立的两大不同性质的经济板块②；③城乡居民之间的权利、身份和待遇不对等，造成了"一国两策"的现象。

城乡二元格局实质上是一种制度化的城乡差别。著名经济学家厉以宁先生就曾指出："计划经济体制实际上有两个重要支柱：一是政企不分、产权不明的国有企业体制；二是城乡分割、限制城乡生产要素流动的城乡二元体制。这两个支柱支撑着整个计划经济体制的存在和运转。"③ 我国的城乡二元分割自古有之，但真正在制度上得以稳固成一种体制的，则是始于20世纪50年代后期。1958年《户口登记条例》的颁布标志着我国城乡分割的二元体制的确立，因为城乡二元体制的核心是户籍制度。从1958年到改革开放前，是二元体制原型形成时期。中央政府通过1958年制定的《户口登记条例》，严格地管控城乡之间的移民与人口流动，农民身份被户口制度固定下来并在价值序列上低于城市户籍人口，成为了社会中的"二等公民"。同时，城市与农村的分工在空间上也颇为严格：乡村专事农业生产，工业生产则专属于城市部门。相关的配套性制度主要包括：粮食统购统销、人民公社制度、城市粮食配给、城市单位制度、"价格剪刀差"（农工

---

① 陆学艺主编：《当代中国社会结构》，社会科学文献出版社2010年版，第255页。

② 吴楚材、陈雯、顾人和、张落成：《中国城乡二元结构及其协调对策》，《城市规划》1997年第5期。

③ 厉以宁：《论城乡二元体制改革》，《北京大学学报》（哲学社会科学版）2008年第2期。

产品不等价交换）对于农业部门的剥削等。这一组配套性的城乡二元体制原型，一方面有助于国家强力管控城乡移民与社会控制；另一方面则便于国家榨取农业剩余，并将此剩余转移到城市工业部门，以促进快速工业化，集中优势力量完成"超英赶美"的赶超政策。从某种程度上看，城乡二元体制的建立是对计划经济制度的维存和延续，通过限制城乡生产要素和人力资本的自由流动，强制性将农民束缚在土地上、禁锢于农村中，这种城乡之间的分割也就使"三农"问题显得越发的棘手和复杂。

实际上，"城乡分割的二元社会结构的形成，是诸多经济的社会的因素作用的结果，是保障赶超型工业化战略的、以户籍制度为核心的一系列制度安排"[①]。林毅夫等著名经济学者也曾指出：中国实施改革开放前后所遭遇的经济问题，实质上是源于20世纪50年代所采取的重工业优先发展的赶超战略，这一战略奠定了我国社会城乡二元的基本结构[②]。客观地说，选择优先发展重工业，其实也是受到多方面因素的诱导：一是从国际竞争的角度考虑，"二战"后独立的国家大都选择了以重工业带动大规模经济建设的现代化道路，并取得相当巨大的成果，这无疑为当时的中国带来了极其震撼的示范效应；二是国际政治、经济环境的制约，20世纪50年代伊始，主要资本主义国家就对中国展开了经济制裁和政治孤立，这种潜在的国际冲突也迫使了新中国必须通过发展重工业来构建自成体系的工业结构；三是工业化积累方式的约束，新中国是建立在一个经历十多年战争、积贫积弱基础之上的一个新政权，以重工业作为发展导向才能避免国内消费能力缺失的弱点，"重工业具有自我服务、自我循环的产业特征，因而发展重工业可以克服当时农民占绝对优势比重，极度贫困使他们无法为工业发展提供有效需

---

① 肖冬连：《中国二元社会结构形成的历史考察》，《中共党史研究》2005年第1期。

② 林毅夫、蔡昉、李周：《中国的奇迹：发展战略与经济改革》，上海三联书店1994年版，第10页。

求这一条件约束，从而超阶段地实现工业化建设"①。由于国家集中力量发展重工业，就势必会通过政策的干预来人为地压低农产品的收购价格，从而为工业供给大量的资源，因此重工业所产生的各项隐形成本又被转移到了农业部门之中。

2. 城乡二元结构的演变

城乡二元结构并不是一种僵化的体制形态，相反，它却是一个动态演化的过程。尤其是改革开放以来，党和政府通过不断地进行制度创新，并试图在不同的方面对二元结构进行纠偏，由此也导致了城乡二元结构的持续演变，并逐渐朝向城乡一体的目标良性发展。

这些演变的过程可以归纳为以下几个阶段。

第一阶段是 1958—1978 年：城乡二元结构形成制度性的资源汲取机制。一方面是重工业优先的强制性赶超战略的形成，实施重工业优先战略，对农业是"多取少予严管"，导致农业生产率低下、农副产品供不应求、饥荒频繁出现，这又增加了政策制定者们对城市化的恐惧感和"反城市化"的倾向，强制性的户籍制度也是防止农村劳动力流失的手段；而且，这种"高积累、高投资、高速度优先"发展重工业的战略也致使了经济结构的失衡，并大幅度地缩减了城市和工业的容纳力，最终造成城市社会中巨大的就业压力和农村的贫穷化②。另一方面户籍制度的形成也限制了人口的自由流动，并阻断了劳动力、资本等生产要素市场的正常交易。户籍制度具有强烈的空间束缚的性质，公民依其不同的城乡户籍属性，被强制性地捆绑在特定的土地、行政区划之内，迁徙自由权被剥夺，国内移民也被严格地管控。

第二阶段是 1979—1984 年：城乡二元结构朝双方有利方向演

---

① 林毅夫、蔡昉、李周：《中国的奇迹：发展战略与经济改革》，上海三联书店1994 年版，第 21—23 页。

② 肖冬连：《中国二元社会结构形成的历史考察》，《中共党史研究》2005 年第 1期。

进。这一阶段，改革的重心被放置在了农村。1982 年，党中央发出第一个关于"三农"问题的"一号文件"，明确指出：包产到户、包干到户或大包干"都是社会主义生产责任制"，"不同于合作化以前的小私有个体经济，而是社会主义农业经济的组成部分"。1983 年党中央"一号文件"又对家庭联产承包责任制作出更为详尽的界定。农村改革萌发了城乡结构的有限变动，它首先冲破了城乡二元产权的约束，在资源配置方面获得了一定程度的自主。具体而言，家庭联产承包责任制构成了新的制度创新，它使制度供给和制度需求达到了短暂的平衡。农村改革的良好制度示范效应也引起了城市国有企业制度变革的探索激情。1984 年国有企业"放权让利"在全国逐步推行，试图扩大企业的自主权，同时也配套开展了企业劳动合同制的创新。总的来看，此阶段的改革形成了微弱的城乡互动，它既丰富了市民的物质需求，又使农民实现了增产创收，城乡区域都各自向着良性运行的方面变革①。

第三阶段是 1985—1991 年：城市导向性的城乡二元结构制度变迁。1984 年中共十二届三中全会通过《中共中央关于经济体制改革的决定》，改革的重心自此从农村转移到了城市，国有企业体制的改革成为全社会关注的热点。企业"两权分离"有了较快的发展，并于 1987 年在全国大中型国有企业中迅速推开。实践证明，承包经营责任制的改革释放了巨大的生产空间。不过，农村的改革效果却差强人意，蓬勃发展的乡镇企业从 1989 年开始陷入萧条，农村人口再次受到了城市的系统性排斥，城市的收容遣送制度更是对农村流动人口的权益进行了不公正的限制。此阶段城乡二元结构的制度变迁在一定程度上是以牺牲农民的利益来维护市民的利益，城乡二元结构的变化越来越不利于农民，城市利益在城乡二元结构

---

① 蓝海涛：《我国城乡二元结构演变的制度分析》，《宏观经济管理》2005 年第 3 期。

调整中重新占据主导地位①。

第四阶段是 1992—2001 年：强化城市利益的城乡二元结构制度变迁。这一阶段其实也是社会主义市场经济体制初步建立的时期。1992 年，党的十四大明确了建立社会主义市场经济体制是经济体制改革的目标。尤其是 1997 年之后，国家加大了对于城市居民的福利建设，低保标准的提高，公务员、事业单位工作人员和国企职工的工资上调，城市基础设施大规模兴建，这些措施都令城市得到了优先的发展。相对而言，这一时期的农民利益却没有得到应有保障，尤其是农民的税费负担过重和流动的受限，更是让农民无法分享改革红利。乡镇财政越发困难，空心村大面积出现。著名学者王春光曾指出："1992—2001 年，中国的城乡结构经历了巨大的失衡性变迁：一方面城乡之间的交往比以前更自由，规模空间，是新中国成立以来未曾有过的进步，另一方面城乡差距却在迅速扩大，特别是农民负担大增，农村社会问题和矛盾剧增，城乡发展失衡进一步扩大。"②

第五阶段是 2002—2011 年：力图遏制城乡二元结构失衡的制度变迁。21 世纪伊始，我国便开始了农村"费改税"试点改革，2001 年逐步推开，到 2002 年全国大部分省份都实施了费改税。2004 年 2 月 8 日，21 世纪的第一个关于"三农"的中央一号文件——《中共中央国务院关于促进农民增加收入若干政策的意见》公布，自此，中央一号文件重新锁定"三农"问题。2005 年党和政府提出了新农村建设的理念，2006 年中央一号文件《中共中央国务院关于推进社会主义新农村建设的若干意见》强调：要建设"生产发展、生活宽裕、乡风文明、村容整洁、管理民主"的新农村。同年 10 月，党的十六届六中全会通过了《中共中央关于构建

---

① 蓝海涛：《我国城乡二元结构演变的制度分析》，《宏观经济管理》2005 年第 3 期。

② 陆学艺主编：《当代中国社会结构》，社会科学文献出版社 2010 年版，第 262 页。

社会主义和谐社会若干重大问题的决定》，指出："积极推进农村社区建设，健全新型社区管理和服务体制，把社区建设成为管理有序、服务完善、文明祥和的社会生活共同体的发展目标。"2008年10月，党的十七届三中全会提出，我国总体上已进入以工促农、以城带乡的发展阶段，进入加快改造传统农业、走中国特色农业现代化道路的关键时刻，进入着力破除城乡二元结构、形成城乡经济社会发展一体化新格局的重要时期。

第六阶段是2012年至今：城乡一体化的深化改革和良性发展。2011年，中国城镇人口首次超过农村人口，比例达到了51.3%，人均GDP达到5000美元，这为城乡一体化建设提供了新的任务和发展要求。《十二五规划纲要》中强调："统筹城乡发展，积极稳妥推进城镇化，加快推进社会主义新农村建设，促进区域良性互动、协调发展。"十八大报告也提出："解决好农业农村农民问题是全党工作重中之重，城乡发展一体化是解决'三农'问题的根本途径"；"加大统筹城乡发展力度，增强农村发展活力，逐步缩小城乡差距，促进城乡共同繁荣"。《中共中央关于深化改革若干重大问题的决定》则更为明确地指出："城乡二元结构是制约城乡发展一体化的主要障碍。必须健全体制机制，形成以工促农、以城带乡、工农互惠、城乡一体的新型工农城乡关系，让广大农民平等参与现代化进程、共同分享现代化成果。"因此，现阶段的城乡二元格局到了不得不改、不得不破的境地，而且，城乡一体化不仅要在面上推开，更要在质上突破。与此同时，国家层面的政策也得到了地方实践的进一步深化，各地探索城乡一体化的地方和基层经验都已成型并有所突破。以湖北省为例，省委省政府确定鄂州作为城乡一体化的试点，鄂州也在实践中总结出了"突破传统的城镇化建设模式，坚持发展中小城镇和农村新型社区"的经验。

3. 城乡二元结构的负面影响

城乡二元结构在形成的初期，无疑是起到了支持国民经济和重工业高速发展的保障作用，但这一结构只是一种暂时性、动员性的体制，一旦它成为制度而稳定下来，就会造成城市对于农村的"虹吸效应"，无限制地汲取乡村资源而无等量、等质的回馈。于是，城乡资源的配置严重失衡，乡村和城市逐步断裂，其负面影响也加速爆发。

这些负面影响主要包括以下五个方面：

1）阻碍国民经济健康发展，影响农业现代化和新型工业化的进程。城乡二元结构和城乡分割体制的主要危害就是造成城市化滞后，并成为农村经济结构转型升级的障碍，影响农业现代化进程和农业生产率的提高，最终也势必会引起国民经济比例的失调、工农业结构和城乡人口结构的严重错位，形成所谓"工业国家、农业社会"的扭曲社会结构，而且也容易造成劳动生产率和经济效益的双重下降。

2）限制城乡人口的自由流动，阻碍农村剩余劳动力转移。城乡分割的户口管理制度，限制了包括人力资源在内的各种要素，在城乡区域之间有选择性地双向流动，大量的优秀人才由于户口的约束和城乡壁垒，不能选择适合其所长的部门和职业，人力资源浪费严重。

3）资源配置的不合理程度加剧，资源浪费严重。农村的资源配给远落后于城市，尤其是城乡接合部，由于缺乏统一、持续的规划，城乡各自为政、自成一体、重复布点、盲目建设问题严重，造成了有限资源的巨大浪费。

4）刺激农村人口膨胀，不利于农村人口控制。城乡二元结构使得农村的生产生活方式并没有随着社会经济的发展而得以相应地转变，农业产业化未能形成，粗放的发展方式和乡土文化的融合，促使农村家庭选择以人口再生产来提高社会生产力，农村经济也因此无法实现内涵型发展。

5）造成农村越发贫困，滋生大量的社会问题。城乡二元结构不断从农村汲取资源以支持城市的发展，这种不公义的发展方式一方面导致了农民的贫困，另一方面，城乡间的利益分配的严重失衡也必然会导致农民对现有体制心生不满，再加之农民的人口基数巨大，一旦形成"民怨"，其导致的集体行动将有可能冲击社会秩序的稳定①。

（二）城乡一体化的概念：理论演进与实践深化

城市与乡村在本质上就是两个不同特质的经济社会单元与人类聚落空间，城乡分离经历了一段相当长的历史时期。不过，我国城乡分离的关系却表现为城市"挤压"农村的二元结构。这一痼疾在改革开放 30 多年后依然没有得到根本性的扭转，"三农"问题仍是每年都要放置于中央一号文件之中加以重点破解的关键性难题。而要破解"三农"问题，不断推进新型城镇化的有效发展，就必须将重点放在城乡统筹的基础之上，实现高起点、高质量的城乡一体化。

1. 何为城乡一体化：理论的探索和演进

现代的西方社会学理论通常将城市与乡村的差别视为一种行为方式的不同。比如，有学者就将都市看成是一种"生活方式"，它充满了竞争、异质性和易变性，其与乡村的差异也主要是由以下三个方面引起的：一是规模，规模的差异产生了隔绝、淡漠和社会距离；二是密度，密度的差异致使人们根据特定的角色相互关联，因为城市在这些角色占有者之间形成了隔绝，正式规章要更多一些；三是异质性，意味着人们参与不同的社会圈子，没有任何一个会要求个人的完全投入，这就意味着他们的地位各个不同，也因此缺乏稳定性②。但是，城乡之别在我国就绝不仅是生活方式的差异问题了，它更是一个涉及社会结构和社会公平的大问题。在这一情况下，城乡一体化也就应运而生了。

---

① 吴楚材、陈雯、顾人和、张落成：《中国城乡二元结构及其协调对策》，《城市规划》1997 年第 5 期。

② 布莱恩·特纳主编：《社会理论指南》（第二版），上海人民出版社 2003 年版，第 512 页。

　　城乡一体化在本质上就是为了破除二元结构，实现经济社会发展和公共服务在城乡区域内的公正、均衡和共享。我们看到，城乡二元社会结构实则是由三个方面的制度所建构起来的：一是户籍制度，它不仅在空间上区分了城市和乡村，同时也在身份上创造了市民与农民，而且也规定了市民从事工业、农民参与农业的职业属性；二是城乡有别的公共政策，社会福利被粘连在了身份之上，公共服务出现了"城乡分治、一国两策"的社会管理体制；三是城乡二元的产权制度，农村实行的集体所有制，而城市则是全民所有制，城乡产权的不同更是容易导致资源配置和权利分属的不对等①。因此，城乡一体化也必须要对以上三种制度的弊端进行改革和重塑。

　　具言之，城乡一体化是指：使城市和乡村两者在一个相互依存的区域范围内谋求融合发展、协调共生的过程，其目的在于促进城市和乡村成为一个不可分割的有机体，彻底消解阻碍资金、人口、信息和物质等资源在其间自由流动的屏障，进而达到城乡经济、社会、文化的互通、互渗、互融②。就我国的现实情况来看，城乡一体化也就是从根本上破解城乡二元格局，将城市与乡村打造成一个相互依存、相互促进的统一体，充分发挥它们各自的优势和作用。同时，城乡一体化包括以下八个方面：（1）总体规划一体化；（2）产业布局一体化；（3）劳动就业一体化；（4）资源配置一体化；（5）收入分配方式一体化；（6）基础设施建设一体化；（7）社会保障一体化；（8）生态环境保护一体化③。这八个方面说到底，就是要促使以工促农、以城带乡，缩减城乡

---

①　陆学艺主编：《当代中国社会结构》，社会科学文献出版社 2010 年版，第 257 页。

②　洪银兴、陈雯：《城市化和城乡一体化》，《经济理论与经济管理》2003 年第 4 期。

③　陈伯庚、陈承明：《新型城镇化与城乡一体化疑难问题探析》，《社会科学》2013 年第 9 期。

差距，增促城乡融合。

从某种程度上来讲，城乡一体化的进程包含着城市规模的扩大、城市人口的增加、城乡产业结构的调整等方面，但其不意味着要完全消除城乡之间的差异。因为，城市与乡村作为两种基本的地域类型将长期存在，这种空间聚落的特点是由不同的产业属性所决定的，片面地将乡村完全同质化为城市的做法是毫无必要且极不现实的。一方面，城乡一体化绝不应该被庸俗化为城乡一样化或农村城市化，我们必须看到两类区域是非均质的社会空间，城市的发展必须以非农业为主，而农村则需要以农业为主；另一方面，城乡一体化也不是城乡的"低层次平衡发展"和"平均主义"，一体化不应该降低城市的发展空间去屈就乡村，相反是要提高乡村的品质，使它们拥有对等的竞争地位、资源存量以及公共服务[①]。

由于我国城乡二元结构的长期存在，城乡一体化所实现的社会经济发展对"三农"问题的影响更为根本。这些影响具体如下：（1）中国农民将变为"城外市民"，从而为中国解决社会公正问题创造基础；（2）中国农业将变为市场分工体系中可获得平均利润和平均工资的一个竞争性行业，从而极大程度地改善经济资源的配置效益；（3）中国农村将转变为专业农户的生产区和生活区，现有大部分农村居民将在脱离农业生产以后迁移至城市，从而使中国人口分布格局发生颠覆性的变革[②]。

2. 城乡一体化的发展：中央与地方的实践

城乡一体化绝不是一种单纯的理论导向，而是一种以理论为基础、以实践为目的的具体规划与行动。而这一系列的行动又可具体划分为中央、地方和基层三个层次的内容，它们共同构筑起了城乡一体化的亮丽篇章。

---

① 洪银兴、陈雯：《城市化和城乡一体化》，《经济理论与经济管理》2003 年第 4 期。

② 肖金成、党国英：《城镇化战略》，学习出版社 2014 年版，第 7—8 页。

从中央的层级来看，自步入 21 世纪以来，农村工作尤其是城乡统筹成为党和政府最为关注的内容之一。党的十六大报告以"全面建设小康社会"为主题，指出：要逐步扭转工农差别、城乡差别和地区差别。它第一次明确地提出了统筹城乡经济社会发展的方略，开启了破除城乡二元结构体制的历史进程。党的十六届三中全会将统筹城乡发展作为科学发展观的重要组成部分放在"五个统筹"之首，提出建立有利于逐步改变城乡二元经济结构的体制，统筹城乡发展的思路逐渐形成。党的十七大进一步提出形成城乡经济社会发展一体化的新格局。十七届三中全会再次强调，要始终把着力构建新型工农、城乡关系作为加快推进现代化的重大战略。党的十八大提出："城乡发展一体化是解决'三农'问题的根本途径。要加大统筹城乡发展力度，促进城乡共同繁荣。"2015 年 4 月 30 日中共中央政治局就健全城乡发展一体化体制机制进行了第 22 次集体学习。中共中央总书记习近平在主持学习时强调："加快推进城乡发展一体化，是党的十八大提出的战略任务，也是落实'四个全面'战略布局的必然要求。""推进城乡发展一体化，是工业化、城镇化、农业现代化发展到一定阶段的必然要求，是国家现代化的重要标志。""推进城乡发展一体化要坚持从国情出发，从我国城乡发展不平衡不协调和二元结构的现实出发，从我国的自然禀赋、历史文化传统、制度体制出发，既要遵循普遍规律、又不能墨守成规，既要借鉴国际先进经验、又不能照抄照搬。要把工业和农业、城市和乡村作为一个整体统筹谋划，促进城乡在规划布局、要素配置、产业发展、公共服务、生态保护等方面相互融合和共同发展。着力点是通过建立城乡融合的体制机制，形成以工促农、以城带乡、工农互惠、城乡一体的新型工农城乡关系，目标是逐步实现城乡居民基本权益平等化、城乡公共服务均等化、城乡居民收入均衡化、城乡要素配置合理化，以及城乡产业发展融合化。"

与此同时，2004—2016 年，中央一号文件连续 13 年对三农工作进行了全面的统筹、规划与布局（见表 1.1）。有学者认为：

1982—1986 年有关"三农"的五个中央一号文件的核心理念是
"放开搞活",而 2004 年以后中央一号文件的核心理念则是"城乡
统筹";前者所要解决的关键任务是突破计划经济对"三农"的束
缚,而后者则是要从根本上破解城乡二元结构的制约;"放开搞
活"和"城乡统筹"分别反映了我国"三农"问题发展的阶段性
要求,体现了党的"三农"思想的连续性和传承性,也说明了党
的"三农"思想的发展和创新①。

表 1.1   21 世纪以来中央一号文件列表

年份	一号文件名称
2004	《中共中央国务院关于促进农民增加收入若干政策的意见》
2005	《中共中央国务院关于进一步加强农村工作提高农业综合生产能力若干政策的意见》
2006	《中共中央国务院关于推进社会主义新农村建设的若干意见》
2007	《中共中央国务院关于积极发展现代农业扎实推进社会主义新农村建设的若干意见》
2008	《中共中央国务院关于切实加强农业基础建设,进一步促进农业发展农民增收的若干意见》
2009	《中共中央国务院关于促进农业稳定发展农民持续增收的若干意见》
2010	《中共中央国务院关于加大统筹城乡发展力度进一步夯实农业农村发展基础的若干意见》
2011	《中共中央国务院关于加快水利改革发展的决定》
2012	《中共中央国务院关于加快推进农业科技创新持续增强农产品供给保障能力的若干意见》
2013	《中共中央国务院关于加快发展现代农业,进一步增强农村发展活力的若干意见》

①　方玉萍:《从"放开搞活"到"城乡统筹"》,《广西社会科学》2012 年第 5
期。

续表

年份	一号文件名称
2014	《中共中央国务院关于全面深化农村改革加快推进农业现代化的若干意见》
2015	《中共中央国务院关于加大改革创新力度加快农业现代化建设的若干意见》
2016	《中共中央国务院关于落实发展新理念加快农业现代化实现全面小康目标的若干意见》

　　而从地方层级上看，各省/自治区/直辖市都借着中央关注"三农"问题、加大"三农"投资之东风，不断调整区域内部的城乡结构和工农结构，试图通过"因地制宜"的方式走出一条突破城乡一体化瓶颈的新路子。比如，从 2003 年开始，成都市就提出了"统筹城乡经济社会发展，推进城乡一体化"的工作思路。2004 年出台了《中共成都市委、成都市人民政府关于统筹城乡经济社会发展推进城乡一体化的意见》，并围绕这一文件形成了较为完善的统筹城乡发展的政策体系。2007 年在获批"全国统筹城乡综合配套改革试验区"之后，更是将城乡一体化的建设推向了新的高潮。而就湖北省的情况来讲，推进城乡一体化政策的制定时间虽不算早，但却能够在先行者的经验上实现地方实践的再探索与再升华。蒋大国就曾指出："自 2008 年以来，省委、省政府先后进行了仙洪新农村建设试验区、七个山区县脱贫奔小康试点、鄂州城乡一体化试点、88 个新农村建设试点乡镇、大别山革命老区经济社会发展试验区、武陵山少数民族经济社会发展试验区、中国农谷、荆州壮腰工程等多个层面和区域的试点，这些都是湖北统筹城乡发展、推进城乡一体化的重要探索，取得了明显成效和重要经验。"①

---

① 蒋大国：《高起点推动湖北城乡一体化》，《政策》2013 年第 10 期。

2011 年 10 月，江夏区紧紧围绕武汉市提出的"建设国家中心城市、复兴大武汉"的战略目标，确立了"以纸坊新城建设为核心，以集镇试点建设为重点，稳步推进中心村建设"为基本思路的统筹城乡发展路径，率先在武汉市新城区拉开了统筹城乡发展工作的大幕。

二　从城镇化到新型城镇化的突破

（一）城市化的发展与我国现实

城市化是指一个农业人口转化为非农业人口、农村地域转化为城镇地域、农业活动转化为非农业活动的过程。城市化是社会生产力发展的必然产物。发达地区的城市化始于 1760 年的产业革命，此后的城市化推进程度无一不与一个国家的生产力发展状况相关联。许多国际组织（如世界银行）提倡将城市化率作为衡量一个国家或地区生产力发展与经济增长的重要指标之一。城市化率指的是居住在城市里的人口占总人口的比重，发达国家的城市化水平均在 70% 以上，中等发达的发展中国家一般在 50% 以上，而传统的农业国家则一般不会超过 20%[①]。从全球范围上看：1800 年，世界城市人口比重仅占 3%，1900 年占 13%，1950 年占 28%，1980 年占 41%。英国于 1851 年成为世界上第一个城市化率超过 50% 的国家，也因此成为当时世界上最发达的国家。20 世纪 50 年代，欧洲和北美等主要资本主义国家的城市化率达到 50% 以上，相继步入了城市化的基本实现阶段，成为领导先进生产力的代表[②]。

1949 年以来，我国的城镇化道路其实并不平坦。由于新中国

---

① 严正：《论中国的城市化进程》，《当代经济研究》2000 年第 8 期。
② 周加来：《城市化·城镇化·农村城市化·城乡一体化》，《中国农村经济》2001 年第 5 期。

成立后我国采取的是重工业优先的赶超型战略，因此，城镇化是与重工业的高速发展、东北和中西部工业城市群的出现相互叠合的，这是一种重工业带动城市化的传统形态。在 1949—1957 年，我国的城市化率从 10.64% 上升到了 15.39%。到 1960 年，城镇人口比例升至了 19.75%，是改革开放前城市人口比重最高的一年。但许多小城镇的人口因土地集体化和禁止农产品自由交易的政策而减少。由于 1958 年《户口管理条例》的出台，城乡之间的人口流动不断锐减，因此在 1961—1965 年间，城市人口比重又回落到了 17.98%。20 世纪 70 年代，由于"文化大革命"的影响，国民经济和工农业生产受到严重破坏，城市化率也就一直维持在 17% 的区间，从而错过了全球工业和城市大发展的黄金时期。

1992 年，党的十四大明确提出社会主义市场经济体制是经济体制改革的目标，使城市化得到提速。粮票制度的废除进一步加快了人口向城市的迁移，确立了城市在市场经济中的中心地位。2001 年制订的第十个五年计划指出，中国将通过多种途径发展城镇化，统筹城市与小城镇协调发展。虽然国家鼓励中小型城市的发展，但东部地区大型城市群的发展仍最为迅速。2000 年西部大开发战略开始实施后，中西部地区的城市化也加快了发展的脚步。总的来看，从 1978 年以来，中国的城市化出现了前所未有的发展格局，城市化率从 1978 年的 17.8% 一跃发展到 2014 年的 54.77%，仅用 35 年的时间，走完了西方近百年的从农业社会向城市社会的过渡过程。

尤其是近 15 年来，中国的城镇化率每年提高一个百分点左右，超过了美国城市化发展最快时期的速度（美国城市化发展最快时期的速度为每年增长 0.5% 左右），呈现出了高速发展的趋势。这一趋势也引起了中国经济增长的"奇迹"和人口的快速流动。实践表明，我国城镇化率每增加 1%，就可以拉动当年国内生产总值增长 1%—2%，城镇化无疑成为了决定我国经济社会发展的关键性因素。城市化的高速发展也形成了产业和人口的高度集聚，城市化率的迅疾增长以及经济活动向与国际市场联系紧密的特大城市集中也构成了我国城市化的内在特点。有资料显示，2010年，北京、广州、上海、深圳、天津五个城市的经济总量已达到1万亿美元，几乎相当于整个韩国的经济总量；这些城市的收入增长也十分迅速，比如在2000—2010年间，广州市人均生产总值从3.8万元增至11万元，上海则从3.5万元增至8.1万元。大城市经济规模的扩大也吸引了大量农村流入人口，在2000—2005年，外地人口的流入使北京的人口年增长率达到了6.6%，上海则增至9.1%。不过，我国的经济集中化程度依然远落后于美国，美国十个大都市区的生产总值约占到全国总量的38%，而中国则只有19%①。

　　高速运行的城市化也为我国的经济社会发展带来了不小的危机，比如，其带来了大量的文化断裂和生态破坏。一方面，快速的城镇化导致了较为严重的"城市病"，如交通状况恶化、能源资源短缺、生态环境恶化、安全基础弱化以及社会矛盾凸显。我国城镇化正处于快速的发展期，这一阶段同时也是各种城市问题的集中爆发期②。另一方面，我国的城市化又是在城乡关系失衡的前提下展开的，它也不可避免地会导致相应的"乡村病"的急剧突发，这类乡村病主要体现为村落的空心化现象。空心村是在我国特有的城镇化机制中产生的，它是"在城市化滞后于非农化的条件下，由迅速发展的村庄建设与落后的规划管理体制的矛盾所引起的村庄外围粗放发展、而内部衰败的空间形态的分异现象"③。它表现为农村的产业空、年轻人空、住房空和干部空这"四大皆空"的凋敝局面。空心村的大量出现，不仅阻碍了各类经济要素和人力资本在

---

① 参见《中国：推进高效、包容、可持续的城镇化》，未刊稿。
② 王格芳：《我国快速城镇化中的"城市病"及其防治》，《中共中央党校学报》2012年第5期。
③ 薛力：《城市化背景下的"空心村"现象及其对策探讨》，《城市规划》2001年第6期。

农村的聚集，而且也给我国的城市管理带来了不小的压力。对城镇化模式进行深度反思和结构调整，已经成为一项摆在我们面前的迫切任务。

（二）城镇化发展的战略选择

走新型城镇化的新路子，不仅是为了破解我国所面临的"城市病"和"乡村病"的难题，而且也是在总结世界城市化特点和我国具体社会问题的基础上所作出的战略考虑。具体而言，从全球范围上来看，城市化可以区分为两种类型：欧美模式和亚非拉模式。欧美模式有两大特点：

（1）城市化率较高，一般都已达到80%以上；

（2）城市居民拥有稳定的就业、较高的收入和全面优质的社会保障以及公共服务。

亚非拉模式的特点则包括：

（1）城市化率的地区差异较大，如巴西在20世纪就已经达到了80%的城市化率，而印度则只有30%左右；

（2）这些国家的城市中存在大量的贫民窟，城市基础设施落后，配套质量较差；

（3）就业不稳定，城市社会治安环境堪忧①。

造成这两种城市化结果差异的根源其实就在于不公正的国家分工体系。无疑，中国的城市化也面临这样一种危机，我国作为"世界工厂"，有着全球最多的工业流水线，但我国的工业大都没有自主的知识产权，这就导致了其具有低附加值、高污染性以及需要大量人力资本的特征。于是，粗放的工业化不断拉动"土地"的城市化，农村人口向城市高速集聚、城市环境加速破坏、农村产业化缺乏动力，这些因素也就使得我国的城市化并没有实现内涵型的增长，也没有及时关注"人"的发展，传统的城市化模式也就

---

① 贺雪峰：《城市化的中国道路》，东方出版社2014年版，第5—6页。

因此必须进行及时的调整，甚至发生根本的转型。

其实，改革开放以后，理论界就已经开始探讨"中国应该走何种城市化道路"的问题了，而且也对城市化模式进行了理论上反思和重建。当时，学界和政界都一致认为，我国所具有的特殊国情使得本土的城市化，既不可能完全照搬欧美模式，又必须大力预防亚非拉模式的发展陷阱。走中国特色的城市化道路便成为我国经济社会可持续发展的破题关键和远景规划。说到底，中国特色城镇化道路是十一届三中全会所确定的"中国特色社会主义"的重要组成部分，"解放思想，实事求是"的思想路线使我们重新确立了市场经济、城市发展和现代化建设之间的有机联系。

回顾历史，我们发现：改革开放以来，我国城镇化方针历经了对城市规模的限制向加快城镇化速度，再向协调城镇科学均衡发展的转型①。20世纪80年代和90年代，我国的城镇化方针主要是以"控制城市人口规模"为核心的。1980年全国城市规划工作会议正式把"控制大城市规模，合理发展中等城市，积极发展小城市"作为国家的城市发展总方针。以至于到1989年年底，全国50万人口以上城市比1978年只增加了18个，10万人口以下城市增加87个，而建制镇却增加了8000多个。1990年正式施行的《中华人民共和国城市规划法》第四条中对上述提法作了一些改变，它规定："国家实行严格控制大城市规模、合理发展中等城市和小城市的方针，促进生产力和人口的合理布局。"而1998年党的十五届三中全会通过的《中共中央关于农业和农村工作若干重大问题的决定》则进一步指出："发展小城镇，是带动农村经济和社会发展的一个大战略。"可见，城市人口规模的控制一直是这一阶段政府管控的关键所在。

在进入21世纪以后，以规模限制为主体的城镇化方针逐步淡化，取而代之的是对城镇化发展速度的重视。"十五规划"提出要实

---

① 肖金成、党国英：《城镇化战略》，学习出版社2014年版，第155页。

施城镇化战略，实现城乡同步发展，这也将城镇化提高到了我国经济社会发展战略的高度。我国城镇化的主要矛盾已从"速度缓慢"转变为"质量不高"的问题。党的十六大报告更是提出："全面繁荣农村经济，加快城镇化进程"以及"坚持大中小城市和小城镇协调发展，走中国特色的城镇化道路"。因此，我们看到，在1999—2004年这五年间，年均城镇化率提高1.4个百分点，我国城镇化步入了一个高速发展的时期。这一阶段，党和国家不仅开始关注城市发展的质量方面，而且越发地强调不同规模的城市之间的协调发展。2007年十七大报告再次指出，要坚定不移地"走中国特色城镇化道路，按照统筹城乡、布局合理、节约土地、功能完善、以大带小的原则，促进大中小城市和小城镇协调发展"。2012年十八大报告提出，要坚持走中国特色新型城镇化的道路。在对新型城镇化的部署上，一些省份提出一些具体的目标。比如，北京市提出要"率先形成城乡发展一体化的新格局"；广东省表示将"积极创建国家新型城镇化示范省"；青海省表示要"力争到2020年把美丽乡村的目标实现全覆盖"；吉林省的目标则是"力争1—2个市县纳入国家新型城镇化的试点"。各地在探索路径上也是打造各地的特色，作为多山内陆省区，贵州省表示"走山区特色新型城镇化道路"，云南省则提出"稳步推进城镇上山"；东北老工业基地黑龙江省要求"注重工业化来牵引城镇化"；煤炭大省山西省则提出"探索'以矿建镇'模式，推进矿区城镇化"，以"促进资源型城市的可持续发展"。

　　总之，我国的城镇化体现出了很强的"时空压缩"性，因此，社会结构变迁所沉积下来的问题往往得不到及时的处理，之后又在城市化的过程中被不断地放大。换言之，改革开放以来的城镇化战略虽然改变了我国城乡社会的原有面貌，但仍遗留了难解的深层问题。比如，城镇化和工业化的发展不协调、城乡冲突和矛盾日益明显、非均衡和不公平的现象加剧以及缺乏城镇可持续发展的模式，等等[1]。在

---

[1]　王小刚、王建平：《走新型城镇化道路》，《社会科学研究》2011年第5期。

这一情况下，我们亟须对传统的城镇化战略给予反思与调整，从而回应社会经济发展的新需求，新型城镇化成为了当前破题的关键之举。

（三）新型城镇化时代的到来

新型城镇化是本届政府大力深化改革和促进发展的系统工程，但其在创新中仍具有一定的历史延续性。其实，"新型城镇化"一词由来已有 10 余年，公认最早是伴随党的十六大"新型工业化"战略一起提出的，这一战略主要是依托产业融合来促进城乡一体化。不过，新型城镇化成为一个具体的发展措施，则主要是在党的十八大之后。十八大报告指出，"坚持走中国特色新型工业化、信息化、城镇化、农业现代化道路，推动信息化和工业化深度融合、工业化和城镇化良性互动、城镇化和农业现代化相互协调，促进工业化、信息化、城镇化、农业现代化同步发展"。

2012 年 12 月，中央经济工作会议首次正式对新型城镇化作出了明确定位："城镇化是我国现代化建设的历史任务，也是扩大内需的最大潜力所在，要围绕提高城镇化质量，因势利导、趋利避害，积极引导城镇化健康发展。要构建科学合理的城市格局，大中小城市和小城镇、城市群要科学布局，与区域经济发展和产业布局紧密衔接，与资源环境承载能力相适应。要把有序推进农业转移人口市民化作为重要任务抓实抓好。要把生态文明理念和原则全面融入城镇化全过程，走集约、智能、绿色、低碳的新型城镇化道路。"2013 年 3 月，国务院总理李克强在两会答记者问时进一步强调，"新型城镇化是以人为核心的城镇化，必须和农业现代化相辅相成"。党的十八届三中全会更是将新型城镇化与深化改革的时代任务相结合，《决定》提出要"坚持走中国特色新型城镇化道路，推进以人为核心的城镇化，推动大中小城市和小城镇协调发展、产业和城镇融合发展，促进城镇化和新农村建设协调推进"。中央城镇化工作会议进一步明确指出"推进城镇化必须从我国社会主义初级阶段基本国情出发，遵循规律，因势利导"。我国新型城镇化日益从概念走向行动，由理论归入实际，从中央迈向地方。

其实，新型城镇化中的"新"是对我国和国外城市化战略发展的一次深度反思。有学者将这一"新"的特点归纳为了以下六个方面：（1）新的目标：促进人的全面发展；（2）新的理念：可持续发展或生态文明视角下的城乡一体化和区域协调发展；（3）新的主体形态：城市群建设；（4）新的战略："两横三纵"式的空间布局；（5）新的产业：信息化、战略性新兴产业、服务业、文化产业；（6）新的道路：集约、智能、绿色、低碳①。

当然，新型城镇化绝不是停留在政策文件上的空话，而是要在地方和基层政府的不断实践中产生惠及广大民众的效力。所以，对于地方的发展和基层城镇建设的推进而言，新型城镇化必然要把握好以下三个方面，即高效、包容和可持续。（1）"高效的城镇化"是指将最优地使用三大生产资源，即人口、土地和资本。在相同的劳动投入、土地利用和资本积累条件下，高效率或高生产率可以实现更快的增长；（2）"包容的城镇化"是指为公民提供分享城镇化成果的均等机会，即能够公平地在生产力最高的地方获得就业就会、积累财富和自由居住，以及在全国范围享有同等优质的公共服务。这需要通过户籍制度的改革来促进农村流动人口的市民化，以此保障其享有与城市居民同等的社会权利，也确保农村地区获得同质同量的公共服务，促进社会经济的包容性增长；（3）"可持续的城镇化"是指与我国的自然环境、资源条件、文化禀赋和经济社会发展水平相适应的城镇建设模式。大力改善城市环境、平衡资源矛盾和构建适宜的城市文化的改革将有助于实现城镇的可持续发展②。

另外，也有学者将新型城镇化视为"民生城镇化""可持续城

---

① 张贡生、罗登义：《新型城镇化之"新"诠释》，《经济问题》2014 年第 6 期。
② 参见《中国：推进高效、包容、可持续的城镇化》，未刊稿。

镇化"和"质量城镇化"三者间的有机融合，每个维度均可从经济、社会、体制制度和城市建设四个层面解读其具体内容（见表1.2）[①]。

表 1.2　　　　　　　　新型城镇化内涵与目标内容

新型城镇化三大内涵	不同层面	具体内容
民生的城镇化	经济	缩小收入差距、提高城乡居民的可支配收入、调整三大产业的内在结构
	社会	促进城乡公共服务均等化、提高社会保障和福利水平、提高社会医疗救助水平和提高社会教育水平
	体制制度	革新城乡户籍制度、土地制度、收入分配制度和行政管理体制
	城市建设	完善道路交通、市政设施等基础设施以及不断推进保障房安居工程建设
可持续发展的城镇化	经济	加快产业转型升级、着力产业结构调整、加快现代农业和现代服务业发展
	社会	繁荣文化市场、提高社会网络化水平、鼓励非政府团体和机构引导公众参与
	体制制度	创建服务型政府、推进政务消费及人员财产的公开透明、鼓励扩大民间投资
	城市建设	强化区域生态环境保护、树立区域低碳发展理念、鼓励新能源和新材料利用、提倡垃圾回收、倡导历史文化保护以及大力推进绿色建筑革命
质量的城镇化	经济	实施绿色经济发展战略、加快区域与城乡协调
	社会	提高全社会文明程度、受教育水平、市民健康水平和食品安全质量

---

① 单卓然、黄亚平：《"新型城镇化"的概念内涵、目标内容、规划策略及认知误区解析》，《城市规划学刊》2013年第2期。

新型城镇化三大内涵	不同层面	具体内容
质量的城镇化	体制制度	提高有关食品、民众健康、医疗卫生等公共服务的监管门槛；加大处罚力度、建立及完善相关法律法规
	城市建设	追求建设速度向谋取建设质量转变；关注城乡公共服务质量、城市环境质量；坚持土地利用的节约集约与高效，最大程度地提高市民的生活品质和便捷程度

不难看出，新型城镇化的这三大内涵都或多或少地涉及城乡一体化。比如，"民生的城镇化"就直接面向的是城乡居民收入的调整和社会服务的均等化，"可持续发展的城镇化"则必须实际破除城乡二元结构的内在束缚，而"质量的城镇化"就意味着要提高城市建设的集约程度，实现"低污染、低能耗"与区域经济社会的协调发展。因此，我们有必要对新型城镇化与城乡一体化之间的关系做一个简要的说明。

三　新型城镇化与城乡一体化的异同辨析

新型城镇化和城乡一体化都是党和国家针对现阶段的具体国情而提出来的发展战略和远景规划。两者间并没有一个孰优孰劣的博弈关系，相反，它们是一种兼容、共存、互促的关系。如果否认这一点，简单地以新型城镇化去化约城乡一体化的实质，那么就忽视了城镇化发展的基本方向，并容易导致具体工作上的偏差和失误。因此，厘清新型城镇化和城乡一体化之间的异同点，将有助于我们把握城镇化工作的重点、难点和创新点。

（一） 新型城镇化与城乡一体化的差异分析

1. 新型城镇化与城乡一体化概念的内涵和外延有所不同

新型城镇化的内涵是：以城乡统筹、产业互动、资源节约、环境友好、生产发展、生活富裕、生态宜居为基本特征，是大中小城市、小城镇与新农村协调发展、工业化和城镇化良性互动、城镇化和农业现代化相互协调的过程；而它的外延则是：在社会上实现和谐发展，在环境上实现友好发展，在制度上实现一体化管理，在空间结构上实现区域经济一体化[①]。

城乡一体化的内涵则是：城乡二元结构解体、城乡资源要素配置趋于合理、城乡差距逐步缩小、城乡空间布局逐步优化，城市和乡村成为共存互促的融合体。它的外延是：建立城乡统一市场，从源头上消除城乡二元结构；调整城乡居民收入水平，实现经济地位的平等；促使城乡居民公共服务水平基本一致，破除社会保障的城乡分离体制；农业高度发达，农业 GDP 比重下降到 5% 以下；城市化率达到 70% 以上[②]。

总的来看，新型城镇化始终处于"四化"同步推进的结构链条之中，脱离了"四化"的平衡发展也就丧失了新型城镇化的时代意义。相较而言，城乡一体化的重点则落在了破除二元结构之上。

2. 新型城镇化与城乡一体化在提出和实施的背景上有所不同

新型城镇化是在一系列机遇和挑战共存的条件下提出的。机遇是指：截至 2013 年年底我国的城镇化率已达到 53.7%，城乡居民生活水平大幅度提高，社会结构深刻变动。挑战则主要是指：以往城镇化工作所遗留下来的"病灶"，如：农民市民化进程受阻、土

---

① 马永欢、张丽君、徐卫华：《科学理解新型城镇化推进城乡一体化发展》，《城市发展研究》2013 年第 7 期。

② 党国英：《在高度城镇化基础上实现城乡一体化》，《新视野》2013 年第 1 期。

地城镇化快于人口城镇化、城镇空间规模和分布不合理等因素。更为重要的是，新型城镇化实施的宏观环境会显得更为复杂，因为它将长期处于我国经济的新常态之下。新常态即是指我国经济发展的速度"从高速增长转为中高速增长""经济结构不断优化升级"，并"从要素驱动、投资驱动转向创新驱动"所发生的一系列转型。在这一情况下，新型城镇化不仅要解决以往改革沉淀下来的"老大难"问题，而且还要面临经济社会结构的深刻变动。

城乡一体化的探索最早形成于改革开放以后，因为随着我国经济发展，特别是在沿海发达地区，城乡经济关系日趋紧密，城乡功能转型加速进行，长期形成的城乡分割的二元结构逐渐显现出不适应、不匹配的状况。于是，在中央政府还未出台推动城乡一体化的政策时，各地就已经开始自发摸索出路并形成了一系列有益的模式，比如：珠江三角洲"以城带乡"的城乡一体化模式、上海"城乡统筹规划"的城乡一体化模式、北京"工农协作、城乡结合"的城乡一体化模式以及以乡镇企业发展带动城乡一体化的苏南模式①。而中央层面提出城乡一体化则出现在党的十六大报告中，本次会议对城乡发展战略和政策导向作出重大调整，首次提出统筹城乡经济社会发展，标志着发展理念上的重大变化。在此思想指导下，从 2004 年 2 月发布一号文件开始，中央连续出台了 13 个指导"三农"工作的中央一号文件，以统筹城乡的科学发展观为主线，掀开了建设社会主义新农村的历史篇章。党的十八大报告更是明确地提出，"解决好农业农村农民问题是全党工作重中之重，城乡发展一体化是解决'三农'问题的根本途径"。党的十八届五中全会提出："重点促进城乡区域协调发展，促进经济社会协调发展，促进新型工业化、信息化、城镇化、农业现代化同步发展，在增强国家硬实力的同时注重提升国家软实力，不断增强发展整体性。"这一论断不仅把握住了当前社会经济发展的根本问题，而且

---

① 冯雷：《中国城乡一体化的理论与实践》，《中国农村经济》1999 年第 1 期。

也为新时期的城镇化工作指明了方向。

因此，我们不妨这样说：城乡一体化作为一条主线，始终伴随着我国改革开放以来的现代化进程，而新型城镇化则是针对现阶段城乡发展的具体矛盾而提出的一种创新和改革。新型城镇化实际上是服务于城乡一体化的，而且前者的终极目的也是为了实现后者。

（二）新型城镇化与城乡一体化的共通之处

1. 新型城镇化和城乡一体化的核心理念都是"以人为本"

从空间上讲，城镇化是一项涉及面非常广泛的系统性工程；而在时间上讲，城镇化则是一个长期而渐进的过程。它应与城乡一体化紧密结合，在坚持全面部署、统筹规划、协调推进的原则下，将"人"（居民）的利益放在最高位置，这样才能取得群众认可的有效成绩。我国先前的城镇化模式陷入了一个极具危害性的误区之中，即：它并没有落实"以人为本"的理念，相反走了一条"以物为本""以权为本"和"以地为本"的城镇化道路。

新型城镇化的核心是以人为本，必须要做到向"人性"的回归，让城镇的发展充满了对人的关爱、城市规划满足人的需求并受到老百姓的认可。而我们也必须认识到，中国城镇过去30多年发展的成果就主要来自城乡二元化的政策，没有这一政策，就不可能有中国城镇的高速发展。因此，新型城镇化和城乡一体化的要义都在于突破城乡分割的局面，将改革开放和国家社会经济发展的红利释放给全体公民，这便是以人为本的终极含义。

从社会学的角度来讲，城市化其实是农村社区的生产、生活方式向城市社区的生产、生活方式转化的过程。因此，城市化从初级到高级的发展阶段就包括了以下四个方面：（1）职业转变，即从农业从业者向工业和服务业人员的变化；（2）地域转移，即从居住于农村向生活在城市的位移；（3）身份转换，即从农业户籍人口向城镇户籍居民转变；（4）角色转型，即从农民的意识和行为向公民的取向发生变化①。不难看出，前三者都属于物质和技术层面上的城镇化，只有最后一项才是真正的"以人为本"，即将重点放在社会成员的思维方式、行为习惯、个体素质、价值观念和生活方式等由传统农民逐步转向现代市民的过程上。城乡一体化亦是如此，它所强调的"以人为本"是指在破除二元结构的基础上，缩小城乡居民收入差距、推进城乡公共服务均等化、强化城乡资源之间的自由流动，最终实现城乡居民的权利平等和共同发展。

2. 新型城镇化和城乡一体化所要处理的基本关系都是城乡关系

毋庸赘言，城乡一体化的提出就是为了着力破除二元结构，实现生产要素在城乡之间的自由流动。因此，城乡一体化所要处理的关系正是"城乡关系"。具言之，城乡一体化关注的重点有三个方面：一是推进产业结构升级，持续提升城市化水平；二是推进农业现代化进程，加快农村经济的发展；三是推进城乡合作深化，实现城乡协同发展②。城乡合作是推动我国经济社会和谐发展的根本要求，通过城乡一体化战略促进城乡区域之间的生态互补、经济互融、功能互构是现阶段城镇化战略所必须遵循的规律之一。

在某种程度上讲，新中国成立后推进的城镇化工作只是处理了城市和乡村各自的内部关系，而非将城乡两大区域进行一个综合性的考量。新型城镇化区别于以往城镇化模式的关键一点就在于对城乡关系的科学处置上。换言之，新型城镇化就是要在城乡关系上狠下功夫，改变由众多因素导致的城乡长期二元割裂的局面，尤其在改善城乡居民生活质量和提供城乡居民就业环境上应坚持公平公正③。实际上，早在 1982 年，改革开放后首次有关城镇化的学术

---

① 文军：《回到"人"的城市化：城市化战略转型和意义重建》，《探索与争鸣》2013 年第 4 期。

② 张永岳：《我国城乡一体化面临的问题和发展思路》，《城市科学》2011 年第 1 期。

③ 单卓然、黄亚平：《"新型城镇化"的概念内涵、目标内容、规划策略及认知误区解析》，《城市规划学刊》2013 年第 2 期。

探讨会中就已经指出："我国是社会主义国家，应该走具有中国特点的城镇化道路，这正是为了加速我国现代化进程，缩小城乡差别，为最终消灭城乡差别创造条件。"[①] 可见，当时的城镇化建设就已经清楚地认识到了妥善处理城乡关系的必要性。党的十八届五中全会提出："推动区域协调发展，塑造要素有序自由流动、主体功能约束有效、基本公共服务均等、资源环境可承载的区域协调发展新格局。推动城乡协调发展，健全城乡发展一体化体制机制，健全农村基础设施投入长效机制，推动城镇公共服务向农村延伸，提高社会主义新农村建设水平。"新型城镇化也因此继续坚持了"实事求是"的思想路线，为在新时期构建新的城乡区域结构关系指明了新的方向。

3. 新型城镇化和城乡一体化的关键任务都是推进公共服务均等化

新型城镇化的核心是"人的城镇化"，也就是说要回归到为城镇化主体提供均等化的基本公共服务这一本位。而要最终达到城乡一体化，也必须以率先实现城乡基本公共服务均等化为前提，没有基本服务的均等化，一体化也就丧失了合法性的根基。所以，新型城镇化和城乡一体化共享了"公共服务均等化"这一关键任务，积极稳妥地推进城乡一体化在本质上就是为了实现新型城镇化。具体而言，推进城乡一体化就是要进一步深化基本公共服务体制的改革，重点包括养老保险、医疗保险、教育体制和保障房制度等领域；缩小基本公共服务在城乡之间的差距，实现服务的受众群体扩大、服务的易得性提升、服务的质量有所保证；建立一套城市与乡村的生活方式和服务管理能够契合和接轨的体系。

从这一方面来讲，新型城镇化也就不是把所有的农民都迁移到城市之中，而是让农民能够享受到与城市一致的公共服务，这样也能够消除城乡福利与身份之间的附着关联。同时，城乡一体化让我们更要关注流动中的农村人口，并将重点放置在农民工的市民化之

---

① 李秉仁：《我国城镇化道路问题的讨论》，《城市规划》1983 年第 2 期。

上。一方面是要在社会保障、就业培训和公共住房等方面突破城乡藩篱，大力促使基本公共服务的互通、互联，有序推进进城务工农民的市民化，全面覆盖城市常住人口。另一方面则要根据"因城而异、因群而异、因意愿而异"的分类指导原则，按照城市类型、经济规模、文化素质与人口特征，采取不同形式的户籍管理办法，统筹推进户籍制度改革。国务院 2014 年 7 月发布的《关于进一步推进户籍制度改革的意见》指出，要全面放开小城镇的落户限制，有序放开中小城市的落户限制，依据城市综合承载能力和农业转移人口情况，稳步放宽大城市的落户条件，并保障农民工享有与城市市民平等的基本权益和社会福利。这也体现了在新型城镇化背景下，推进公共服务均等化的重要意义和关键作用。

4. 新型城镇化和城乡一体化的重点关注区域都是小城镇

新型城镇化，"新"在何处？其中一点就体现在对小城镇建设的重新关注。《国家新型城镇化规划（2014—2020 年）》提出：有重点地发展中心城镇。这也说明了我国的城市化道路已经基本"放弃"过去一直遭受社会批评的"大城市群理论"，中央明确确立实施面向中小城镇来吸纳农村人口的发展城镇化的新路径。它标志着未来农村人口的主要消纳路径是"就地解决"，而不是搞所谓的扩大城市规模来接纳农村人口并实现其"华丽转身"，这是中国在国家发展战略层面的对城镇发展路径的新明确和新要求。

而要实现城乡一体化，同样离不开对小城镇的重建和发展。我们甚至可以说，城乡一体化的运作机制，本身就是基于小城镇的发展而逐步实现的。一方面，乡镇企业发展是城乡一体化的桥梁，因为它改变了传统的农业乡村、工业城市的格局，打破了乡村单一的农业经济结构，出现了农、林、牧、副、渔五业并举，工、商、建、运、服综合发展的新格局；另一方面，小城镇建设成为了城乡一体化的载体，小城镇发展的基础和核心问题是加速发展农村经济，不断增加农民收入。小城镇的建设与发展，有利于改变城乡分割的局面，形成全国统一、开放的市场体系①。因此，"目前，我国的经济社会发展进入一个新的阶段，城市化将继工业化之后，成为发展的主要推动力量。破除城乡二元结构，走城乡一体化发展的道路，将成为今后乡村发展的一个主题。在这种背景下，小城镇发展问题获得了新的战略意义，促进小城镇发展和繁荣重新成为一项大政策"②。

总的来看，城乡一体化和新型城镇化都能够在新时期实现完善城乡规划体系、推进农业转移人口市民化、优化城乡空间布局、加强城乡基础设施建设、推进城乡管理水平的科学化等目标。

四　以新型城镇化引领城乡一体化

我们虽然对城乡一体化和新型城镇化的关联与区别做了简要的分析，但是仍没有回答如何实现两者之间有机衔接和匹配以形成政策的"合力"、促进我国新时期经济社会可持续发展的问题。笔者认为，鉴于我国的基本国情，以新型城镇化来引领城乡一体化，是当前推动我国城市化的一条较为稳妥的道路。

（一）以新型城镇化来引领城乡一体化的合理性

实际上，我国的基本国情是农村人口众多、资源紧张、城乡差距大、地区不平衡，仅依靠单一的城市发展是无法最终达成新型城镇化的。在很长一段时间内，农村和农业都将会是城镇化过程中绕不开的难题。而且，我国传统的城镇化是一种"二元格局下的城镇化"，即"迄今城乡有别的政策和制度并没有完全消除，城乡之间在户籍、居住、就业、社保、教育、医疗以及土地、产权等方面

---

① 冯雷：《中国城乡一体化的理论与实践》，《中国农村经济》1999 年第 1 期。
② 李培林：《小城镇依然是大问题》，《甘肃社会科学》2013 年第 3 期。

的二元化制度在相当程度上依然存在，基本医疗卫生服及社会保障等制度设计仍是坚持城乡分离的思路，按照人们的身份和地域来设计，农民进城及流动仍受到诸多政策上的歧视和制度上的束缚。这也成为阻碍农村人口城镇化及城镇化发展的重大的制度性障碍"[①]。全国人大财经委员会副主任委员、中国经济体制改革研究会会长彭森也认为，城镇化最终要解决三个问题：一是城乡规划发展真正实现一体化；二是城乡要素流通和交换真正实现市场化；三是城乡公共服务真正实现均等化[②]。在某种程度上讲，新型城镇化的终极目的就在于实现城乡一体化，前者是手段、形式，而后者才是目的、实质。

中国城乡一体化建设发展中心副主任宋健坤指出，"城镇化"是中国缩小城乡差别的社会实践过程；城乡一体化是中国进行缩小城乡差别的社会实践所要追求并且实现的最终战略目标。党的十八届三中全会明确提出实现城乡一体化，表明新一届中央政府不仅将沉积已久的问题当作自己任内要承担的任务，更是将无法量化的"过程"，改为"目标"。把实现中国城乡一体化的战略目标确定为自己的战略责任和目标，并落实在今后将实施的制度创新与社会进步的综合实践中[③]。

以新型城镇化引领城乡一体化，其实质就是要避免我国改革与发展过程中的城乡关系失调。中国以往的城镇化道路，并没有将解决城乡矛盾放置到最为突出的位置，因而城市的发展往往是以牺牲"三农"为前提的，这反过来也制约了社会经济的良性运行和公平正义。而确立以新型城镇化引领城乡一体化的战略思路，一方面能

---

① 项继权：《城镇化的"中国问题"及其解决之道》，《华中师范大学学报》（人文社科版）2011 年第 1 期。

② 南苏：《新型城镇化也应进入新常态》，新华网，http：//news. xinhuanet. com/house/gz/2014—10—31/c_ 1113057755. htm。

③ 宋健坤：《从城镇化到城乡一体化》，FT 中文网，http：//www. ftchinese. com/story/001053747？ full = y，2013—12—04。

够明确城市化的最终目标；另一方面也可以凸显实现城乡一体的多维手段，使我们的发展目光不局限在"物"，而是放眼在"人"上。

（二）以新型城镇化来引领城乡一体化的必要性

从国家层面上讲，通过新型城镇化来引领城乡一体化已成为我国经济社会转型发展和"四化"同步发展的内在要求。撇开信息化不论，从工业化、城镇化和农业现代化的"三化"关系看，一方面，我国现阶段是城镇化滞后于工业化，农业现代化滞后于工业化和城镇化，"三化"总体上不同步、不协调，由此遭遇到了农业现代化垫底、城市化发展后劲不足的瓶颈。另一方面，我国的城镇化长期有着"重土地、轻人口"的扭曲发展观，从而使得人口城市化滞后于土地城市化，农村社会经济面貌因此也远落后于城市，城乡差距显著且城乡一体的发展程度不高。因此，要实现城乡一体，就必须通过新型城镇化来厘清工业化、城镇化和农业现代化之间的关系。

首先是我国的城市化水平低于工业化水平。根据国家统计局的数据，2013 年我国的城镇化率为 53.7%，工业化率是 43.9%。城镇化率与工业化率的比值是 1.22。但从世界范围来看，2010 年世界平均的城市化为 50.9%，而工业化率为 26.1%，两者的比率在当时就已经达到了 1.95。对比之下则不难发现，中国的两率比值低于世界平均水平。与发达国家比较则更是相形见绌，2010 年两率的比值，美、法、英、德、日分别为 4.1、4.11、4.0、2.64 与 2.48，均呈现出城市化率远远高于工业化率的特征；即便是"金砖五国"中的巴西、俄罗斯、南非和印度，该项指标也分别达到了 3.22、1.97、1.38 和 1.15，中国仅仅比印度略高[①]。

---

① 黄祖辉：《以新型城镇化引领城乡一体化发展》，《农业经济与管理》2014 年第 5 期。

表 1.3　　　　　　　　2004—2013 年的城镇化率与工业化率

年份	2004	2005	2006	2007	2008	2009	2010	2011	2012	2013
城市化率(%)	41.76	42.99	44.3	45.9	47.0	48.3	49.9	51.27	52.57	53.7
工业化率(%)	46.2	47.37	47.95	47.34	47.45	46.24	46.67	45.31	46.78	43.9
比值	0.90	0.91	0.92	0.97	0.99	1.04	1.07	1.13	1.12	1.22

其次是农业现代化程度滞后于城市化的问题。从表 1.4 中我们可以发现，我国农业劳动力的比重远高于农业生产总值的比重，这说明了我国就业结构和产业结构之间还不匹配与协调：一则农业的粗放型仍未改变，其容纳了大量的劳动力，呈现出不充分就业的现状；二则非农产业的发展对农业的带动较弱，尤其是对农业剩余劳动力的吸纳不充分。同时，就三次产业部门的劳动生产率或劳动力对 GDP 的贡献率看（用"产业增加值比重/产业劳动力比重"的比值测算），我们可以得出这样的结论：2009—2012 年，第一产业的劳动生产率分别为 0.27、0.28、0.29 和 0.30；第二产业分别为 1.66、1.63、1.59 和 1.50；第三产业分别为 1.27、1.25、1.21 和 1.24。很显然，在三次产业中，农业劳动力的生产率或农业劳动力对 GDP 的贡献率在逐年提高，但其依然是处于最低的水平，大体上是全社会 1/3 的劳动力贡献了 1/10 的 GDP，第三产业次高，而第二产业最高。农业现代化远低于城市化的进程，这样一来，大量的农村人口附着在土地之上而得不到解放，既无法提高生产力以更好地满足农民的物质精神生活，而且也阻碍了城镇化发展的速度和质量。

还必须引起注意的是，这些数据只是被"平均"后的结果，其很难反映出我国不均衡的城市发展。其实，城市化的滞后并不存在于北京、上海、广州等超大城市之中，相反却是发生在落后的中小型城市。进言之，城市化滞后于工业化的情形也可能产生于同一城市的内部，尤其是像武汉这类后发展的城市，各区县之间的社会经济发展水平不一，也就自然难以避免局部地区城市发展滞后的现象了。

表1.4　　　　　　　　2009—2012年的三次产业结构

年份	2009			2010			2011			2012		
产业	第一产业	第二产业	第三产业	第一产业	第二产业	第三产业	第一产业	第二产业	第三产业	第一产业	第二产业	第三产业
产业结构比重（%）	10.3	46.2	43.4	10.1	46.7	43.2	10.1	46.8	43.1	10.1	45.3	44.6
就业结构比重（%）	38.1	27.8	34.1	36.7	28.7	34.6	34.8	29.5	35.7	33.6	30.3	36.1
劳动生产率	0.27	1.66	1.27	0.28	1.63	1.25	0.29	1.59	1.21	0.30	1.50	1.24

因此，新型城镇化的根本就在于促使工业化、城镇化和农业现代化之间的协调发展。从某种层面上讲，放弃单纯的以工业推动城市的思路，将重点放在"调结构"之上，加快新型城镇化发展并推动"四化"同步运行，这也是达致城乡一体的基础要义。如果用中国农村发展研究院教授黄祖辉的话来讲，就是"过去30年来我国经济的快速增长主要是依靠工业化推动，那么到现阶段，无论从'三化'同步协调，还是从产业结构与就业结构的演进，我国都已进入新型城镇化加速发展、新型城镇化引领城乡一体化发展和整个经济社会发展的阶段"[①]。

----

① 黄祖辉：《以新型城镇化引领城乡一体化发展》，《农业经济与管理》2014年第5期。

（三）以新型城镇化引领城乡一体化的地方实践

其实，湖北省早在 2010 年就已经提出了新型城镇化的建设目标，出台了《关于加快推进新型城镇化的意见》，并不断地对新型城镇化进行了探索和创新。湖北省率先提出新型城镇化的背景是：2009 年全省城镇化水平已达到 46%，城镇化率提高的幅度与工业化发展速度基本协调一致。但与此同时，也出现了城乡差距拉大、空心村大量出现、农村产业急速萧条等一系列矛盾与问题。因此，加快推进新型城镇化也就成为了一项必要之举。

2010 年全省新型城镇化工作会议指出："新型城镇化是统筹城乡发展、推进城乡一体化的必然决策，是加快推进新型工业化的重要途径，是吸纳转移剩余劳动力和扩大内需的潜力所在，是转变经济发展方式、培育后发优势的重大举措。坚持新型工业化、农业现代化、新型城镇化协调推进，大力实施'两圈一带'发展战略，努力推动全省城镇化由偏重数量的外延增加向注重质量的内涵提升转变、由偏重经济发展向注重经济社会协调发展转变、由偏重城市发展向注重城乡统筹发展转变。"[①] 不难看出，湖北省在 2010 年率先开展的新型城镇化建设中，就已经将其作为引领城乡一体化的关键措施了。以新型城镇化引领城乡一体化，其实质就是承认未来城镇化关键在于农民的市民化，需要借城镇化的契机打破城乡二元结构，同时推动户籍制度改革，建立起城乡统筹的社会保障和劳动就业体系。

整体上看，湖北省的各个地方都建立了一套"因地制宜"的新型城镇化方案。比如，黄石市就基于自身工矿城市的基础，提出了"以矿设厂，以厂兴镇，连镇成市"的新型城镇化指导思想，将重心放在产业发展之上，保证产业化成为城镇化建设中的先导和推动因素，避免简单而表面的城市化。而荆门市作为一个"孕育了长江

---

① 《湖北研究推进新型城镇化的具体措施》，《湖北日报》2010 年 11 月 20 日。

表 1.5 湖北各种类型城市数据 (2012)

城市类型	城市名称	土地面积 平方公里	常住人口 万人	人口密度 人/平方公里	年末从业人员数 万人	GDP 亿元	人均GDP 元
特大城市	武汉	8494	1012	1191.4	191.85	8003.82	79482
省域中心城市	宜昌	21084	408.83	193.91	70.02	2508.89	61517
	襄阳	19728	555.14	281.4	70.55	2501.96	45167
中心城区	黄石	4586	244.1	532.27	32.09	1040.95	42703
	十堰	23680	335.68	141.76	55.08	955.68	28471
	鄂州	1594	105.35	660.92	20.02	560.39	53192
	荆门	12404	288.52	232.6	36.5	1085.26	37649
	孝感	8910	483.31	542.44	70.94	1105.16	20934
	荆州	14067	571.94	406.58	36.67	1196.02	20912
	黄冈	17457	623.19	356.98	36.29	1192.88	19220
	咸宁	10049	247.5	246.29	22.15	760.99	30791
	随州	9636	217.81	226.04	13.16	590.52	27163

中游江汉平原地区新石器时代最具代表性的农耕文化"的中小型城市，其具有十分浓厚的农业产业化基础。因此，它所树立的新型城镇目标就是在借鉴"硅谷"和"光谷"对于高新产业发展的概念之上，努力打造一个"以工业化为支柱、城镇化为载体、农业现代化为基础"，新型工业化与农业现代化相得益彰、新型城镇化与城乡一体化建设双轮驱动发展格局的"中国农谷"，使其成为破解中国"三农"问题、保障粮食安全的"试验田"。

总之，以人为本的城镇化是新型城镇化的核心内容，这不仅是城镇化的本质要求，更是中国城乡二元结构背景下城镇化必须关注和解决的问题。此外，四化同步、环境友好，产城融合、大中小城市以及城市群的合理分布与协调、城乡一体化均是新型城镇化的题中之义。城乡一体化既是新型城镇化的特征体现，又是目标所在，

表 1.6 湖北县级城市数据（2012）

县级城区	土地面积	常住人口（万人）		城镇人口（万人）		城镇化水平（%）	
	2012 年	2011 年	2012 年	2011 年	2012 年	2011 年	2012 年
曾都区	1425	62.08	62.31	39.97	40.19	64.4	64.5
荆州区	1046	55.15	56.18	40.99	41.86	74.3	74.5
江夏区	2010	81.24	82.19	40.89	42.31	50.3	51.5
新洲区	1500	85.35	85.42	41.93	43.2	49.1	50.6
襄州区	2306	90.94	91.34	42.97	44.95	47.3	49.2
枣阳市	3277	98.4	98.83	44.89	47.47	45.6	48.0
潜江市	1930	94.83	95.04	45.92	47.54	48.4	50.0
大冶市	1566	89.63	89.81	46.33	47.66	51.7	53.1
钟祥市	4488	101.27	101.46	46.21	48.15	45.6	47.5
鄂城区	600	66.99	67.15	47.87	49.01	71.5	73.0
汉川市	1632	101.86	102.03	48.98	50.83	48.1	49.8
仙桃市	2520	118.26	118.49	58.3	60.31	49.3	50.9
孝南区	1020	91.02	91.18	60.46	61.79	66.4	67.8
天门市	2528	136.9	133.9	62.25	63.04	45.5	47.1

但城乡一体化并非城乡无差异、城乡同一化，而是城乡经济社会关系的高度协调与融合、城市与乡村各具特色和共同繁荣。在城乡一体化发展过程中缩小城乡发展差距，不能仅做简单的加减法，而要大胆地运用乘除法，对产业结构和城乡社会结构做大的调整，在新型城镇化引领城乡一体化发展的基础上缩小城乡差距。也就是说，既要摒弃过去那种城乡分割、牺牲"三农"的城镇化思路，又要防止放缓城镇化发展进程的"三农"发展思路，只有通过新型城镇化推进城乡一体化发展，才能既缩小城乡发展差距，又实现城乡整体经济协调发展，才能做到人口城镇化与土地城镇化相协调，才能真正解决好"三农"问题，实现经济社会的现代化目标①。

---

① 黄祖辉：《以新型城镇化引领城乡一体化发展》，《农业经济与管理》2014 年第 5 期。

第二章 城乡一体化发展的
多元实践形态

城乡一体化并不意味着城乡一样化，而是针对城乡不同特质、地域不同优势因地制宜地制定发展策略，最终实现城乡发展的公平与和谐。由此城乡一体化推进过程中也产生了多元化的实践形态，形成了多样化的发展模式。根据江夏区城乡一体化发展的实践，课题组在调查研究基础上总结出能人带动型、企业运作型、特色产业拉动型三种不同的发展模式。这三种模式都带有鲜明的地方特色，是区域底蕴和一系列经济社会条件双重作用的结果：法泗大路村在能人带领下走出了一条独具特色的新农村建设之路；五里界在政府与大都地产集团有限公司的合作下形成了一种政府引导、企业运作的小城镇建设模式；安山凭借自身良好的花卉苗木产业基础，逐步向特色产业带动的森林小城镇迈进。他们的成功经验可以为其他地区破解城乡一体化发展难题提供有益的借鉴。

一 能人带动：城乡一体化发展中的法泗模式

（一）法泗街基本情况

1. 背景

法泗街位于武汉市江夏区西南部，地处金水河畔，东接安山街，西连嘉鱼县潘湾镇，南邻斧头湖，北靠鲁湖，素有"鱼米之乡"的美称，也是江夏区重要的农业主产区。由于地处偏远，交通区位优势不明显，2008 年以前，法泗街怡山湾新农村社区所在的大路村，劳动力持续外流，农民收入水平偏低，村内生产生活条件落后，是名副其实的"贫困村""空心村"。当时在外地办企业的胡涛，为改变家乡衰败的局面，决定和同村企业家联合成立武汉银河生态农业公司，在大路村建设万头生猪养猪场。由此，怡山湾开始了第一期迁村腾地，建设新农村的工作。2009 年，胡涛被村民推选为大路村第一书记。为大力推进新农村建设，2011 年他从银河公司撤股，成立怡山湾农业生态有限公司，领导该村采取"政府主导、村企合作、企业实施"的办法，按照土地规模经营与土地平整、迁村腾地、新农村建设"四结合"的思路，逐步推进农业现代化建设和新农村建设。2013 年 4 月，怡山湾新农村被列为武汉市八个首批试点建设中心村之一。经过多年的探索实践，在致富能人胡涛的带领下，这个偏僻的山村逐渐走出了一条具有法泗特色的新农村建设道路。

2. 发展现状

按照江夏区"一城十镇百村"的城乡一体化发展空间布局的要求，法泗街把新农村建设与加快城镇化发展相结合，实施中心镇和怡山湾中心村建设一体化发展，建设生态宜居新镇即怡山湾农村新社区。怡山湾新农村建设涉及石岭、珠琳、法泗、大路等 4 个行政村、52 个自然湾，2002 户 6300 人，版图面积 28383 亩，迁村腾地后可节约宅基地面积 2156.05 亩。自 2007 年以来，怡山湾新农村建设采取村企合作共建的模式，依托增减挂钩政策，坚持"统一规划、逐湾推进、产业支撑、连片开发"的原则，稳妥推进以迁村腾地为特点的法泗新农村建设工作。截至 2014 年年底，法泗街新农村建设初见成效，在农民新居建设上，二期新农村建设 19栋、600 套农民新居建设全部封顶；在道路配套建设上，怡山湾大街土方工程、雨水管网铺设、稳定层铺设工程已完成并全线贯通；在公共服务设施建设上，荷花公园设计评审、场地平整已完成，已建成一万人规模的污水处理厂，新卫生院建设已启动，能容纳

2000 座坟墓、占地约 10 亩的公墓已修建完成；在推进农业现代化上，新建农业示范园区蔬菜钢架大棚 1500 亩，先后引进 7 家农业加工企业入驻怡山湾社区，发展桂子优质米、籽莲、皮盐蛋加工，年产值过 5 亿元，周边 2000 多农民就近打工，年人均纯收入高出全市平均水平 20% 以上。由此，怡山湾新农村社区初步形成了民居建设新颖、基础设施配套、公共服务和基层治理机制完善、生态环境良好的城乡一体化发展新格局。

（二）能人带动下的新农村建设实践路径

1. 借助能人力量拓展公共事业，改善新农村生产生活条件

总体而言，目前我国农村公共服务体系不仅落后于城市，而且跟不上农业经济发展的需要，严重影响农民生活质量，阻碍农业现代化建设。随着江夏区城乡一体化的推进，法泗街大路村在其书记胡涛的带领下，认识到公共服务体系的落后制约着大路村新农村的建设。为改善大路村生产生活条件，怡山湾新农村建设以加强公共服务体系建设为基础，逐步推动新农村建设。

（1）构建农村基础性公共服务体系

农村基础性公共服务体系是否完善，直接影响着农业现代化的进程，影响着农村经济的整体性发展，影响着农民生活水平的提高。怡山湾首先从改善农民居住条件着手，以土地流转为契机，实行合村并点、迁村腾地，为村民统一建设新居，集中安排居住，切实改善了农民居住环境，原来最穷最破的怡山湾变成了最整洁最宽敞的农民新居；其次加强对农田水利设施的投入，一方面对流转进来的土地进行集中平整，并对"四荒地"开发整理，增加可耕地面积，实现土地的集聚；另一方面通过铺设灌溉管网、新建蓄水当家塘、修建机耕路、安装变压器、架设输电线路、购置农业机械等加强对农业基础设施的升级改造，农业生产逐渐走向了"旱能灌、涝能排、机能耕、路能通、地能肥、产能增"的现代化、规模化、科学化耕作方式；最后是完善交通道路设施，在农民新社区中修筑

怡山湾大街，实现居民商住一体化，为农民出行和生活提供了便利。

（2）构建农村公益性公共服务体系

针对村民普遍求医难、求学难、享受文化生活难的问题，怡山湾新农村建设结合当地发展实际，不断完善农村公益性服务体系。在公共卫生方面，加强农村医疗卫生基础建设，修建中心医院和村医疗室，为农民提供低成本高质量的医疗卫生服务；实行生活垃圾的集中排放和处理，新建环卫站，降低农村生活污染对生态环境的破坏。在教育方面，缓解学龄前儿童的上学问题，新办村中心幼儿园，并将新社区建到集镇附近，方便儿童上学。在文化娱乐方面，建立文化娱乐活动场所，启动怡山湾大街、荷花公园项目建设，规划荷花广场、荷花池、科技文化中心、荷花旅游观景广场等，丰富农民精神生活；增加"留守儿童之家"和"老年人活动中心"，重点关注其文化娱乐需求。

2. 发挥能人优势推进土地流转，加快新农村农业经济发展

土地作为重要的资本要素，如何在农业生产中进行优化配置，以确保土地利用的高效率，是新农村建设的关键问题。推进土地流转对于农业现代化、产业化具有重要意义。怡山湾新农村建设在村庄能人的带动下，以土地流转、土地整理和完善农业基础设施为前提，发展现代农业，促进农业规模经营，同时，通过增加农民收入带动农民积极性，改善农民生活条件和生产条件，对于加快农村农业经济的发展具有重要的借鉴意义。

怡山湾新农村在其涉及的四个村大力推进土地流转，并让流转土地的企业出资改善其流转土地的农业生产条件，通过土地的平整与开发以及农业基础设施升级改造等一系列措施，土地面积大大增加，当地农业基础条件也得到了改善。土地的大规模流转和集中，实现土地连片、集约、规模经营，催生了"规模效应"。村庄能人充分发挥其头脑活、关系广、资金雄厚的优势成立了怡山湾、银河等农业公司，在其流转的土地上新建大面积的钢架大棚，打造以林

果、蔬菜为主的现代观光农业；引进的沃田生态科技有限公司在其流转的耕地上建设生态园林景观，并开展农业科研工作；天耕公司则在其流转的土地上大规模种植栀子花，并计划建立工厂以提取栀子花香精用于出口。通过土地流转，怡山湾新农村建设范围内的农业生产正朝着规模农业、循环农业发展，农民的收入明显提高，农民参与建设的积极性被充分调动起来，群众的支持拥护与能人的"领头雁"作用相结合，共同推动怡山湾新农村建设的稳步发展。

3. 实施能人治村创建公平机制，维护新农村农民主体地位

土地集中流转和农民集中居住是新农村建设的两大核心内容，大路村在推进新农村建设过程中也曾面临两大难题：土地流转租金如何分配与农民新居如何分房。这些难题的有效解决，是实现新农村建设可持续发展的关键，也是让广大农民得到切实利益的重要体现。为促进新农村建设的顺利推进，大路村村支书胡涛根据《村民自治法》在村内大力实施村民自治，凡是村内重大事项，都需召开村民小组会议、村民代表大会、全体党员大会，所有重大事项得到 2/3 以上村民签字确认后，才能生效。

在分配土地流转费时，胡涛创新性地制定了公平合理的土地流转费分配方案。土地流转费按照"娶进一人，增一人；生育一人，增一个；去世一人，减一人；嫁出一人，减一人"的原则，以每年年底派出所出具的本组农业户口户籍为准，按人口动态分配土地流转费。另外，正在当兵服役的军人、在读大学生享受同等对待；同时，针对新农村农民新居分配问题，胡涛制定了科学合理的农民新居分配方案。农民新居分配按照：以两代人的男丁为主，人均不超过 50 平方米，若农户子女全部为女孩的可安排一名上门女婿，上门女婿必须是农业户口（享受与男丁同等的待遇）。每套农民新居按 5 万元分配。孤寡老人可免费安排一套农民新居。特困户可酌情考虑缓、减、免。

这些措施尊重了农民的主体地位，坚持以公平、公开、村民自

治的原则，协调村内众多农民的利益与纠纷，使得以往村民与村民之间、小组与小组之间发生矛盾的情况大大减少，极大提升了村民建设新农村的积极性与主动性。

4. 善用能人资本聚合多方资源，拓宽新农村建设融资渠道

新农村建设涉及农村各项硬件和软件设施的建设与改善，需要长期和大量的资金投入，因而必须要有充足的资金来保障新农村建设的顺利推进。在目前农民收入水平总体不高，地方财力有限的情况下，一方面政府应在资金投入上加大倾斜力度；另一方面整合社会各方力量也是新农村建设的重要途径。胡涛作为大路村土生土长的农民企业家，建设家乡的愿望比较强烈，他所创办的企业具有雄厚的经济基础，敏锐的市场意识，较强的经营能力、投入能力和带动能力，在推动农业产业化、完善基础设施、建设农民新居等方面都能较快地打开发展局面。

但是，新农村建设仅仅依靠能人资本这个单一资金投入渠道，在经济发展程度不高、财力并不充裕、各方面支出需求比较大的大路村，新农村建设难免遇到"供血"不足的难题，为破解农业农村资金发展瓶颈，大路村进行了积极的探索与实践。首先，怡山湾新农村建设实行以新增农用地换资金的投入机制，拓展经营土地资源的融资。将农用地整理、集体建设用地整理与新农村建设相结合，既实现了工业化、城市化推进中的土地占补平衡，又增加了新农村建设资金来源。其次，通过银行信贷、私人等途径，争取更多资本投向农村，如向武汉农村商业银行贷款 2000 万元，向大路村村民借款 900 万元。

总之，怡山湾在新农村建设中，为综合解决"钱从哪里来"的问题，通过强化新农村建设资金的整合力度，逐步建立健全多元化的资金筹集体系，为新农村建设注入了源源不断的动力。

5. 坚持能人主导实现"四村联合"，创新新农村资源配置规则

新农村建设是一项系统性和综合性的工程，需要极大的财力、物力、人力资源的投入，尤其是土地资源的投入。单一村街的开发

和建设往往会存在资金短缺、资源不足等问题，而且会造成村街公共资源的浪费、集约的建设用地面积小、不连贯等问题。怡山湾因地制宜，探索出了一条"四村联建、抱团发展"的新农村建设之路。怡山湾新农村涉及大路、法泗、石岭、珠琳四个行政村、52个自然湾，其建设事务皆以大路村书记胡涛为主要领导，统筹管理。同时，各村拥有独立的村民自治权利，村务工作互不干预，共建而不共管，新农村建设的组织架构基本形成，既有统筹又有分工，权责明晰。

就农业发展而言，怡山湾按照"四村一盘棋"思想，对土地进行统一流转，综合开发各村土地资源，统筹规划新农村建设产业布局。计划建设涵盖四村的万亩农业基地，形成集葡萄园、大棚蔬菜、栀子花种植、休闲观光以及桂子米业、红心蛋品等农产品加工于一体的大型综合农业示范园区。其中涉及四村的土地基本都已实现流转，在各合作公司的运作下完成了土地的平整和整理，并投入使用，农业产业格局基本形成。

就新居建设而言，怡山湾抓住省政府出台增减挂钩政策这一推进新农村建设的有利时机，以建设生猪养殖基地为契机，实施迁村腾地，有计划地整理农村闲散宅基地，统一建设农民新居，推进新农村社区的形成。新居建设选址怡山湾，一期工程涉及大路、珠琳、法泗 3 个行政村的 5 个自然湾，迁村腾地后共节约宅基地面积208.6 亩，且已于 2012 年全部竣工，所有住房全部分配完毕，拆迁的居民全部搬入新居。一期新农村建设的成功给其他村民注入了"强心剂"，二期、三期工程也都相继开展。"四村联建"模式取得了初步成效，加速了怡山湾新农村建设的进行。

（三）能人带动模式的特点

能人是乡村社会对人才的一种富有乡土性特色的称谓。能人带动就是从当地基层干部与劳务输出中培养选择有一定经济头脑和一技之长的经济能人，通过组织程序当选为村支部书记和村委会主任等村"两委"主要干部，通过他们的示范、带动和扶持，带领当地农民发展经济，管理本村各项事务，推进当地新农村建设。在村社能人带动下，怡山湾新农村建设逐步推进，在实践中形成了自己的特色与经验，主要表现在以下三个方面。

1. 差序式的动员网络

能人胡涛放弃在外经营多年的事业，带着多年打拼积累的资本回乡建设新农村，为村庄发展投入了大量的时间、精力与金钱，其"无私奉献"的行动中所体现出来的责任感，赢得了普通农民的尊重与信任，为新农村建设树起了"精神标杆"，其人本身就成为引导农民有组织参与新农村建设的凝结点。面对一群仍处于"贫、愚、弱、私"状态的村民，胡涛借助于乡村社会中传统的宗族观念，首先实现对"自家人"的思想动员和行为带动；进而通过"熟人社会"中的"差序"的社会关系网络，实现以每一个"自家人"为核心的村内人际关系圈子的动员；最后，再通过政策、财政的倾斜以及初期新农村建设所带来的实际收益实现对多数普通村民的拉拢，形成了一个类似"差序格局"的动员结构。随着越来越多村民的主动参与以及建设成效的日益凸显，此种建立在熟人社会关系以及利益诱导之下的动员结构越来越稳定，而且迸发出强劲的动力，吸引更多社会力量的参与，为新农村建设持续不断地注入动力。

新农村建设是一个漫长的过程，其内容涵盖非常广泛，很多内容涉及农民的根本利益，必须有农民的广泛参与。在能人带动的新农村建设模式中，差序动员结构成功地将个人渴望改变家乡落后面貌的乡土情结扩展为广大农民积极参与建设的热忱，推动能人的"星星之火"成为燎原之势，充分发挥了其新农村建设"助推器"的作用，造就了其他模式无可比拟的强大动员优势。

2. "以点带面"的资本集聚逻辑

能人带动下的新农村建设有其独特的内在资本集聚机制。怡山湾新农村建设充分发挥了能人资本对乡村内外资本的引力作用，不断整合与诱导内外资源,逐步形成"以点促面"的扩散效应。其资本集聚与整合过程具体表现为:个人资本带动的起始阶段、内部资源整合的成长阶段、资本投入多元化的发展阶段。首先,在新农村建设的起始阶段,农村能人具有较多的社会资本和较强的经济实力,成为新农村建设的开路先锋,充当激活农村经济的"催化剂"。乡村能人有意愿出钱出资为村庄发展提供福利和建设资源,也有较强的资本能力打开新农村建设的初始局面,带动乡村迈出新农村建设的第一步。其次,乡村能人有广泛的群众基础,有一定的组织与号召农民的能力,是重构新农村建设的内生力量。通过能人资源的注入,能够将乡村社会原有的宗族血缘关系重新整合形成新的社会力量,逐步催生农村内部有效社会资源的发育和优化配置。再凭借能人对乡村社会的深刻认识,可以因地制宜地整合村内的各种人力、物力、财力等资源,如有效启动过剩劳动力,变农村负担为农村资源,提高农村现有资源的使用效率,实现内部资源的自我增值,从而激活农民建设新农村的积极性,充分调动新农村建设的内生动力。最后,能人具有较为广泛的社会网络,拥有丰富的运作资源和多样的运作手段,可以通过多种融资手段广泛吸收社会闲散资金进入新农村建设领域,将政策、教育、资本、财政等外部资源转化为新农村建设的内部力量,扩充其资金实力。这种从点到块再到网络化的资本集聚过程,使怡山湾新农村建设资本处于一种逐渐扩充的状态,成为能人带动模式的特色资源集聚模式。

3. 持续连贯的推进过程

充分发挥乡村能人在新农村建设中的作用,不仅能够获得良好的群众基础,也能为新农村建设创造良好的工作氛围,使各项工作之间有效衔接,保障新农村建设的顺利推进。具体说来,村社能人对村庄内部经济发展、农业生产、人际往来等各方面情况有非常深刻的了解,又具有较强的组织、管理和开拓创新的能力,能够在此基础上采取适宜该村的发展模式,使村民都能够主动配合新农村建设的各项工作,尽量克服新农村建设过程中村庄内部搭便车行为,从而减少发生纠纷的可能性。如在大路村怡山湾的新农村建设工作中，村社能人胡涛作为总调度者，采取"四村联合"共建的模式，在村庄规划上做到四村整体规划，但在推进各项具体事务中则根据各个村的实际情况，有先有后，尊重民意，逐步推进，使得新农村建设工作在群众基础好的村首先取得效果，再为其他村庄提供一定的建设经验，使其沿着相应的发展模式运行下去，促进村庄发展的连贯性。同时，村社能人往往具有较强政策执行力，促进政策落实的稳定性与持续性，使各项公共事务与政府事务在农村持续开展。此外，能人能够运用自身优势资源为新农村建设争取更多资源，克服新农村建设的多种难题，使新农村建设较快取得成效。

总之，新农村建设在能人带动下，各项工作有序开展，众多难题逐步击破，农民参与积极性渐长，新农村建设进程更具连贯性与持续性，新农村建设工作逐见成效。

（四）能人带动模式可资借鉴的经验

怡山湾新农村建设在能人带动下，结合本地实际，勇于开拓创新，摸索出许多极具地方特色的新农村建设经验，具有重要的借鉴与启示意义。

1. 因地制宜，明晰发展模式是新农村建设的重要前提

新农村建设是我国在城乡一体化的历史背景下为落实统筹城乡发展、工业反哺农业、城市支持农村方针的具体战略举措。为推动新农村建设的发展，中央提出了"生产发展、生活宽裕、乡风文明、村容整洁、管理民主"的指导方针，对建设新农村提出了具体的、全方位的要求。但这并不意味着所有的农村都要建成一个样。目前我国村庄数量众多，不同地区农村的经济发展水平、基础条件、文化背景、文明程度、生活习俗千差万别，新农村建设工作也必然是起点有差距、过程有快慢、水平有高低。因此，新农村建设决不能采用统一的模式，在借鉴"前人"的有益经验的基础上，从本地实际出发，因地制宜，明确适合本地的发展策略，才能真正

推动农村经济、社会、文化等各方面的发展，才能确保新农村建设的稳定、有序推进。

2. 能人带动，整合乡村资源是新农村建设的有效途径

乡村社会并不缺少土地和劳动力资源，关键是如何因地制宜地整合高效配置这些资源。在中国农民"善分不善合""原子化""各顾各"的文化生态下，依赖传统的乡村力量整合新农村建设所需的各种资源不失为一条有效的途径。乡村能人凭借其相对开阔的视野和相对丰富的经验成为农民的"领头人"，他们发挥能人示范和领导的作用，将这些分散的农民个体重新"拧成一股绳"，将全村的人力资源、土地资源、环境资源等经济发展的各类资源进行梳理、科学整合，统一配置，盘活了农村资源。

"一人能一村荣"，从怡山湾新农村建设的成功经验中可以看到能人在村庄发展中发挥的重要作用。乡村能人已经成为新农村建设中最具潜力的发展资源，是主导发展格局的重要力量。"启用一个能人，就能聚集一批资金，汇集一批技术，凝聚一批人才，搞活一个产业，带动一方发展"。新农村建设中，必须要重视能人的作用，发挥能人的带动优势，整合内部资源，激活和推进村庄发展全局。

3. 民主管理，规范运作过程是新农村建设的有力保障

民主化、规范化与科学化的管理制度不仅是新农村建设的重要内容，也是新农村建设持续发展的必要条件，更是新农村建设重要的组织保证与动力机制。在新农村建设中实施"民主管理"，就要注重落实农民的民主选举、民主决策、民主管理和民主监督等各项权利，为村民参与新农村建设提供各种方式和渠道，真正实现农民的知情权、参与权和决策权，体现农民在新农村建设中的主体地位，这是保障新农村建设成功推进的重要前提。新农村建设既要最大限度的发挥乡村能人的作用与优势，同时也必须将能人行使公共权力的过程置于村民的监督之内，从而使乡村能人与群众之间形成良性互动，不断增强新农村民主管理的透明度与可信度，为建设社

会主义新农村提供可靠的组织保障，确保新农村建设沿着有领导、有组织、有步骤、有秩序的方向前进。

4. 文化引领，凸显乡村特色是新农村建设的深层动力

文化建设是新农村建设的重要组成部分，为新农村建设提供强大的精神动力。搞好乡村文化，不仅能为农村各项事业缔造一个良好的环境，推动农村文化的繁荣，而且能够推动农村精神文明建设，为新农村建设的全面发展提供有力的保障。

加强新农村文化建设，要大力挖掘农村文化资源，继承和弘扬优秀传统文化，充分利用农民身边看得见、摸得着的文化资源来促进农村文化建设；要重构村民价值观，克服个人主义、利己主义传统思想的阻碍，倡导艰苦奋斗、积极参与；同时要加强农村基层文化设施建设，从人民群众文化生活需要出发，加大政府投资，为群众提供基本的文化活动场所；培育各种乡村文化发展的民间组织，利用当地文艺能人带动其他农民的参与。

文化建设是新农村建设的灵魂，只有同时做好文化建设和经济建设，新农村建设才能更富有生命力，才能实现稳步的、可持续发展。

二 企业运作：城乡一体化发展中的五里界模式

（一）五里界基本情况

1. 背景

五里界是江夏区东部的一个滨湖小镇，2007 年撤镇设立街道办事处。其拥有优越的地理区位：北依汤逊湖，南靠梁子湖，东与东湖白主创新示范区和江夏藏龙岛经济开发区相邻，西与纸坊城区和庙山经济开发区相连，距纸坊城区仅 6 公里，距武汉市中心城区仅 30 多公里。2005 年，国家"五部一委"把五里界确定为全国小城镇建设试点镇，但由于其地处汤逊湖和梁子湖之间的大通道地区，生态环境敏感性较强，实施开发难度较大，城镇化进程一直遭遇瓶颈，项目始终无法启动。2009 年，江夏区委、区政府决定转

换思路，引进企业合作开发，按照政府主导、市场运作模式重新打造五里界小城镇。通过招商引资，并经多次实地考察洽谈，最终确定了湖北大都地产集团有限公司为开发企业。在其精心运作下，"中国光谷·伊托邦"新型城镇化建设项目应运而生。经过四年多的探索和实践，五里界走出了一条以政府主导、引进企业合作开发为主要模式；以城乡统筹、产城融合为最终目标；以以人为本、民生优先为根本理念；充分应用生态低碳和智能网络技术，智慧的可持续发展的新型城镇化之路。

2. 发展现状

2013年7月，五里界街被省委、省政府列为全省21个"四化同步"示范试点乡镇之一。《武汉市江夏区五里界街全域规划（2013—2030年）》及《武汉市江夏区五里界街镇区规划（2013—2030年）》提出：以建设"生态智慧新城镇，田园休闲新农村"为总体发展目标，创建"生态城乡、智慧城乡、休闲城乡、宜居城乡"，努力打造"大城市城郊型乡镇'四化同步'发展样本，生态、智慧新城镇典范"。经济发展目标：以推进"两化联动，三业并举"为目标，实现"新型工业化与农业现代化联动，智慧型高科技产业、旅游服务为基础的现代服务业及都市农业并举"的经济发展新格局。社会发展目标：城乡均等，以实施"城乡均等，四金农民①"为目标，实现"城乡均等"，保证城乡居民公共服务及社会保障均等化，引导城乡公共服务同步发展。环境发展目标：以构建"绿色城乡、生态梁湖"为目标，建立梁子湖地区的生态环境保护措施，构建城乡可持续性的生态景观系统。

在新型城镇化上，湖北大都地产集团有限公司积极参与建设，已建成18层农民还建房35万平方米，五里界中心社区列入全市重点建设社区，新建了集镇社区党群服务中心、五里界中心医院、污水处理厂等公共服务设施项目，并投资近亿元建成了伊托邦生态景

---

① "四金"农民指享有股金、薪金、租金和养老金。

观大道。2015 年 TCL 入驻五里界携手大都集团共建生态智慧新城；在新型工业化上，2.6 万平方米的智慧云谷创业中心正在对外招商，投资过亿元的港华天然气、天地重工已正式投产，华百安、电子决策等项目已落户，初步形成以天然气、新型重工、智慧创意为主的高新产业格局；在农业现代化上，着重发展乡村休闲旅游产业，广州花博园项目落户唐涂村，以"梁湖八景"赏花游为代表的沿梁湖大道 1 万亩农业示范园区建设已初具规模，并纳入全市赏花经济板块；在信息化上，建设和完善五里界信息服务中心。五里界各项设施建设正以前所未有的速度和效果向前推进，努力争当全省"四化"同步发展示范乡镇。

（二）企业运作下的城乡一体化发展实践路径

1. 以企业推动"四化同步"，提升城乡发展格局

五里界街道抓住武汉市建设国家中心城市的重大发展机遇，立足现有发展基础，以"四化同步"为指导思想，走信息化引领，"四化"互动发展的城镇建设之路。通过发挥企业在城镇化建设和农业生产方式转变中的作用，加快推动"四化"协调发展。

在小城镇建设实践中，五里界将信息化融入经济社会发展的各个环节中，坚持以信息化为基础，大力引进高新智慧企业，走生态、智慧的新型工业化之路；充分利用信息技术的最新成果，改造传统农业，将农业信息技术广泛运用到发展现代农业的各个环节，培育乡村农业旅游品牌，做大龙头企业，走信息化、科技化的现代农业化之路；在城镇管理和建设方面，则通过信息化逐步推进公共资源和公共服务的均衡配置，搭建全街信息化平台，走智能化、高效化的新型城镇化之路。在信息化前提下，以高新技术产业为主导的新型工业化为五里界农业现代化输送了先进技术和装备，加快了农产品由初级加工向精深加工、由数量增长向品质提升转变，推动农业向自动化、规模化发展；农业现代化催生了农业产业化，成为新型工业化的重要动力，工业化与农业化实现了双向联动发展。在大都集团的积极推动下，城镇化建设效率显著提高，为人口及产业集聚提供了空间载体，支撑其他"三化"发展，"四化"在互动中实现了同步发展，构建了其"一心三区"的良好发展格局。

2. 以企业激活市场资源，提高城镇建设质量

2009年，五里界与大都地产集团有限公司签订合作协议，建立政企合作模式，推动五里界小城镇建设。大都地产集团有限公司按照区领导"人力、物力、财力"三集中的要求进行重组，整合内部资源，全力投入该街的旧城改造项目。运用企业市场化配置资源的优势，通过高标准的规划、新技术与新能源的应用、高水准的还建房建设提升了五里界城镇建设的整体质量，力争将五里界建设为全国领先的第四代城市典范。

首先，对五里界街全域进行高标准的城市与产业发展规划，投资六百万元聘请国内外一流专家和学者进行项目策划，提出了"经济发展、环境保护、社会和谐"的小城镇建设指导思想及"伊托邦"生态和智慧城市建设理念，确保规划与建设的高起点和高标准。

其次，在城市建设和住宅区内中，广泛运用新技术和新能源，启动社会管理事务、交通安全管理、城市综合管理等信息化管理全覆盖工程，推动太阳能和智能网络技术在小区中的使用，让居民提前过上智能化、智慧化的生活。

最后，新城建设者提出了"把还建房当商品房，把老百姓当第一批客户"的理念，把还建房建设在新城中心，规划、建设达到了武汉市区高档住宅的标准，同时全面改善五里界整体生活环境，完善基础配套设施建设，让还建区居民住上了高生态、高智能、高品质的房子，切实享受到城镇建设和发展所带来的福利。

3. 以企业吸引产业集聚，整合城乡发展潜力

产业支撑是新型城镇化的根本，五里界虽然2005年就被确定为全国小城镇建设试点镇，但由于其村湾数量众多、生态环境脆弱以及产业基础薄弱等原因，产业发展一直遭遇瓶颈，城镇化建设止

步不前。大都地产集团有限公司全面运作小城镇建设项目后，坚持尊重当地自然风貌和生态格局的基本原则，改变传统的资源利用方式，大力挖掘地方特色资源，整合产业发展优势力量，区别打造城乡支撑产业。

五里界位于梁子湖与汤逊湖之间的大通道地带，且周围农业基础较好，土地资源丰富，再加上自然村湾的存在，拥有发展集生态、观光、旅游为一体的都市农业的天然优势，在此基础上通过推进迁村腾地，吸引了当代公司、梁湖农庄等一批现代农业企业集聚，重点开展花卉种植园以及乡村旅游民居等项目，打造七彩梁湖乡村旅游区。利用其毗邻武汉"大光谷"的巨大优势，主动对接五里界周边的牛山湖科技新城、庙山开发区和藏龙岛开发区等重点发展区域，在中心城区发展智慧型高新科技产业，引进三新书业、华商天然气、江通动漫等重点企业，加快项目投产增值，吸引更多生态、高新产业聚集。全街初步形成以天然气、制造装备、电子决策、文化创意等高新技术为主导产业的工业格局。同时，以旅游服务为基础的现代服务业的发展，承接了来自乡村生态旅游的巨大需求。高科技产业、旅游服务业、都市农业三业并举，共同支撑起五里界小城镇的发展。

4. 以企业推进惠民工程，统筹城乡社会事业

新型城镇化的核心应是以人为本，是否适合人的生存和发展才是衡量城镇化建设的最关键标准。五里界在加快统筹城乡发展的同时，联合企业力量，不断推进惠民工程建设，以城镇化带动民生改善，推动城乡社会事业走向一体化发展。

在新居建设方面，巴登城旧城改造项目，新建还建房24万平方米，安置农民500余户，实现拆迁户的全部安置。同时督促企业按照"先建后拆"原则稳妥推进迁村腾地工作，启动集镇还建小区建设，推进中心村、特色湾的建设工作。

在教育事业方面，累计投入120万元，帮扶贫苦学生、奖励优秀师生和解决学前儿童就学难问题；加快企业还建学校的建设速

度，新建幼儿园、对五里界小学出行道路进行拓宽硬化，切实改善学校环境，提供完善的教育服务。全街教育基础设施日渐完善，教育事业稳步发展。

在社会保障事业方面，切实做好扶贫助困工作，积极筹措资金50万，为贫困群众改善生活，提高全街城乡低保标准，保证困难群众的基本生活水平；重点关注老年人群体，投入资金81万元，让全街60周岁以上老人均享受到老龄津贴和老龄服务，给予百岁老人、孤寡老人特别关爱；实现新农保、新农合以及城镇居民医疗保险全覆盖；重视被征地农民社会保障问题，让每一个符合条件的失地农民都顺利参加失地农民养老保险，解决失地农民的后顾之忧。随着社会保障工作的全面展开，全街社会保障水平得到了显著的提高，群众生活有了切实的保证。

（三）企业运作模式的特点

"政府引导、企业运作"是我国为解决传统政府主导、整体推进的城镇化道路所存在的持续发展动力不足、质量和效益低下、产业支撑乏力等问题，探索出来的一种新型城镇化模式。该模式在推进城镇化过程中一方面让政府及主管部门发挥引导作用，在制定政策、把握方向、搞好服务上下功夫；另一方面让市场在城镇化的资源配置中发挥决定性作用，让企业成为城镇化的重要主体，充分发挥企业融资、市场运作、规划建设等优势，走出了一条政府满意、农民受惠、企业获益、社会发展的城镇化建设新路。这一模式具有以下几点典型特征。

1. 企业运作资源的政企联合性，推动城乡一体的可持续

政府主导、企业运作的小城镇建设模式，最突出的优点是有利于将政府的公共权威、政策优势与企业的资金、管理、技术、人才等优势相结合，使二者优势互补形成合力，共同推进小城镇建设的动态发展。

一方面，小城镇建设往往建设周期长、投资巨大，单纯依靠政

府的投入与乡村资本的积累，难以推动小城镇建设进程，需要借助城市工商资本与企业力量共同支撑小城镇建设的运行。企业化运作通过注入新理念、新资源、新技术、新管理方式，优化信息、管理、资金、劳动力、土地等生产要素的配置，为小城镇建设注入新的活力，在产业发展、基础设施建设、农民新居改造等方面起到至关重要的作用。另一方面，外部力量进入小城镇建设，需要依靠政府强大的领导力量与广泛的动员能力，帮助解决资本进入农业、土地流转集中经营等障碍，充当企业与农民之间的纽带，减轻企业与大量农户分散交易的难度，降低企业成本。同时，政府可以调动所支配的公共资源，制定一系列优惠政策，规范与引导企业行为，为企业投资与经营提供宽松的环境。五里界小城镇建设在地方政府的支持下，由大都地产集团有限公司作为主要建设与开发公司，二者资源相互配合，在小城镇建设中发挥着十分重要的作用。通过政府的政策引导，企业的资金、人才、技术的支持，实现了资本、土地和行政资源的有效结合，推动了农业向现代都市农业、生态观光农业的转变，以及农村居民点向新型社区的转变。因此，小城镇建设既要发挥政府的主导作用，又要发挥市场机制的资源配置作用，整合政府、企业等各方资源，以构建政府与市场双向互动的小城镇发展模式，这是进一步推进小城镇建设的战略选择。

2. 企业运作目标的市场属性，推动城乡一体的高效化

政府投入不足、自身发展后续无力是当前小城镇建设面临的主要问题。在这种情况下，企业资本的主导作用逐步凸显，企业运作成为带动小城镇迅速发展与升级的核心推动力，也是低成本、高效率建设小城镇的有效途径。

企业作为现代化的经济组织形式，效益是其一切经济活动的核心问题，实现利益最大化是企业活动的动力来源。由于企业资本的逐利本质，必然会注重资金的使用效率，选择经济流程短、运作成本低、使用效率高的资本运作途径。在城市建设中，企业虽然拥有雄厚的资金、先进的设备、成熟的技术、较强的开发建设能力，但

建设成本与经营资本相对较高。他们更愿意将资本投入到小城镇建设中，以便借助政府的支持，结合当地的土地、农业、旅游资源，实现自身利益最大化。同时，将企业引导到小城镇建设中，进行住宅开发建设、产业园区建设，既可以拉动小城镇的房地产业与基础设施建设，又可以将先进的设计理念和技术手段融合到小城镇建设中去，有利于提高小城镇的整体建设水平。在这一开发过程中，企业资本通过对当地核心资源、相关产业的配套设施开发建设，可以带动当地村民就业，促进商品流通，吸引人流、物流和资金流向小城镇聚集，推动小城镇建设的快速发展。

总之，通过市场机制把社会资金吸引到小城镇建设上来，既可以让资本拥有者获取更多的经济利益，又能解决政府在建设小城镇中面临的资金短缺困境，是推动小城镇高效建设、实现企业资本盈利的有效途径。

3. 企业运作效果的社会属性，推动城乡一体的内涵化

企业作为一种社会组织，所拥有的社会属性决定了它不仅要承担创造利润的经济责任，还应承担相应的社会责任。尤其是作为小城镇建设主体的企业，在实际运作过程中，不能只盯住经济效益，还要强调对人的关注，对社会的奉献，将企业的发展融入小城镇的发展中来，以企业力量推动小城镇建设，以企业力量带动农民增收，以企业力量拉动环境保护，从而促进城镇化建设中经济、社会、人的和谐发展，实现城镇化建设的内涵化。

企业参与小城镇建设，不断拉动城市资本、城市技术人员、城市人口等向小城镇的集中，城镇发展聚集起了必要的人流、物流、信息流等要素。通过企业带动产业集聚，以产业集聚区的发展吸引餐饮、住宅、商业等服务项目的集中。同时，企业参与小城镇建设，也要关注城镇化进程中转移的农村人口问题，通过企业用工的本地化，解决农村剩余劳动力和进城农民的就业问题，帮助农民实现职业身份上的转变，增加农民收入，让他们能够在城镇里安居乐业。企业肩负的社会责任还要求企业在小城镇建设的过程中，注重

保护环境和资源，一方面通过技术革新减少生产活动对环境可能造成的污染，减低能耗，节约资源；另一方面与社区共同建设环保设施，净化环境，保护社区和其他群众的利益。

总之，在小城镇建设中，参与企业社会属性的发挥，要求企业在追求自身经济利益的同时，更要注重社会以及人的全面发展，逐步推动城镇化向内涵化目标进一步发展。

（四）可资借鉴的经验

五里界小城镇建设通过近几年的实践，采用企业运作的模式，在改造农业、改造农村、改造农民等方面已经积累了一些成功的经验，这为小城镇建设的进一步发展打下了坚实的基础。

1. 优化企业投资环境，畅通"政企互动"的共生渠道

政府作为小城镇建设的组织者与领导者，积极发挥着调控与主导作用，同时政府运用市场经济的办法，成功突破了诸如建设资金、产业发展等诸多难题的制约。五里界的实践告诉我们，在小城镇建设中必须发挥政府与市场的力量，通过"制度创新"制定相应的市场准入化机制和投资机制，畅通二者互动渠道，共同推进小城镇的良性发展。首先，要做好小城镇基础设施建设，为投资环境创造良好的条件。完善的基础设施是进行招商引资，进行小城镇建设的首要条件，应坚持高起点、高要求的小城镇建设标准，加强镇区教育、文化、卫生等社会事业建设与道路、环境整治、信息网络等公用设施建设，提升服务环境，吸引企业投资。其次，政府的优惠政策也会对企业入驻产生重要的吸引力。政府通过制定相应的优惠政策，吸引企业、个人及外商以多种方式参与小城镇建设。最后，利用市场机制的基础性作用帮助解决小城镇建设的焦点问题。如积极将城镇住房、道路、绿化等项目建设推向市场，提升建设水平，增强小城镇的综合整体效益。

2. 健全利益平衡机制，促进利益主体的互惠双赢

城镇化的过程也是资源重组的过程，资源重组必然会带来利益

的重新调整。企业运作下的小城镇建设，利益分配涉及农民、政府和企业三方，三者间利益关系复杂。建立合理的利益协调机制，促使各主体间的利益诉求保持一定的平衡，是小城镇建设顺利开展的必然要求。这就要求我们首先要协调好小城镇建设的公共利益与企业追求私利之间的矛盾，这是协调三者利益的基本前提。保证参与企业在小城镇建设中享有合理收益和正常利润，既是市场机制的内在要求，也是小城镇建设的必备条件。但企业的寻利行为不得损害公共利益，侵犯其他主体的合法利益。在小城镇建设中，全体农民作为最终的受益主体，这要求我们必须将处于弱势地位的就农民群众的利益放在首位，建立健全一系列的利益表达、利益补偿、利益约束机制，在农民、企业与政府利益之间找到平衡点。坚持以公平、公开、公正的原则约束各个参与主体的行为，保障弱势农民享有与强势企业同等的利益表达机会，使利益受损的农民得到合理的补偿，从而引导各利益主体之间相互促进、互惠双赢，充分调动各主体参与小城镇建设的积极性与主动性。

3. 注重生态文明理念，兼顾效率与可持续发展

小城镇建设不仅涉及经济发展、城镇基础设施建设等问题，更涉及经济增长、生态环境保护与社会事业发展等问题。因此小城镇建设应该从经济、社会、自然环境几方面统筹考虑，促进经济与社会相互协调与可持续发展。在企业运作下的小城镇建设进程中，企业受利益驱使，很容易忽略生态环境建设，出现以牺牲环境为代价来发展经济的倾向，再加上一些城镇片面强调工业发展，造成了严重的环境污染。然而，优美的生态环境、宽松的居住条件往往是小城镇最大的优势，也是提高人民生活水平的重要方面。这就要求我们在发展小城镇的同时，要将投资环境建设与生态环境建设放到同等重要的位置，做到发展与保护相协调，在不损害环境的前提下追求经济的增长，兼顾效率与可持续发展。五里界在发展城镇产业时，将城镇生态建设与高效农业、观光农业相结合，重点开发生态农庄、主题公园、观光型旅游，致力于将五里界打造成以农业为基础的观光旅游型城镇，使小城镇生

态环境保护与经济社会发展实现有机统一。

4. 尊重历史文脉传承，推动传统与现代的有机融合

城镇化过程也是城乡融合的过程。这个过程不仅仅是空间的、地理的融合，也不仅仅是经济的、社会的融合，更是包括文化资源在内的各种资源的融合，因而小城镇建设就是一个资源汇聚、资源融合、资源创新的过程。一方面，创新是小城镇发展的基础。小城镇建设要与时俱进，吸收新颖的文化形式，应用现代的科学技术，满足现代生活的需求；另一方面，传统是小城镇特色塑造的源泉。小城镇建设应从历史与传统中寻找延续的起点，在挖掘传统文化与特色资源的基础上，积极促成传统与现代、继承与创新之间的融合。企业运作下的小城镇建设，尤其要加强对历史文化遗产的保护，既要突出地方特色，又要赋予新的时代内涵，这是避免小城镇建设出现"千城一面""千城一景"局面的必然要求。五里界坚持以特色文化资源推进城镇化建设，按照中心镇、中心村（旅游小镇）、特色湾的三级镇村体系，与大都地产集团有限公司合作启动童周（月亮小镇）、李家店（滨湖小镇）、唐涂（溪湾小镇）三个农民新社区集并点中的月亮小镇建设，以荆楚风格为主题，建设融居住、公共服务、经营及参与旅游产业发展于一体的旅游特色小镇。这种因地制宜，依托当地传统文化，结合现代资源，创造小城镇特色风貌的做法，赋予了五里界独特的历史底蕴和文化品位。

三　特色产业带动：安山模式

（一）安山概况

1. 背景

安山位于江夏区西南部，1986 年撤乡建安山镇，2011 年 1 月撤销镇制设武汉市江夏区人民政府安山街道办事处。辖区内有 1 个社区居委会，18 个行政村，2.6 万人口，其中镇区人口 12541 人。全街版图面积 110 平方公里，耕地面积 4.6 万亩，森林面积 6 万

亩，水域面积 5 万亩，是典型的"三分林三分水三分田"的生态格局。安山街结合当地优越的生态资源以及便捷的交通优势，确立产业发展模式，经过十多年的发展，特色苗木产业和清洁能源产业初具规模，为新型城镇化建设积累了良好的产业基础。

近年来，随着"全省特色小城镇建设试点、全市农村产权制度改革试点、全区统筹城乡发展试点"三大发展机遇的到来，安山街在统筹城乡发展理念的指导下，按照"一镇三园"的发展战略，着力打造"江夏区（安山）农产品加工园""华中武汉花木生态博览园"以及湖北安山国家湿地公园三个园区，以园区建设带动镇区发展，推动安山向规划布局合理有序、城乡面貌整洁美观、市政基础设施完备、公共服务体系健全、生态环境优美、宜居宜业宜游的特色森林小城镇迈进。

2. 发展现状

2002 年以来，安山结合区位、地域特色，确立了以花卉苗木和天然气清洁能源为安山支柱产业的经济发展模式。安山特色森林小城镇建设，以项目为依托，坚持推进"一镇三园"战略，在多年的探索实践中取得了一定成效。

目前，在花卉苗木产业方面，全街已累计引进苗木开发业主近300 家，建成苗木产业基地面积 4 万余亩，辐射带动全街 18 个行政村 3000 户农户，为壮大村级集体经济和促进农民持续增收夯实了基础。依托江夏区苗木花卉产业化优势，安山规划进一步扩大种植规模，发展湖北苗木花卉种植基地，同时配套发展精品赏花旅游等重点项目，形成一个集交易、展示、设计施工、科研开发、休闲旅游于一体的现代化苗木花卉交易市场。在清洁新能源产业建设方面，已有 6 家企业入驻，主要以天然气储存、运输、加工为主，其中湖北核能燃气有限公司已经建成投产，年产天然气 0.9 亿立方米，产业集聚效应初步显现，带动全街工业总产值不断上升。产业发展为安山城镇化建设提供了坚实的基础。

自 2013 年 12 月安山获批国家级湿地公园以来，政府加大公园内自然湿地景观和深厚的历史文化底蕴的保护力度，加强对安山湿地公园周边范围的守护巡防，有效控制了乱砍滥伐、恶意污染、偷盗打猎等不法行为的发生，保护了生物的多样性，为园区的进一步开发做好前期准备。

总之，安山把江夏区（安山）农产品加工园、华中武汉花木生态博览园、湖北安山国家级湿地公园作为重点发展园区，三园并进，为安山森林小城镇的建设提供强大的驱动力。

（二）特色产业带动下的城乡一体化实践路径

1. 科学编制城镇规划，凸显特色产业资源优势

规划是小城镇建设的龙头，高起点、可持续的规划可以促进城镇建设有序推进。安山依托良好的花卉苗木产业基础以及"三分林三分水三分田"的生态格局，将苗木花卉产业作为特色主导产业，其规划特别注重科学性与协调性，把小城镇建设目标与生态、经济、社会发展的目标相统一。按照"一心，双轴，三区"的布局，安山完成了《安山街道镇区 5.1 平方公里控制性详细规划》及《江夏区（安山）农产品加工园（一期）控制性详细规划》的编制工作，在规划中对特色产业区、特色专用市场用地、生态苗木观光区、华中花卉苗木城等进行了合理布局，实现与当地特色资源分布相一致。随着城镇建设的不断推进，2014 年，区政府启动编制安山街生态休闲旅游规划，系统谋划国家湿地公园游、市民乡村假日游、赏花休闲游等实施路径，通过相关特色产业带动偏远村湾联动发展。此外，政府还聘请专家对园林与绿化系统进行专门规划，初步形成《园林与绿化系统规划》，集中打造森林绿地、道路绿地、公园绿地、滨水绿地等多种绿地类型，力争形成网状绿化体系，保护安山特色资源。

安山在编制各项城镇规划时，充分彰显特色产业的资源优势，有利于增强森林小城镇的吸引力，这对于安山实现特色产业带动小城镇社会经济全面、可持续发展具有重要作用。

2. 加强产业园区建设，夯实特色产业发展基础

安山街紧抓建设森林小城镇的发展机遇，重点做好产业园区建设，主要包括园区基础设施建设、招商引资、湿地公园等方面的工作，通过发展产业园区吸引关联产业集聚，为城镇特色产业的进一步发展夯实基础，也为城镇化的持续推进提供动力保证。

（1）加快园区基础设施建设

基本完成园区规划道路中的 15 号路东段、南环路、9 号路铺设与排水管道三条道路的建设工作；推进电力工程建设，积极开展安山变电站主变增容工程建设工作，争取解决园区企业的供电需求问题；开展园区场平建设：投资 600 余万元，完成了园区已储备土地平整项目及此范围内的三杆迁移工作，为吸引产业进园区打好基础。

（2）加大招商引资力度

规划建设的武汉国家农业科技园江夏（安山）农产品加工园占地 6000 亩，2014 年以来，依托国家重点基础设施项目川气东送天然气管道从安山镇通过以及在安山设立分输站的良好契机，集中发展清洁能源产业，引进以湖北合能燃气为代表的六家相关企业；积极发展农产品加工、创意设计、根雕艺术等产业，延伸产业链条，与中国种都、群欢食品加工等企业均已达成投资意向；着力推进武汉华中花木生态博览园项目。与此同时，随着 2 万千伏安安山变电站主变增容工程完成，工业污水处理厂等配套设施相继开工建设，已签约的"中澳楚通澳洲牛羊肉""武汉黄鹤楼汉口青砖茶叶"等项目也相继落地。

在园区建设发展的同时，安山街注重文化内涵挖掘和生态环境保护，按照宜居、宜业、宜游的理念，充分考虑武汉近郊旅游开发的需求，把产业园区建设与森林小镇建设有机融合，立足自身资源禀赋、产业基础和比较优势，加快推进粮油、蔬菜、茶叶等特色产业的发展，引进符合园区定位、旅游开发的优质企业入驻，安山农产品加工园区将被建设成为服务省会的农产品商贸、物流、仓储园区和集旅游观光、休闲度假于一体的新型特色旅游新区。

3. 推动武汉安山国家湿地公园建设，旅游开发与森林小镇建设同步进行

武汉安山国家湿地公园试点于 2013 年 12 月成功获得国家林业局批准，目前主要以加强湿地公园保育、恢复生态功能为核心工作。安山国家湿地公园建设总目标是充分利用湿地资源和自然资源，将安山国家湿地公园建设成以保护和恢复湿地生态系统为主，结合湖泊保护与科研、宣教、生态游憩为一体的综合性、开放性国家湿地公园。

目前已聘请相关专家编制完成《武汉安山国家湿地公园总体规划》和《武汉安山国家湿地公园建设项目可行性研究报（2015—2017 年）》。为有效保护湿地资源，开展湿地恢复与保护工作，已完成标注界桩等基础性工作，正积极开展建设项目申报、规划设计、宣传推介、管理维护等一系列工作。"春来赏花，夏来采莲，秋来养身、冬来观鸟"将成为安山国家湿地公园的新特色。

近年来，安山街还依托得天独厚的自然环境，立足产业结构、生态特色，制定了郊野公园建设方案并融入武汉江夏农业大公园整体建设规划。武汉安山郊野公园将分三期进行：一期规划面积5000 亩，将于 2016 年 10 月底前建设完成。二期、三期规划面积30000 亩，以一期 5000 亩为核心区，通过环行主干道辐射周边苗木产业基地，将于 2018 年 12 月底建设完成。规划建设中的武汉安山郊野公园将合理规划布局功能分区，有序安排各类建设和设施，并充分考虑不同类型市民的需求，打造活动丰富性、供需广泛性、文化多样性的生态休闲产业。目前，武汉安山郊野公园已完成总体规划并启动一期工程建设，将以武汉市园林科研所中试基地、武汉市林业集团基地、中科院武汉植物园基地等连片开发 5000 亩苗木花卉产业基地等单位为圆心点，辐射带动周边 1 百余家共计约10000 亩连片花卉苗木基地共同打造特色板块 15 个。"大美后花园，生态养心谷"将是武汉安山郊野公园建成后的真实写照。

4. 完善产业配套设施，增强特色产业综合竞争力

基础设施建设不仅是小城镇经济社会发展的重要保证，也是特色产业提升综合竞争力的重要一环。安山从镇区主干道路着手，加快包括水利、环卫等设施的全面建设，完善基础设施配套，为特色产业的发展创造良好的外部环境，有序推进森林小城镇的建设。在道路建设工作上，已完成旺安路、教育路、黄湾路项目招投标工作，分两阶段进行，2015 年 6 月以前全面完工。随着三条主干道的建成，安山境内的路网骨架基本成型，极大地拓展了交通运输能力；在环卫设施方面，重点开展基层卫生院提档升级工作，在区国土规划部门的支持下，已完成选址、勘界、征地、补偿、勘探、环评、规划设计、立项和建设等各项工作；在农业基础设施上，近年来已建成水库 13 座，总库容为 9012 万立方米。开挖水库干、支渠 182 条，总长 354 千米，埋设管道 109 千米。共建成电灌站 17 处，装机容量 1120 千瓦。农田有效灌溉面积 2283 公顷，有效灌溉率达 81%，农业基础设施日益完善，为农业产业化的发展提供了有利的条件。

总之，道路、水利、环卫等基础设施的完善，有力改善了城镇的面貌与形象，增强了特色产业的综合实力，推动安山向建设森林特色小城镇的目标迈进了重要一步。

5. 加强公共事业建设，提升特色产业辐射影响力

加强公共事业建设，是提高农民文化素质、促进农民全面发展的必然要求，也是特色产业发展的重要助推器。公共事业的发展为特色产业提供基础的发展环境，能够极大地提高特色产业对当地以及周边经济、文化、环境等方面的辐射影响力。安山主要从文化体育事业、卫生事业、社会保障事业等方面着手，推进公共事业建设，同时通过产业发展的各种作用机制，将公共服务的各方面融入产业发展中，促进特色产业的发展。

首先，大力发展农村文化体育事业，繁荣农村文化，丰富农民文化体育活动。镇区文体活动中心基本建成，安山镇文化体育休闲广场也处在前期筹备中；完成 18 个农家书屋的建设；支持广大群众开展划龙船、楚剧等传统文艺活动，促进农村体育文化事业的进一步发展。

其次，从硬件和软件两方面积极推进卫生事业的发展。通过镇区卫生院的建设，切实改善居民就医环境的同时继续巩固新型农村合作医疗工作，确保合作医疗的全民覆盖；大力开展爱国卫生运动，普及全民卫生知识，倡导和培养健康的生活方式，彻底根治农村脏、乱、差等不良卫生习惯，营造良好的卫生环境。

最后，大力推进社会保险和医疗保险工作。一方面做好城镇居民医疗保险工作，灵活发放就业人员社保补贴；另一方面实行外出农民工购买意外伤害保险登记上报制度，为农民工人身安全提供保障；积极引导农民普遍参保，新型农村社会养老保险覆盖率不断提高。

（三）特色产业拉动型模式的特点

特色产业拉动型，是一种凭借区域内独特的自然、经济或区位优势等特色资源，大力发展主导产业或特色产业，拉动小城镇综合发展的有效模式。安山凭借丰富的花木自然资源，以市场为手段，依托重点项目发展花卉苗木特色产业，按照"先产业、后集镇""产业兴城"的原则，将安山打造成独具特色的森林小城镇。在多年的实践中，安山在特色产业的拉动下，走出了一条独具特色的小城镇发展之路。

1. 以内部特色资源为形成基础

特色产业拉动下的小城镇建设，城镇区域内独具特色的资源是特色产业形成的重要基础。通过对优势资源的合理开发形成区域内某种特色产品，特色产品经过规模经营发展成特色产业，特色产业的市场化就形成了区域内部特色经济，由此将优势资源向特色产品、特色产业、特色经济不断转化。

从特色经济的形成的过程来看，特色资源是其形成和发展的重要条件，离开了特色产品与特色产业的规模化、市场化发展，特色经济的形成将成为无本之木、无源之水。安山特色资源优势明显，有独特的自然生态资源，林木品种十分丰富，植被保持良好，是典型的"三分林三分水三分田"的生态格局。自 2002 年以来，安山街紧紧围绕科学发展观，结合区位、地域特色，确立了以花卉苗木为安山农业支柱产业的经济发展模式，有效合理开发山水资源，发展现代都市农业，打造安山品牌。通过发展特色产业改变原来粗放经营局面，对特色资源进行精深加工，延长产业链条，提高特色产品附加值，以此提高资源加工增殖转换能力。通过十余年的努力，安山街已累计引进苗木开发主 235 家，建成苗木产业基地面积 40000 余亩，辐射带动全街 18 个行政村 3000 余农户，主要栽植有红继木、樟木苗、杜樱、含笑、桂花、广玉兰、红叶石楠等 60 余个品种。根据《湖北林业发展"十二五"规划》和《武汉市林业发展"十二五规划"》，武汉市将大力建设江夏区安山苗木花卉产业园等现代林业产业示范科技园，安山街的苗木产业将从现有的 40000 亩规模化基地发展到 80000 亩。

2. 以"先产业、后集镇"为推进原则

产业支撑是新型城镇化的根本，没有产业发展的城镇化终究会走向"睡城""鬼城""空城"的结局。以产业发展为先导，带动城镇建设，实现功能完善与生态环境改善，走城镇化与产业化协调发展，产城融合之路，形成集生产、生活、生态于一体的新城镇形态，是中国城镇化未来发展尤其是中、小城镇未来发展的必然趋势。

城镇化建设过程中优先发展产业，引进大型企业，有利于解决农村人口城市化的问题，与土地分离的农民大多缺乏必要的知识和技能，难以找到固定的工作。随着成熟企业的进入，用工实现本地化，给农民带来了更多的就业机会，通过接受培训，大都成为产业工人，素质得到提升，收入也不断增加；优先发展产业，通过园区的发展来推动、支撑和提升当地城镇的发展，通过实体经济的发展促进城镇化建设的自身造血功能，为城镇化建设提供持续的资金来源；优先发展产业，以产业集聚带动资源的集聚和人口的集聚，为服务业的发展提供了需求，城镇功能配套会进一步完善，城镇服务体系更加健全，为城镇化的发展提供良好的投资环境。优先发展产业，不仅要发挥产业的先导作用，也必须注重产业发展与城镇建设相协调，"以产带城"只有与"以城促产"配合发挥作用，才能真正实现城镇化建设的可持续发展。安山小城镇建设的实践证明，走"先产业、后集镇"的城镇化之路，形成产业园区化—园区城镇化—城镇现代化—产镇一体化发展路径，是挖掘小城镇发展潜力、实现产业与城镇的匹配和融合发展、实现小城镇"后发制人"的正确选择。

3. 以项目建设为重要依托

项目是特色产业发展的重要支撑，依托优质项目推动产业高端化，是促进经济快速发展的重要载体和抓手。在推动产业发展的过程中不仅要始终坚持精品项目观念，而且要规划、引进更多的产业项目来参与市场竞争，在竞争中不断更新工作方式，创新服务手段，推动项目高效落实。同时做好龙头项目的运营管理，促进培育产业层次高、经济效益和社会效益好的新兴项目，有利于延伸关键项目产业链，充分发挥项目的辐射带动作用，促进相关产业繁荣发展。这些年来，安山围绕森林小城镇建设项目，重点建设一批产业关联度大、市场优势明显、辐射带动力强的综合项目，如江夏区（安山）农产品加工产业基地项目、核心区基础设施建设及商业开发项目、苗木花卉交易市场项目、武汉安山湿地公园项目等，把项目建设作为安山经济发展的关键与突破口，围绕龙头企业打造产业基地，围绕重点项目建设工业园区，围绕特色苗木产业延伸产业链条，引导资金、技术、人才等要素向优势产业集聚、向重点项目集中，积极实施"一主两翼战略"。"一主"是推进核心区项目建设：涉及街卫生院的迁建、规划道路的建设、小学的建设、普安新村迁村腾地项目等建设工作。"两翼"分别是江夏区（安山）农产品加工园与华中武汉花木生态博览园项目。江夏区（安山）农产品加工园建设初具雏形。通水、通电、通路与场地平整工作已逐步推动，招商引资情况喜人，以湖北合能燃气二期为代表的3个项目已开工建设，武汉黄鹤楼茶叶有限公司项目落地。同时，华中武汉花木生态博览园项目前期工作有序开展，战略合作意向书已签订，着手规划选址范围地面附着物情况调查，同步进行土地流转和规划编制工作。安山依托项目建设不断促进产业结构优化，经营层次提升，增强了特色产业发展的后劲。

（四）产业带动模式可资借鉴的经验

在新型城镇化建设中，安山通过坚持政府引导、充分发掘特色资源、发展优势主导产业，同时以市场需求为导向，走出了一条特色产业带动的城镇化之路，为其他城郊型小城镇突破城镇化发展问题提供了有益的借鉴和启示。

1. 充分挖掘特色资源，培育小城镇建设支柱产业

特色是小城镇发展立于不败之地的优势，也是小城镇经济发展的动力。产业则是支撑小城镇发展的基石，建设有资源特色的支柱产业，是推动小城镇经济发展的有效途径。打造区域支柱产业就要以特色资源为依托，根据自身区位优势、资源禀赋等条件，与当地经济结构调整相结合，重点发展特色产业，做大做强一批优势产业后，再带动其他产业的发展。发展小城镇支柱产业，在确定目标、选择特色等方面都要符合城镇的现实基础，不能照搬其他地区的特色，要与当地的地域特点、经济特色、地理条件等相协调，这样才能更有利于特色产业的培育与发展，打造区域特色品牌，促进产业形成规模效益，从而推动小城镇建设的全面发展。

安山按照"产业立镇"的一般规律，挖掘并有效利用安山独特的人文历史、传统文化、自然资源等资源优势，因地制宜，形成了特色鲜明的苗木花卉产业发展格局、特征显著的地域建筑风貌、特点突出的生态休闲旅游景观，安山不断向建成独具特色的森林小

城镇迈进，逐渐形成了一套"特色小镇"发展模式。

2. 择优扶持龙头企业，增强小城镇建设带动效益

龙头企业在小城镇特色产业形成与发展过程中，发挥着巨大的作用。龙头企业作为大部分特色产业所依赖的载体，其经济实力的强弱与带动能力的大小决定着产业化经营的规模与成效。同时，龙头企业作为农户与市场的连接点，一方面能够将分散的生产特色产品的农户或小企业联结起来，可以推动中小企业之间加强协作，提高它们在市场交易中的组织化程度，改变它们在交易中的劣势地位，也可以带动一批农户的发展，从而有利于实现企业的集聚和产业的规模化经营；另一方面龙头企业能够根据市场需求来确定企业规模以及特色产业的生产规模，化解农户单独入市的风险，引导产业结构的优化升级，提高特色产业集约化生产经营水平。

龙头企业不仅能够有效协调多变的市场与分散的农户之间的矛盾，还能通过其辐射与带动作用，达到"活一方水土、牵一群产业、富一方百姓"的良好效益。安山在建设农产品加工园时，引进以中国种都为代表的龙头企业，形成以农产品加工、检测、储运、研发、交易等功能为主的全产业链集群，打造代表江夏区乃至武汉市农产品深加工一流水平的园区。

3. 发挥政府引导功能，优化小城镇建设外部环境

政府应结合自身实际，为特色产业的发展创造良好的外部环境，促进地方特色产业的发展，提高小城镇经济竞争力。政府应在制定规划、政策，维护秩序、环境，协调服务等方面发挥好引导功能，着力于培育、创造与维护良好的市场环境。

首先，在特色产业形成阶段，要制定合理的产业培育与发展政策。政府要以本地比较优势与经济发展状况为依据，制定有助于特色产业快速发展的政策。

其次，在产业发展成熟阶段，促进产业结构调整，整合特色产业，促进产业形成规模效益。同时，要加强协调管理工作，不仅要促使各部门密切配合，解决特色产业发展经营中部门沟通低效，项

目选择盲目等问题，也要充分发挥行业协会作用，规范政府与行业协会的关系，引导特色产业健康发展。在特色产业发展动力不足时，政府要创造各种条件，提升特色产业的创新能力，为产业发展注入新的活力。良好的外部环境是小城镇特色产业发展的重要保障，政府必须在产业发展的不同阶段发挥不同的作用，引导特色产业不断发展壮大。

4. 结合市场需求导向，培育小城镇建设重点产业

市场导向或市场化是产业形成的基本条件，从而也是特色产业形成的基本条件。建设小城镇特色产业，必须坚持以市场需求为导向，尊重市场经济发展的基本规律，充分发挥市场在资源配置中的基础作用。这就要求小城镇建设在发展特色产业时，不仅要充分利用当地的资源优势，还要根据市场需求信号，尊重市场经济发展的基本规律，选择那些市场需求大，发展前景好，消费者认同度高的产业作为重点发展产业，集中有限物力、财力、人力等方面的资源，对这些具有较强市场竞争力和发展潜力的特色产业进行重点培育和扶持。同时根据市场需求导向，确定合理的企业规模以及产品生产规模，优化品种，提高质量，最大程度地降低市场风险。面向市场生产要素流动新趋势，适时引进先进技术与措施，促使本地各项资源要素高效流动与合理配置，实现地区内比较优势向市场竞争优势的转化，不断维持和提升整体竞争力，尽快形成具有地区特色的主导产业，以拉动小城镇经济的快速增长。

安山的做法就是，根据市场需求，依托苗木花卉产业，着力打造一个华中地区规模最大、功能完善、配套齐全、辐射广阔的区域性一级苗木花卉展示交易中心和现代化物流中心，市场主要涵盖苗木花卉、园林资材、产品包装、物流配送、根雕花艺等。

第三章 统筹规划:城乡一体化
发展的空间布局优化

从 2003 年中央提出"统筹城乡"开始,到 2007 党的十七大明确提出"形成城乡经济社会发展一体化新格局",再到 2012 党的十八大提出"统筹城乡一体化发展",这标志着我国城乡关系已进入了国家战略主导下的"以城带乡"阶段,由此也推动了城乡一体化规划的全面开展。由于历史原因,我国规划一直处于"城乡分治""规划分割"的状态,且规划工作的重点一直放在城镇规划上。

2008 年《城乡规划法》的颁布,为城乡关系的发展开辟了一条新的思路,为我国统筹城乡建设,确立了科学的规划体系和严格的规划实施制度。在城乡统筹的推进过程中,城乡统筹规划正扮演着越来越重要的"龙头"作用,不仅是实现社会和谐与稳定的重要手段,而且担负着引领城乡一体化发展的重任。

一 从"城乡分离"到"城乡统筹"

(一) 城乡统筹规划的内涵

城乡统筹规划,实质上是将城市和乡村、农民与市民、工业与农业作为一个有机整体进行统一规划和全盘考虑,对所在区域的人口、资源和环境存在的功能、结构等差异的整体发展进行部署,使城乡在经济、社会和文化等方面持续协调发展的过程。其目的是

"缓解城乡矛盾，推动城乡之间建构区域功能协调、城乡功能互补、空间布局合理与支撑体系配套完善的城乡系统"。从内容上来看，城乡统筹规划主要包括城乡总体规划、产业布局规划、基础设施规划、公共服务规划、环境保护规划等；从规划的地域层次看，包括城镇体系规划、城市规划、镇规划、乡规划和村庄规划；从规划本身的体系层次上，又可以划分为总体规划、控制性详细规划和修建性详细规划。处理好这些规划之间的关系，才能从整体上把握城乡统筹规划。具体说来，城乡统筹规划具有如下特性：

第一，统筹城乡规划既不同于城市规划，也不同于乡村规划，它涵盖了城市规划和乡村规划的全部内容，但又不等于二者的简单相加，城乡统筹规划是超越于城市规划和乡村规划之上的、具有系统性和战略性的规划，对于城市规划和乡村规划的编制具有重要的指导意义。

第二，城乡统筹规划也不完全等同于城镇体系规划，一般城镇体系规划的范围较大，且其研究的城镇等级、结构等问题过于宏大抽象，在乡镇发展方向、功能布局等方面难以进行有效控制和安排，城乡统筹规划则明确了区、镇、村三级空间发展层次，因地制宜地进行了各个等级地域的具体规划定位，更具操作性与实践性，从而有效推动城乡统筹发展。

第三，城乡统筹规划并不意味着城乡完全同质发展，城乡协调发展要同时兼顾"城乡有别"。城市和乡村是两种类型的人类居住方式，都有各自的特质。城市是一个区域的政治、经济和文化中心，它能够为乡村的发展提供各种有利条件，如提供各种工业产品以及充足的资金。农村是一个区域的农业生产集中地，它不仅可以为城市提供各种丰富的农副产品，还能提供广阔的土地空间，维护良好的生态环境等。因此，城乡统筹规划应避免将乡村打造成为另一个城市，而是在兼顾城乡一体的原则下，考虑城市和乡村原有的资源和环境优势，因地制宜，使城市与乡村的发展各具特色，实现城乡优势互补，城乡体系走向完善。

第四，城乡统筹规划也并不意味着城乡完全同步发展，统筹城乡规划具有动态性和阶段性。城乡二元结构体系下的城市和乡村原本在经济、社会、文化等方面已经产生了明显的差距，抛开这些存在的巨大差异来谈城乡完全同步发展是不切实际的。统筹城乡规划，应是将城市和农村纳入同一个规划体系中，循序渐进地引导城市和乡村的发展。

（二）城乡统筹规划的原则

统筹城乡发展，是逐步解决"三农"问题、改变城乡二元结构的必由之路，而科学的规划是统筹城乡一体化发展的基础，这就要求我们在编制与落实城乡统筹规划进程中，应把握好以下几个基本原则。

1. 统筹规划的协调性

统筹规划要遵循协调性原则。其一，城乡规划是由城镇体系规划、城市规划、镇规划、乡规划和村庄规划组成的一个规划体系，规划的制定与实施应将城市与农村视为一个有机整体，即将城、乡、城与乡通盘考虑，打破城乡分割，加快城乡公共服务均等化，建立一元城乡规划模式，促进城市与乡村统筹协调发展，促进城乡经济社会全面协调可持续发展。其二，在城乡统筹中，要同时注重规划内容的协调性，既要统筹工业与农业，实现城镇化、工业化、信息化、与农业现代化的协调互动发展，又要统筹城乡区域内部与城乡区域之间人口、社会、经济、资源、文化、环境的协调发展。

2. 统筹规划的社会性

统筹规划要遵守社会性原则。一方面，规划具有公共政策属性，不仅关系到一个区域的经济社会发展，也关系到每个居民的生存与发展，必须强化规划编制、实施和监督等过程中的社会基础与公众参与，集思广益，听取政府、专家、居民等多方建议，提高规划的科学性。另一方面，规划的制定与实现过程包括个人利益、企业利益、地方政府利益等多元利益形态，政府部门与开发商往往凭借其政治上与经济上的强势地位而掌握规划的"话语权"，使得多元利益关系处于失衡的局面。这就要求公众的广泛参与，以保障过程的民主公开，更重要的是要把各种社会势力的利益和合理的意见反映到规划过程中来。在城乡规划中，做到由专家制定规划到政府、专家、社会广泛参与制定规划的转变，并在规划的实施过程中广泛接受社会的监督，注重民本民意，增强规划的社会性和科学性，以便更好地推进城乡一体化和新农村建设。

3. 统筹规划的特色性

统筹规划要遵守特色性原则。特色性原则要求我们在规划中做到因地制宜，发挥自我优势与特色是城乡统筹规划最基本的原则。我国幅员辽阔，特点各异，各个县市、各地区在自然环境、人文景观、经济基础、区位条件、资源禀赋等方面存在明显的差异，形成独具特色的人口布局、城镇分布、产业结构以及产品和技能特点，我们必须在遵循城乡发展的普遍规律的基础上，结合本地实际情况，根据当地的经济、社会、文化、资源、环境等特点，发挥创新意识，利用当地比较优势，因地制宜地确立城镇发展方向和差异性发展模式，形成独具特色、别具一格的小城镇风格。

4. 统筹规划的生态性

统筹规划要遵守生态性原则。城乡统筹规划系统是由人口、生产、消费、资源、环境所构成的多要素复合系统，是以人为主体，以经济、社会活动为中心，以资源、环境为基础，由城镇社会系统、环境系统和技术经济系统共同构成的多功能的综合系统。这就意味着应将城镇人口、资源、经济、社会、环境整体融合到统筹规划中，统一规划和发展，不仅要注重产业布局，更要加强生态环境保护，不仅要追求经济的快速增长，更要注重经济、社会、环境等的全方位发展，促进整个生态系统的良性循环和综合效益的提高。坚持以生态性为原则的城乡统筹规划，其本质是追求人与自然的真正和谐，协调城市的盲目延伸与乡村自然景色相分离的矛盾，缓解追求城市效益与保持环境舒适之间的冲突，以此达到人、社会、经济和自然的共生共荣，实现人类社会的可持续发展。这也是推进城镇环境保护、实现城镇优美环境、打造生态宜居环境的必然选择和根本意涵。

（三）城乡统筹规划中的问题

1. 城乡一体化规划的覆盖面有限

目前，各地城乡一体化建设规划主要是宏观发展规划，控制性详规及一些专项规划编制得不多；建制镇镇区控制性规划仍没有全覆盖，相当数量的村庄规划仍是空白，城乡规划的覆盖面仍有限。

2. 城乡一体化规划的科学性不足

长期以来，我国地方相关信息不全，尤其是乡镇和村级缺乏地理、生态、生产以及生活方便的基础信息，同时，现有的信息也分属不同部门所掌握，还有不少统计数据不尽准确，这些都给规划的科学制定造成困难。加之，相关规划制定过程中投入不足，规划制定时间紧、投入少，规划承担者无法对村庄地质地貌、气象水文和环境等进行勘察、测绘和统计，只能是"粗线条规划"，"跟着感觉走"，"跟着形势跑"，难以科学规划。

3. 城乡一体化规划的建设标准不高、衔接性不够

在现行的城乡发展规划中，各地都考虑到城乡差距的实际状况，以及现行财政投入能力，对城乡设施建设以及公共服务标准做出不同的规定。规划标准只是基本满足功能的需要，建设投入少，建设标准低。同时，由于现行规划仍是各级政府、各个部门分别制定，由此常常造成上级政府规划与下级政府规划不协调、政府总体规划与专项规划不协调，以及同一域区地方政府之间规划不协调。如一些地方在城镇发展、空间布局、土地利用、产业发展、社区建设、基础设施和公共服务等方面的规划某种程度上存在冲突和矛盾。

4. 城乡一体化规划的实施比较困难

城乡规划能否发挥作用在于其能否得到有效实施。在现行的城乡二元化体制和行政区划式管理体制下，城乡之间以及地区之间的一体化受到利益、体制和制度的限制，一些致力于城乡一体化的规划在实施中也面临诸多的困难。

5. 城乡发展规划的权威性不强

在实践中，发展规划的权威性不高。有的"先建设后规划、边建设边规划"，规划的随意性大；有的"一届政府，一个思路，一套规划"，以至于规划经常性的重新编修；有的经常突破规划的红线，不断调整规划；有的甚至因某个领导人的好恶，重新修改甚至废止规划，如此等等，以至于有的人称现在的规划是"规划规划，桌上画画，墙上挂挂，规划赶不上变化，变化顶不上电话"。

二　江夏区城乡空间布局的现状

江夏区，是武汉市的南大门，素有"楚天首县"之美誉。1995 年，经国务院批准，撤县设区，现为武汉"1＋6"城市组群大光谷南部生态新城，总面积 2018 平方公里，人口 68 万人。地理位置优越，是"1＋8"城市圈的重要节点，东接鄂州，南通咸宁，西临长江，北连武汉东湖高新技术开发区，"武汉·中国光谷"规划区域大部分就在江夏区境内。这里区位优势突出，交通极其便利，京广铁路、107 国道纵贯南北，京珠、沪蓉高速公路在此交会，各等级公路网络遍布全区。

2011 年 10 月，围绕武汉市提出的"建设国家中心城市、复兴大武汉"的战略目标，江夏区率先在武汉市新城区中拉开了统筹城乡发展的大幕，明确提出"一城十镇百村"的城镇体系定位。从 2012 年 8 月 14 日召开全区统筹城乡发展工作动员大会以来，全区统筹城乡发展工作迈入了实质性推进阶段。2013 年作为江夏区委、区政府的"规划年"，城乡统筹发展规划工作紧紧围绕"寻楚天首县之根、铸江夏新城之魂、筑武汉南部之梦"的要求和"新型工业化、信息化、农业现代化、新型城镇化"四化同步发展战略目标，按照"产城一体，独立成市"的理念，开始全方位展开。江夏区在协调国民经济和社会发展规划、土地利用规划等相关规划基础上，从空间、产业、环境、基础设施等要素入手，对城乡空间、产业、公服设施、生态建设等布局内容进行统筹规划。

（一）统筹区域功能布局，引领城乡协调发展

江夏区按照全域江夏的理念，谋划城乡空间格局，加快构建"一城十镇百村"三级城镇体系，即以一个新城为中心、十个左右的特色中心镇为依托、其他建制镇和100个左右的中心村为基础的三位一体城乡空间格局。具体说来，

一城：即江夏新城，由纸坊新城和金口新城两大核心板块构成，规划面积458平方公里，核心区50平方公里，聚集全区50%以上的人口。加快推进纸坊新城建设，突出产业支撑，以产兴城，依城促产，实现产城融合互动。把纸坊新城和金口新城作为一个整体，统筹规划，着力打造南部新城发展两轴，即东西向的发展轴——凤杨大道，将金口、大桥、庙山、藏龙岛连接成一个整体，与大光谷对接；南北向的发展轴——文化大道，作为连接主城区的快速通道和城市景观大道，完善城市配套基础设施和功能。

十镇：即五里界、郑店、安山等十个中心镇，聚集全区25%左右的人口。在做好规划的前提下，按照"特色鲜明、功能完善、产业支撑"的要求，坚持"四个集中"，即工业向园区集中、土地向规模集中、农村人口向城镇集中、农民居住向中心村集中，全面启动了五里界、郑店、安山三个中心镇试点建设，着力培育一批产业服务型、生态旅游型、工商贸易型、交通枢纽型特色小城镇。

百村：即全区规划建设100个左右的中心村，引导农村人口和各种生产要素向农村新社区集中，建设一批设施配套、环境优美、功能齐全、管理有序、乡风文明的农村新型社区。在南环线以北工业

园区，以集中建设农民新社区为主；在107国道沿线、省道沿线区域，有条件地建设农民新村；其他地区建设自然生态村湾（中心村）。

"一城十镇百社区"的三级城镇体系，意在将江夏区作为整体进行科学布局和定位，从而构建一个空间布局合理、功能分工有序、资源配置优化、公共服务均等、环境优美舒适的城乡统筹发展新格局。

（二）优化产业结构布局，推进产城融合发展

江夏区将产业结构调整作为加快经济发展方式转变的重要途径和内容，按照"北部新型工业、南部现代农业、东中部服务业、西部临港经济"的发展布局，合理布局城乡产业、现代工业、现代农业、现代服务，促进产业之间紧密的、互促的、有机的内部联系的建立，推进江夏区多项产业良性互动发展局面的形成。

1. 现代工业布局

按照"用地节约、产业集聚"的要求，构筑以江夏新型工业化示范园区为主平台，以庙山、藏龙岛、五里界为辅助，以郑店、纸坊、乌龙泉、山坡、安山等其他乡镇为补充的三位一体的工业发展平台，重点发展汽车产业、装备制造业、光机电产业、生物医药、新能源高科技产业和总部经济。

2. 现代农业布局

按照"园艺化蔬菜、健康化水产、生态化休闲"的思路，构建现代都市农业新格局，以107国道沿线为重点，建设以花卉苗木为带动的现代农业示范带，以武嘉公路沿线为重点，建设绿色无公害蔬菜长廊，以梁子湖大道周边为重点，建设现代乡村休闲旅游示范区，以梁子湖、鲁湖为重点，建设现代水产养殖基地。

3. 现代服务业布局

以着力打造大武汉观光休闲后花园为目标，积极发展商贸流通、信息服务、房地产、金融服务、广告会展、酒店娱乐、电子商务、连锁经营、大型超市等现代服务业，努力培育和打造"一舰、一城、二湖、二山"（即：中山舰，巴登城，梁子湖、鲁湖，青龙山、天子山）特色旅游品牌，开辟和发展生态环境优美、基础设施完善、区域形象鲜明、旅游服务一流的融游览观光、文化休闲、水乡风情、湖泊度假于一体的综合性休闲旅游目的地。

（三）完善基础设施布局，推进基础设施共享

构建城乡一体化基础设施体系，其重点是强调基础设施由城市向乡村延伸，使得农村的相关设施与城市综合交通体系、市政公用设施系统对接。江夏区统筹区情实际，科学规划，合理布局，以交通、通信、电力等为重点，制定了符合城乡一体化发展的城乡交通网络、城乡公用设施、农业生产基础设施等发展战略，努力推进基础设施共建共享，为城乡发展提供支持与保障。

1. 城乡交通网络建设

构建铁、水、公、空、轨道"五位一体"综合交通运输体系。全力完成和完善江夏区"七纵（南北向）七横（东西向）"骨架公路网络建设，努力提升区乡道路等级，提高公交线路网络密度，提高公路安全和通畅程度，提高城乡公共交通服务能力。

2. 加强城乡公用设施建设

加快城乡供电、给排水、供气等公用设施建设，完善服务功能。加快污水处理及污水管网建设，建立"组保洁、村收集、镇转运、区处理"的垃圾收集处理系统。抓紧实施新一轮农村电网改造升级工程。

3. 加强农业生产基础设施建设

加强对塘、堰、水库等水利设施的维修保养和除险加固。加快金水河综合治理和重点中型灌区建设。加强重点水土保持工程建设和水环境、水生态建设。

（四）构建生态环境布局，落实生态文明建设

江夏区坚守生态底线，通过对城乡空间自然要素的梳理整合，规划建设具有生态维护、观光游赏、休闲游憩功能，并有助于联系

协调生态空间和城乡建设空间的特色生态景观体系，保护和彰显城乡生态特色。

1. 完善区域生态系统规划

首先，在分析生态环境敏感性基础上，进行分区管制，将全区分为适宜建设区、限制建设区、禁止开发区，并进一步将限制建设区进行细化，形成全区以生态保育、生态游憩与生态协调为主的 3 类生态功能区；其次，基于湖群保护与开发利用适宜性评价结果，将湖群划分为三类湖泊进行生态保护与开发利用；最后，基于生态功能分区、湖群保护与开发利用评估，结合郊野公园的差异性、功能性划分郊野公园类型。

2. 努力创建国家级生态示范区

江夏区启动都市区范围内的宕口复绿、生态修复工程，整治废弃矿山 7000 亩。以开展新一轮"三万"活动为契机，坚持"污水全处理、垃圾全焚烧、道路全硬化、绿化全覆盖、环保全达标"的"五全"标准，推进美丽乡村建设。采取最严厉的措施保护水资源、水环境，全部拆除梁子湖围网，纵深推进环湖流域农村环境连片综合整治，引导沿湖养殖企业逐步迁移，推进沿湖种植业有机化、无害化，严格控制农村水源污染。规划建设都市区及环湖流域截污和污水大管网延伸工程，逐步实现清水入江。加快建设藏龙岛、麻雀湖、上涉湖、鲁湖、谭鑫培公园五大湿地，推进主要道路沿线、重点湖泊沿岸生态林建设，提高森林覆盖率。禁绝污染企业入驻，逐步淘汰落后产能。支持梁子湖风景区发展"两型"项目，打造武汉最美生态示范区。

（五）统筹城乡公共服务布局，促进城乡公共服务均等化与优质化

基本公共服务设施主要包括教育设施、医疗卫生设施、文化体育设施、社会福利设施、生活性基础设施五个方面的内容，其中基本教育、医疗卫生和社会福利设施是基本公共服务设施的最主要的组成部分。按照城乡均等、分级配置的标准，江夏区首先对城乡公共教育、卫生服务、文体事业等公共服务设施进行建设。同时，以城市中心、社区中心、中心镇、一般镇、新型社区等为圆心，按2—3公里距离划定公共服务圈范围，打造"15分生活圈"，争取形成多层次、功能完善、服务优质、覆盖面广的城乡公共服务设施体系，使江夏区的城镇与乡村均能享受到公共服务设施保障与服务。

1. 建立城乡一体的公共财政制度

扩大公共财政覆盖农村范围，确保财政支农投入总量和比重逐年增加，建立健全促进城乡基本公共服务均等化的政府投入机制。

2. 推进城乡基本公共教育优质均衡发展

优化幼儿园、中小学布局结构，实施学前教育工程、义务教育学校标准化建设工程、教师安居工程、骨干教师培训工程，促进基本公共教育服务均衡发展。

3. 优化城乡卫生服务体系

建立以区级医院为龙头、以乡镇卫生院为骨干、以村卫生室为基础的农村医疗卫生服务体系。推进城市医疗卫生资源向农村延伸，逐步建立全覆盖的社区和农村居民"家庭医生制度"，形成城乡一体化基层卫生服务体系。完善城乡人口和计划生育服务体系。

4. 繁荣城乡文体事业

加快建设谭鑫培公园二期和"五馆一中心"（区规划馆、图书馆、科技馆、博物馆、档案馆、艺术中心）等城市文体设施。加快广播电视网络数字化、信息化、智能化建设。完善乡镇街综合文化站建设，优化农家书屋建设，推进全民公共文化服务体系建设。

三　城乡统筹规划中的江夏特性

近些年来，江夏区城乡统筹发展规划工作取得了明显的成效。目前已投入6000多万元完成了《中部崛起看江夏——武汉江夏区发展战略总体策划方案》和《武汉江夏区城乡统筹战略规划》的编制。同时，在战略谋划和策划的指引下，江夏区初步形成了五个层面的规划成果：一是1650平方公里全域江夏"一城三星七镇百社区"三级城镇体系规划；二是458平方公里南部新城的"一主两副"规划；三是60平方公里纸坊新城核心区规划；四是9平方公里城市客厅规划；五是以民生为落脚点的相关专项规划。总的来说，其规划工作主要有以下特点。

（一）规划目标：突破二元、城乡融合

新中国成立之初，为了加快工业化进程，国家开始推行"重工业优先"的经济发展战略和"城市优先"的社会政策，人为地将城市与乡村分割成缺少联系的两个单元，城乡二元结构由此形成。农村的发展因此受到抑制，发展能力逐渐萎缩，农民生活水平整体下降，城乡差距不断拉大，城乡发展出现严重失衡。改革开放以来，我国开始打破原有的城乡二元分割的局面。家庭联产承包责任制的普遍推行，乡镇企业的大力发展，使农村发展开始摆脱束缚大步向前。随着公共财政支出向农村公共领域倾斜以及一系列保障农民生活的公共政策的实行，中国已经进入"以工促农、以城带乡，工业反哺农业、城市馈补农村"的城乡统筹发展阶段。

党的十七大报告提出要建立以工促农、以城带乡长效机制，形成城乡经济社会发展一体化新格局。城乡一体化，也是城乡融合发展，它是建立在城乡统筹发展基础上的城乡关系的更高层次。城乡融合是指在相对发达的城市和相对落后的农村之间，打破相互分割的壁垒，逐步实现生产要素的合理流动和优化组合，促使生产力在城市和乡村之间合理分布，城乡经济和社会生活紧密结合与协调发展，逐步缩小直至消灭城乡之间的基本差别，从而使城市和乡村优势互补、协调统一，真正融为一体。它是社会整体协调发展的理想状态。新中国六十余年的城镇化发展实践证明：城乡分离到城乡统筹，再到城乡融合，是中国城镇化的必然趋势。

改革开放以后，特别是"十一五"以来，江夏区经济社会得到了长足的发展，全区城乡面貌发生了巨大的变化，为加快推进统筹城乡发展提供了良好的基础和条件。在国家推进城乡一体化发展的战略大背景下，江夏区立足于自身现实，以实现"城乡融合发展"为基本目标，科学编制了一系列城乡一体化发展规划，积极探索城乡一体化发展道路。如《中部崛起看江夏——武汉江夏区发展战略总体策划方案》《武汉江夏区城乡统筹战略规划》，通过打破城乡和行政区界限，在优势地区聚集要素，建设城乡融合发展核心区。

一是通过加速城乡空间融合、加快特色产业聚集、促进公共资源共享、统筹城乡发展、富裕群众生活，实现城乡经济社会一体化新格局，带动全区经济社会实现跨越式发展。尤其重点对江夏南部乡村进行统一打造，建立了城乡统筹示范区，依托郑店农贸物流枢纽优势，以107国道和京广铁路为轴带，串联山坡、郑店、安山、乌龙泉、湖泗、舒安六大街道，打破城乡二元结构，与北部经济发展区形成城乡一体化发展格局。

二是通过生态产业综合体和风情小镇集群的打造，改善城镇风貌，形成个性分明的乡村建筑，生态田园的生活方式和新颖有序的空间形态，使整个乡村地区呈现出一种完全不同于城市的新风貌，成为面向大武汉的乡村旅游、休闲度假、现代农业科普教育、生态产业发展的示范区，从而真正实现城乡统筹协调发展。

（二）规划模式：着眼整体、"全域"覆盖

全域规划指在不同级别的行政辖区范围区分城市和乡村进行空间全覆盖的城乡空间统筹规划探索。这意味着要在区域内部梳理城乡发展要素，统筹城乡发展资源，突破传统发展路径，以实现发展模式的"一隅"到"全域"的转变。全域规划首先指的是空间的全面覆盖，即全域规划具有全地域性，不仅涉及城镇建成区，而且还包含广大农村地区以及大量非建设用地；其次是要素的全面统

筹，即从整个区域空间调动土地、经济、社会、生态等发展要素，实现空间发展与资源承载、产业驱动、基础保障、生态保护的切合和系统性计划、布置，探索"基础设施一体化""基本公共服务一体化""产业发展与布局一体化""生态建设与环境保护一体化""区域政策一体化"的城乡空间统筹发展格局；最后，也包含出于区域协调、与上位规划的衔接互动的考虑，挖掘小城镇特色，优化区域生产力格局，即"全方位"的考量。

江夏区城乡统筹发展着眼全域，发挥规划的引导和调控作用，全面启动了以"独立成市、全域江夏"为基本理念的规划编制工作。从空间的全地域性来说，编制了多项总体规划，明确了"一城十镇百村"梯级城镇化体系，将城市、集镇、农村都囊括在城乡统筹发展的全局中。

首先，积极打造纸坊新城，依托纸坊老城发展基础和配套环境，通过升级功能、重塑空间、复兴文化等途径，使纸坊成为武汉地区最具时尚活力和人文魅力的宜居城区。

其次，集镇空间规划则通过试点建设扎实推进，建设一批特色突出、注重生态的新型小城镇。分别选取五里界、郑店、安山三个中心镇作为全区统筹城乡发展试点镇，着力把五里界街打造成具有江夏风情的"伊托邦"小城镇，把郑店街打造成全省"四化"协调发展的示范镇，把安山街打造成全省极具特色的森林小城镇。

同时，一批新农村建设试点村稳步推进。按照产业优先、群众自愿、村企合作、迁村腾地的思路，法泗镇怡山湾、梁子湖风景区北咀村、新华村，金口街同升村、山坡街和平村等一批试点中心村建设正稳步发展，通过逐步归并和减少自然村湾数量，有序引导人口向城区和中心村集中，顺应农村人口、产业、生产要素转移聚集的规律和经济社会长远发展的要求。

从要素的全面统筹来说，积极推进配套政策及体制改革，相继出台《中共江夏区委、区政府关于推进统筹城乡发展工作的意见》《江夏区2012—2013年统筹城乡发展实施方案》《关于做好城乡建设用地增减挂钩试点工作的实施意见》三个指导性文件对江夏区内的土地、经济、社会、生态等发展要素进行系统性的计划和布置，探索在江夏区域内实现基础设施、公共服务、产业发展、生态环境、区域社会政策一体化发展的新路径。其中社会保障政策的全覆盖是重中之重，尤其是被征地农民的社会保障问题。江夏通过继续实施社会保障"扩面提标"工作，实现基本医疗、社会养老保险全覆盖，同时做好被征地农民拆迁安置、征地补偿工作，按年龄结构采取分年度实施办法，全面解决被征地农民社会养老问题。多渠道筹建廉租房、公租房解决居住困难群众的居住问题。加快推进社会福利、妇女儿童、老龄、残疾人等事业，不断完善社会救助体系，保障社会弱势群体的合法权益。

从区域协调的层面来说，江夏区形成了"一心四区"的总体空间规划。"一心"即江夏都心，由纸坊、普安、郑店、五里界构成。四座小城镇各具特质，拥有不同的城市发展内核和功能，但彼此促进、互为支撑，成为推动江夏区城镇化进程的四大支点。其中，纸坊城主要以生活性服务业为支撑，打造最具人文气质的宜居城区；普安城以生产性服务业为主要支柱，建设武汉南部发展休闲商务的城市客厅；郑店以智能化信息物流服务为核心，形成国际化职能商贸物流枢纽港；五里界则以智慧产业为核心，打造具有田园都市风情的知识智慧新城。"四区"即华中科技创造区、江城文化创意区、城乡统筹示范区和国际度假旅游区。这四大分区分别以工业、服务业、生态农业以及旅游业作为核心的产业支撑，错开了区域发展方向，避免了区域功能的重合，区域联动效应明显，实现了差别与联系共存的城乡统筹规划。"一心四区"的板块规划不仅考虑到分区与分区之间的功能分化和协调，更将江夏全域置于大武汉城市圈的空间结构中进行全域规划统筹，以承接武汉城市发展的需要，填补武汉城市功能的缺位。这是更高层次的"全域覆盖"，这种全域覆盖模式下的城乡统筹规划，将区域发展规划置于更广阔的视野下，有利于推动全省乃至全国城乡一体化发展的进程。

（三）规划理念：以人为本、生态为重

城镇化的实质是人的城镇化和现代化，核心要求是以人为本。城镇化不但要为经济快速发展创造条件、提供动力，同时也要为人的生存发展提供社会文化环境，关注资源合理利用和生态环境保护和治理等问题，满足人的全面发展的需求。以城乡融合为目标城乡统筹发展规划尤其要重视"人"的因素，不仅要关注市民的良性发展，更要关注城镇化过程中转变了生活环境的农民，特别是被征收了土地农民的生存与适应问题；不仅要实现区域内经济社会的稳步发展，人们的安居乐业，更要追求生态、绿色的可持续发展之路，让子孙后代也能享受城乡统筹发展的建设成果。

江夏区的城乡统筹发展规划努力践行"以人为本"的发展理念，将人的全面发展纳入到统筹规划的制定与实施中。

首先，避免以往的城镇化过程中一些地方盲目热衷于"盖高楼""造新城"、见物不见人的倾向，对农民市民化问题给予了极大的重视：一方面提高城镇化质量，为进城进镇农民提供市民化待遇，以城市住房置换政策及就业帮扶政策，推动农民市民化，引导农民在空间上有序转移；另一方面为农村提供充足技术和资金，为留守农民提供均等化公共服务，通过街镇集聚、农民增收推进农村就地城镇化。城镇化与新农村建设"双轮"驱动，为城乡居民提供充分就业机会，为城乡居民的生活和发展提供必要保障。

其次，以人为本的城镇化是坚持绿色发展，体现承载力强、集约高效的城镇化。将生态文明融入城镇化整个过程，着力提高城镇综合承载力和可持续发展能力。当前，我国出现的土地浪费、垃圾"围城"、十面"霾伏"、资源利用效率不高等问题，大大降低了城市的综合承载力和可持续发展能力。江夏有着三分山、三分水、三分田的优质生态环境，是武汉生态格局的重要组成部分，因此在进行城乡统筹规划的过程中更加注重生态环境保护以及城镇的可持续发展。在加快经济发展的同时明确提出，要走新型工业化、新型城

市化之路，决不以环境为代价求发展。江夏区在武汉市远城区中率先编制了《生态区建设总体规划》，加强植被、山体、水系、湿地等生态敏感区域保护，坚决拒绝高能耗、高污染的项目；同时在《武汉江夏区城乡统筹战略规划》中对全区生态环境进行分区，明确划分适宜建设区、限制建设区和禁止开发区，并对各分区严格管制，制定相应的区域开发策略。五里界街利用南接梁子湖，北邻汤逊湖生态区位优势，规划打造全省首个低碳小城镇，将生态保护及可持续发展的理念贯彻到城镇的规划和建设中；为了保护梁子湖风景区南北咀的生态环境，实现梁子湖风景区南北咀可持续发展，促进梁子湖湖泊生态旅游度假区的开发和建设，制定生态保护策略、开发控制策略，确保在环境承载力范围内合理地、有限地开发。为此，区政府还编制了《武汉市江夏梁子湖风景区南北咀控制性详细规划导则》，对梁子湖的发展进行专项规划。坚持绿色发展、循环发展、低碳发展，走集约高效的可持续发展之路，建设绿色、生态、宜居城市将是江夏统筹城乡发展的必由之路。

（四）规划策略：功能复合、重点突出

我国的新型城市化面临从量到质的多重转型压力以及功能机械分区，功能单一的居住隔离等难题，功能复合开发为我们提供了一种将社会、经济、文化、空间、环境等多方面要素予以整合的综合性策略。功能复合就是两种或者两种以上的功能在一定的时间与空间范围内的混合状态，是不同土地使用方式、功能布局、空间形态的兼容结果。在城市化发展背景下，走向功能复合发展，有利于优化城市空间结构与功能布局，推动土地集约化使用，是我国城乡统筹规划布局的必然选择。

为有序推进城乡统筹一体化发展进程，加快构建"一城十镇百村"三位一体城乡空间格局，江夏区根据区情实际探索并制订了相应的规划设计及建设实施管理方法，促进江夏区形成功能定位合理、分工布局明确、各部分之间协调有序的功能规划布局。如

《中部崛起看江夏——武汉江夏区发展战略总体策划方案》中提出"一心、四区"的板块定位，强化中央活力区、构筑华中科技创造区、江城文化创意区、城乡统筹示范区、国际旅游度假区，并将江夏的功能定位归纳为："一区三基地"，即国家新型城镇创新示范区、国家级知识智慧创新基地、国际化文化旅游度假基地、国际化现代服务产业基地。《武汉江夏区城乡统筹战略规划》中，将江夏区分为南北两大板块，明确定位为滨湖生态新城、滨江制造高地、南郊休闲田园三大功能。在规划内容与布局上，强化对城乡空间布局规划、产业规划、建设规划和相关专业规划等各种规划的统一，着力将城乡规划、土地利用规划、产业布局规划、基础设施规划并重，注重四者相互协调与融合，搭建"四规"合一的城乡一体化规划，促使郊区或新城从居住单一功能向兼有居住、工作、服务等活动一体的综合功能转化，以此创建一个具有吸引力、活力和安全性的公共领域。如江夏区规划选择基础条件较好的法泗镇大路村、湖泗镇海洋村、梁子湖风景区北咀村先行先试，引导农村人口和各种生产要素向农村新社区集中，建设一批设施配套、环境优美、功能齐全、管理有序、乡风文明的农村新型社区。在南环线以北工业园区，以集中建设农民新社区为主；在107国道沿线、省道沿线区域，有条件地建设农民新村；其他地区建设自然生态村湾（中心村），提升其承接、承载和辐射公共服务、公共设施、公共产品的能力，逐步向农村新社区转变。

功能复合规划不是一种单独存在的规划类型，而是融入到我国城市规划编制体系各个层面的一种规划设计策略和方法，目的是为复合功能开发提供规划控制和空间引导，从而促进城市复合功能的形成和发展。2012年，江夏区编制了《武汉南部新城组群五里界新城组团控制性详细规划》，在武汉南部新城组群控规导则深化优化的基础上，开展了多层次、多类型的专项规划编制工作。编制完成了458平方公里江夏新城综合交通规划、公共设施体系规划、市政基础设施综合规划、中小学布点规划、绿地系统规划以及60平方公里区域现代新城近期建设实施规划纲要。

规划组织与设计上，不仅要使城市各种功能有序组合，更要根据各种城市功能相互之间关联性的不同，在众多功能中区分出主要的基本功能和次要的辅助功能，采取在空间上适当的混合布局，突出重点功能，以提升城市可持续发展能力。江夏区先后委托武汉市规划院编制 9 平方公里江夏城市客厅城市设计，委托武汉理工大学编制 2 平方公里武咸城际纸坊东站地区城市设计，委托同济规划院编制 2 平方公里郑店街道核心区城市设计，委托华中科技大学编制 1.5 平方公里《江夏安山街镇区控制性详细规划》及核心区城市设计，加快推进纸坊新城建设，力争把郑店打造成欧式泰晤士小镇，把五里界打造成"伊托邦"智慧新城，把安山打造成森林小镇，培育一批产业服务型、生态旅游型、工商贸易型、交通枢纽型特色小城镇。通过上述一系列城市设计工作的开展，进一步完善重点功能区的城市功能布局，指导下一步控规细则的编制，并为城市形象的打造提供了科学依据。

（五）规划体系：结构合理、层次分明

城乡统筹规划是覆盖城乡全域的规划，其实质就是把城市与农村作为一个有机整体，使城市规划和农村规划、上层规划与下层规划良好对接、互相促进，实现城乡规划的多层次统筹，共同形成总分结合、层次分明的城乡统筹规划体系。

《中华人民共和国城乡规划法》第二条规定，城乡规划包括城镇体系规划、城市规划、镇规划、乡规划和村庄规划。城市规划、镇规划分为总体规划和详细规划。详细规划分为控制性详细规划和修建性详细规划。规划层次可以划分为总体规划、控制性详细规划和修建性详细规划，由总体规划到修建性详细规划的过程就是由宏观到微观、由浅到深、由粗到细、由抽象到具体的过程。

自 2007 年以来，江夏区开始积极探索城乡统筹规划建设，各级规划部门上下联动、区域互动，不断丰富与完善多层面的总体规划、控制性详细规划、专项规划等各级规划，将从上到下各层面的规划体系有机结合，由此逐步形成江夏区科学的城乡统筹规划体系。首先，总体规划是在一定区域内，根据国家社会经济可持续发展的要求和当地自然、经济、社会条件，对土地的开发、利用、治理、保护在空间上、时间上所做的总体安排和布局。在总体规划层面，2007 年江夏区已经编制完成了《江夏区五里界地区总体规划》《江夏纸坊城区总体规划》《江夏区金口新城总体规划（2005—2020 年)》等多项规划，2013 年先后又委托中国城市规划设计院上海分院编制《江夏区城乡统筹发展战略规划》，委托国内著名智库王志刚工作室编制《江夏区发展战略总体策划》，委托武汉市规划院编制《江夏区城镇体系规划》。其次，控制性详细规划是城市规划编制中一个既要承上启下，又要衔接规划、管理与实施以及具体体现城市设计构想的关键性编制层次，是城市规划管理的直接依据。在控制性详细规划层面，规划成果也颇为丰富，如《武汉市江夏区经济（庙山）开发区控制性详细规划》《江夏区乌龙泉街中心镇区控制性规划公示》《武汉市江夏区安山镇工业园区控制性详细规划》《江夏区纸坊城区城北控制详细规划》《五里界街全域规划及镇区规划（2012—2030 年)》等。最后，在城市规划实施和管理过程，依靠总体规划与控制性详细规划指导实际操作比较困难，前者过于宏观、粗略，后者缺乏专业协调性与整体性，而专项规划则从各种专项设施的服务特点出发，从整体到局部合理协调、整合与配置各项公共服务设施，从而有效地指导实际城市规划实施和管理工作，推动江夏区城乡统筹规划向纵深发展。在整个城市专项规划层面，为此，区政府制定了《江夏区交通网规划》《江夏区天然气利用工程大桥新区金兰大街规划方案》等专项规划。

目前，江夏区已形成了以城市战略规划和城镇体系为核心、控制性详规为基础、各类专项规划为纽带，覆盖城乡、组团发展、层次清晰、目标明确、结构合理的规划体系。在具体操作中坚持做到先规划后建设，先论证后实施，先地下后地上，先做公共基础设施和环境后开发建设。

（六）规划实践：试点先行、稳步推进

江夏城镇化建设坚持"先试点、后铺开，先产业、后城镇，先南部新城和集镇、后中心村"的"三先三后"的原则，全力建好江夏新城，扎实推进五里界、郑店、安山、山坡、法泗、舒安、湖泗等十个试点集镇建设，有序推进法泗镇大路村、湖泗镇海洋村、梁子湖风景区北咀村等 100 个左右试点中心村的新农村建设，着重抓好以五里界街、法泗怡山湾社区、金港中心社区以及革命老区乡镇街中心村为代表的四种类型统筹城乡示范点的建设工作，为江夏区统筹城乡发展在城镇建设、新社区建设、新农村建设探索积累经验，形成示范引导。

在规划编制方面，江夏区政府始终坚持试点先行，分步实施，以点带面，有序推进的原则，同时允许各地在试点内容、改革路径的选择上应有所侧重，突出自身特色和优势，采取差异性的规划设计安排。如五里界街作为全省 21 个"四化同步"示范试点乡镇之一，全域 66 平方公里的镇村发展总体规划、土地利用总体规划、产业发展规划和新型农村社区建设规划已编制完成；法泗怡山湾社区作为全市八个重点建设中心村（社区）之一，也已完成了在新农村总体规划、产业发展布局、土地规划、交通规划、农村新社区景观规划、农村新社区给水规划、农村新社区污水规划等各方面的规划。在组织编制试点规划上，目前江夏区已编制完成了纸坊城区、怡山湾农村新社区、安山街、梁子湖风景区、湖泗海洋中心村、舒安乡田铺中心村等试点地区的相关规划，待试点取得经验后再相继拓展延伸，逐步覆盖到全区所有的中心镇、重点镇、口子镇。试点规划内容主要在以下四个方面重点突出试点示范作用：一是农村产权制度改革：集体建设用地流转、集体资产股份化；二是农业及农村联动建设：村庄适度集聚与农地流转相结合；三是宅基地统规自建试点：在镇区统一规划，鼓励镇域村民进入集镇建设新宅；四是打造示范性综合农业园区：加强农业产业链延

伸，发展农业加工业及休闲农业。

在规划推进路径上，江夏区全域规划主要以"三步走"作为战略步骤，循序渐进，逐步推动规划的落实。第一步，2020年前建成60平方公里江夏新城核心区、9平方公里城市客厅和金口卫星新城；第二步，2030年前建成中州、山坡两个卫星城；第三步，2049年前建成七镇百社区，纸坊新城承载全区人口的55%左右，三星七镇和百社区共聚集25%左右的人口，江夏城市化率达到80%以上。在实践中，不仅要在宏观上对整个江夏区因地制宜进行长期统筹规划，还要以此为基础，逐步推进中观与微观层面的规划具体化，确保江夏区城乡统筹一体化建设在稳步中前进。如江夏新城核心区建设也分三步推进，第一步，从2013年开始集中力量建设江夏城市客厅，提升城市功能；第二步，用五年时间打造江夏新城，初步形成新城轮廓，第三步，用十年左右时间，循序渐进、量力而行稳步推进南部新城建设。近阶段，江夏区把城市客厅作为新城建设的起步区，面积为9平方公里，规划布局了商务中心、公共服务中心、研发中心三大功能区。

四　江夏区统筹规划对新型城乡
一体化发展的实践意义

要解决长期存在的城乡二元结构造成的诸多经济社会矛盾和问题，城乡一体化是必然的选择和要求，而统筹规划下的城乡一体化对于推进人与社会自然和谐共处、城乡协调可持续发展的城镇化进程具有重要意义。江夏区从打造武汉南部生态新城和城乡经济社会一体化可持续发展的战略高度出发，以全域江夏、统筹城乡的理念，在对江夏区现实性条件、人口、资源等因素深入研究的基础上，从产业发展、用地布局、生态环境、配套设施、规划实施及政策保障等方面进行了合理的城乡统筹布局，通过城市规划的手段，破解了制度的制约、资金的短缺、农村剩余劳动力的转移、环境保护等系列难题。江夏区城乡一体化规划实践中，充分发挥了城乡规划的统筹引导作用，形成了一些具有地方特色的城乡一体化发展模式，这对于同样处于快速城镇化阶段的其他小城镇具有较好的启示作用。

（一）注重理念创新，推动城乡一体化发展的思路创新

科学规划是推进城乡一体化的基础和龙头，统筹城乡发展首先要统筹城乡规划。而城乡统筹规划中最核心的就是规划理念，科学、先进的规划理念对城乡统筹规划的编制和实施具有重要的指导意义。只有创新规划理念，才能从根本上突破城乡发展规划传统路径上的瓶颈，引领城乡统筹规划的发展，进而拓展城乡一体化发展的思路，推动城乡一体化协调、有序发展。

城乡一体化规划是一个地区统筹城乡经济社会发展的总体规划，是一项综合性、战略性的工作，因此在规划理念上必须要具有全局观。这个"全局"不仅仅指在规划空间和地域上要全面覆盖到区域内的城市和乡村，也不局限于对城乡政治、经济、文化和社会生活等各个领域的总揽统筹，城乡一体化背景下的"全局"含义具有更为广泛的外延，城乡一体化规划中的全局观是"大全局观"。

城乡一体化规划中的"全局"应该是包含城市与乡村两种人类文明形态的全局。这种全局理念引导下的城乡一体化规划不仅始终从城乡平等发展理念出发，同时兼顾城乡两种发展形态的差异。"大全局观"下城乡一体化，不是城市农村一个样，而是"城市更像城市、农村更像农村"，城市和农村共同发展走向完善。

城乡一体化规划中的"全局"应该是考量到当前规划与未来发展联系的全局。城乡一体化发展并不是一蹴而就，也不会发展到一定阶段就止步不前，城乡一体化发展是一个持续性和动态性的过程。城乡一体化规划不仅要满足城乡发展的现状需求，还要为未来城乡发展留出空间；不仅要满足当代人发展的需要，也要给子孙后

代的发展留一条后路。

城乡一体化规划中的"全局"应该是囊括经济社会发展与人的全面发展两个方面的全局。人类经济、社会的不断进步固然是发展的题中之意，但最根本的目标是人的发展。城乡一体化既要将为人类提供优质的空气与水、完善的基础设施、充足的住房、便捷的工作地与配套服务等健康的生活空间纳入规划中，而且要考虑到城乡一体化进程中人们不断发展的精神文化需求，实现人的全面发展。

城乡一体化是我国城乡关系发展的新阶段，在这一新的历史时期，城乡一体化规划也应进一步更新观念，用科学的理念指导规划，为城乡一体化的发展提供新的思路。

（二）坚持发展特色，促进城乡一体化发展的"经验"提升

一个地区的城市化进程，应该是大、中、小三种类型的城市相互依托、相互配套、相互支撑的过程。在城乡一体化的推进过程中，小城市和中心镇建设尤其占有重要作用，是城乡一体化的发展重点。小城市和中心镇没有大城市由于经济、社会、文化发达等带来的资源及人口的集聚作用，因此在建设过程中尤其要注重城市特色的打造。特色是一座城市独特性的展现，是其竞争力、影响力和吸引力的集中体现。打造富有特色的城市，首要在规划。在规划中强调发展特色，在充分保留和彰显当地生态环境要素的基础上同时注入独特的地域文化元素，是使小城市和中心镇在与大城市绝对优势的比较中突出重围的主要手段，是促进城乡一体化发展的重要途径。

城乡一体化规划必须坚持发展特色，首先是考虑到城市以及中心镇之间不同的资源条件和优势以及不同的社会、经济、生态差别状况，即我们不能因为城市经济社会的发展远远强于农村，而将城市规划编制体系移植到广大的农村，也不能将现有对农村发展的相关制度挪到城市，而应该在加强城乡互动的同时，根据各自的状况

和特色形成突出不同重点的特色规划体系。其次，城市不仅具有功能，更要拥有文化。文化是城市的灵魂，是建设特色城市的根本，也是改变"千城一面"的关键。在规划中注重对城市特色的挖掘，尤其是文化特色的挖掘，将赋予城乡一体化进程中的小城市和中心镇独有的"神韵"，让每一座小城市都能"神形兼备""个性鲜明"，从而形成影响力和吸引力，在与大城市的竞争中，实现自身的可持续发展，推动城乡真正走向一体、协调发展。

（三）强化环境意识，落实城乡一体化发展的生态建设

城乡统筹规划中强化生态建设，有利于实现我国城乡一体化可持续发展。生态建设一直是城乡一体化规划的重中之重，在我国的城市总体规划体系中，生态空间规划已成为了其重要组成部分。生态建设与城市规划有着紧密关系。一方面，城乡生态环境的特点决定了规划管理的方向、方法和效果，这是因为城乡规划区内的土地利用和各项生产建设活动不仅仅是城乡规划的对象，也是城乡生态环境的组成要素。城乡一体化规划的目标之一就是如何在城乡有限的空间里合理有序安排各项功能，优化城乡发展的空间格局，提高城乡生态环境质量，实现生态、经济、社会的和谐长效发展。另一方面，科学合理的城乡一体化规划，是创造和谐美好生态环境的重要基础。城乡一体化规划在确定各个分区布局与要素布置时，会对生态环境产生直接或间接的正面或负面影响，如不科学的城乡规划会导致城乡功能定位失衡、城市空间布局不合理、能源资源的大量消耗等问题，这些都会对城乡生态环境带来巨大影响。

因此，城乡规划应承担起治理生态环境问题的责任，通过改善规划理念、完善规划程序、优化城乡生态基础设施等措施，促进城乡空间与生态环境系统相协调。因此，城乡一体化发展应以城乡生态环境基础为前提，充分考虑生态环境自身的特点与规律，从城乡整体与长远利益出发，把生态文明理念作为根本理念，指导城乡规划设计与管理，合理安排城乡功能布局，形成统一、有序的空间规

划体系。

从某种程度上讲，建立人与自然和谐发展的城乡一体化新格局，是统筹城乡规划工作、强化生态环境建设的宗旨。这就要求在城乡一体化发展中应把生态环境建设贯穿在城乡经济发展的始终，构建具有现代化的城乡生态系统，使生态环境建设与我国的经济发展相适应，构建生态城乡、和谐城乡，实现城乡的可持续发展。

（四）突出示范引领，增强城乡一体化发展的辐射功能

统筹城乡规划应坚持示范引领，实施试点龙头带动战略，这对于加快我国城乡一体化进程具有重要的意义。一方面，我们必须看到，我国城乡二元结构的复杂性和不平衡性，不仅使得城乡各方面发展水平差距悬殊，也造成了区域内部发展的不平衡性，这就注定了我国城乡一体化发展不能一蹴而就，必定是一个有先有后的漫长过程，这就需要遵循"示范先行、循序渐进"的原则，综合考虑各方面的因素，选择一批经济基础好、工业发展快的城、镇、村率先开展示范建设，完善示范区的经济、社会、服务、生态等各方面的功能，逐步推进基础设施共用，公共设施共享，增强示范区的辐射带动功能，可以较好较快地促进以城带乡、以工促农、城乡协调、同步发展的城乡关系的形成，加快城乡一体化发展的实现。

另一方面，我们也需要意识到，目前我国关于城乡统筹发展的理论尚不成熟，还未形成一个统一的理论框架与模式，对于城乡一体化规划的内容、方法也未达成一致的看法，对于城乡如何统筹规划，各地都处于探索阶段。在统筹城乡发展中，城乡统筹示范城镇、新农村建设试点等示范区应率先编制空间战略发展规划、总体规划、和控制性详细规划等各项规划，创新管理体制，在规划制定、实施、监督等各方面打造一批先进典型，待其取得明显成效，认真总结其经验，在其他地区审慎稳妥推进，积极发挥它们的示范、引领、带动作用。同时，在借鉴与吸取示范区成功经验时，也应认识到不同地区处于不同的经济社会发展水平，具有独特的异质

性，应结合当地实际，务实创新、因地制宜地设计适宜本地发展的规划与策略。通过试点区逐步带动后发展地区，以点带面，促成全局形成良好的互动，以此全面推动城乡一体化发展。

（五）优化管理体系，保障城乡一体化发展的顺利推进

在统筹城乡发展过程中，确立规划管理在城乡一体化规划中的地位和作用，最大限度地发挥规划管理的调控作用，是实现城乡一体化规划自身价值的关键所在。城乡一体化规划过程中强调管理的作用，借鉴国内外先进经验，建立与区域自身发展特点相适应的先进城乡一体化规划管理体系，将会极大地提高规划管理的效率和质量，从而促进社会、经济和文化事业的全面和谐发展。

城乡一体化的全面推进对规划工作提出了新的要求，城市规划开始向统筹城乡的、全域覆盖的规划体系转变，综合性、全覆盖的规划体系需要同样全覆盖和高效能的管理监督体系做保障，只有不断优化规划管理体系，才能保障城乡一体化的顺利实现。具体而言，优化规划管理体系首先要创新城乡规划管理程序，改变原来从规划申请、规划编制、规划审批到规划监督等一系列繁杂的工作程序与规范，强化规划的编制和监督评估，简化并下放规划的审批和实施工作程序，同时建立行之有效的规划委员会制度，形成职责明晰、分工有序、衔接顺畅的内部组织架构，有力保障各层次规划的有效衔接和高效实施。其次要改革城乡规划编制体系，避免规划管理部门通过行政、经济权力干扰规划编制，特别是因某个领导个人的好恶，重新修改甚至废止规划；加强规划编制成果的法制化，维护规划的权威性，确保规划的顺利进行。最后要健全城乡规划管理监督体系，加强其他相关部门的监督职能，尤其是发挥广大民众对规划管理的监督作用，保证规划编制的科学性、参与的广泛性和决策的民主性。

坚持优化规划管理体系，提升规划编制的科学性和可实施性，避免将过多精力用于规范化、标准化的行政审批过程，努力形成相

对独立又上下衔接的管理框架,是我国统筹城乡发展对规划工作的客观要求。总之,我们认为,只有在做好城乡规划的前提下,新型城镇化才能有效地突出"江夏"特色、反映"江夏"经验,进而真正实现城乡一体化的又好又快发展。

第四章　产镇融合:城乡一体化 发展的支撑和动力

产业是城镇发展的基础，城镇是产业发展的载体。小城镇的发展首先需要遵循产镇融合的理念，并在此基础上，找准在城市群中的发展定位，注重突出自己的特点和优势，力求打造特色小城镇。2016 年 7 月 1 日，住房和城乡建设部、国家发改委、财政部联合发布《关于开展特色小镇培育工作的通知》（建村〔2016〕147号，以下简称《通知》）。《通知》决定在全国范围内开展特色小镇培育工作，并明确提出，到 2020 年，培育 1000 个左右各具特色、富有活力的休闲旅游、商贸物流、现代制造、教育科技、传统文化、美丽宜居等特色小镇。

一　产镇融合

（一）产"城"融合到产"镇"融合

21 世纪初，中国在城镇化建设方面取得了很大的进展，城镇化率由 2000 年的 36.2% 提高至 2012 年的 52.57%；全国城镇人口也由 2000 年的 4.58 亿人增加至 2012 年的 7.12 亿人，增长了 55.5%；城镇建成面积也由 2000 年的 2.24 万平方公里上升至 2012 年的 4.56 万平方公里，增长了 104%。但由于中国区域经济发展不平衡的事实，个别地区规划引导上缺乏大局观，导致城镇功能区、生活社区、产业集聚区规划等不同空间的相关规划方面衔接不足，致使难以形成有机联系的规划体系；个别地方片面强调产业资源集聚，只见产业而不见配套的服务设施，城市基础服务功能严重滞后于产业生产功能；个别地方在城乡一体化进程中，没有协调好城镇化与产业发展的关系，致使产业发展与城镇建设之间要素流动的通道未能完全建立起来，从而造成"有城无业"的窘境。

党的十八大报告中提出了城乡一体化发展的新理念，坚持走"中国特色新型工业化、信息化、城镇化、农业现代化道路"，推动"信息化和工业化深度融合、工业化和城镇化良性互动、城镇化和农业现代化相互协调"，促进"工业化、信息化、城镇化、农业现代化"四化同步发展。2013 年 3 月，李克强总理在江苏考察时指出，"城镇化要有产业作支撑，实现产城结合"。国务院关于城镇化建设工作情况的报告也指出，"坚持产城融合，繁荣城镇经济，加快产业转型升级和服务业发展壮大，统筹产业功能和居住功能，促进城镇化与工业化良性互动"。随后，中国共产党十八届三中全会通过的《中共中央关于全面深化改革若干重大问题的决定》也强调要"坚持走中国特色新型城镇化道路"，推进以人为核心的城镇化，推动"大中小城市和小城镇协调发展、产业和城镇融合发展，促进城镇化和新农村建设协调推进"。城镇的建设不仅仅是一个区域经济集聚的问题，更是一个"城镇""产业"和"人"互动发展的过程，最终实现城镇的可持续、生态、低碳和绿色发展。当代中国正处在转型发展的新时期，城镇空间不断生长扩大，城乡一体化的发展更需要积极探求新的发展思路，在这样的背景下，产镇融合成为城乡一体化发展的新趋势

"产镇融合"首先是要把产业发展、人民福祉和城镇建设合理地融合在一起，让城镇里不仅有生产，还要有生活。产城融合就是要在城乡一体化过程中，以城镇为空间载体，承载产业空间和发展产业经济；以产业为动力机制，为城市基础设施建设和完善配套服务设施提供源源不断的发展动力，促使该区域成为产业功能和城市服务功能相融合、产业发展空间和城市建设布局合理的综合体。其

基本内涵就是要协调好"产业发展"与"城镇建设"之间的互融关系，让产业经济带动城市的进一步发展，让城市服务功能更好地服务于产业发展。城镇建设要有产业发展作为支撑，才能防止"城镇空心化"，产业发展要以城镇建设为依托，才能防止"产业孤岛化"。二者必须统筹规划，协调联动，才能产生互动效应，才能有效避免工业化、城乡一体化不同步所造成的一系列经济和社会问题。产城融合的发展方式也代表了新型城乡一体化的发展方向，对于破解资源短缺、环境污染，实现产业发展、人口聚集和城镇功能完善的协同推进，形成人口、资源、环境、经济、社会要素的优化配置和良性循环，具有多方面的重要意义和综合效应。

（二）产镇融合的基本内涵

1. 空间布局合理

空间是产镇融合发展的重要载体。城镇发展的空间布局规划以及产业发展的区域布局是否合理和科学，对产镇融合发展的水平和质量有着直接的影响，对城乡一体化的长远发展有着深刻的影响。每个区域资源分布以及地形地貌各不相同，要按照区域经济空间组织的规律和发展要求，将城镇空间布局与产业功能区划有效衔接起来，通过提高土地利用强度来为产镇融合提供更强大的承载能力；在城乡一体化进程中要从"四化同步"和区域协作的层面出发，以空间规划和区域合作为契机，着力优化城镇空间形态格局、产业布局，加快产业集聚、城镇组团载体建设；要把城镇不同功能区与产业规划布局结合起来，把二者融合看作是城镇发展彼此联系的空间网络单元，构建起产业复合、规模适当、基础设施服务配套的组织方式，从而达到不同区域之间的有机联系和良性互动。

2. 功能布局协调

城镇建设包括以人的需求为导向的居住功能、文化功能、服务功能等，推动我国传统城镇由"单一的生产型工业园区"向配套齐全、功能完善的"生产、服务、消费"多功能新型城镇社区转变，可以实现人口的空间聚集，为新型城镇提供充足的人力资源保障。目前，随着我国劳动力成本和土地成本的上升，以及环境污染、资源短缺问题的出现，在一定程度上已经对我国产业结构的转型升级形成一种倒逼机制。同时，在产业发展达到规模效应之后，制造业、服务化将成为推动产业持续增长的重要驱动力，也构成产业与城镇建设融合互动的"发展必然"。此外，把产业园区作为城镇社区进行打造，不仅可以缓解城市人口的压力，而且可以使城镇功能服务于产业园区的发展。

随着城市化发展阶段的推进，城镇也将由建设之初制造业为主逐渐转向制造业和服务业并行发展，现代服务业的发展与生活空间的紧密相连，要求产业与城镇规划的功能协调。产业发展与城市发展功能的融合有助于产业升级，有助于催生创新型产业的发展，同时，建立健全完备的公共基础设施服务体系，可以极大节约城镇建设成本，提高人民的生活水平。从产镇融合的实质与内涵可以看出，产业功能和城市功能作为新型城镇最基础也是最重要的功能，只有协调发展、同步进行，才能实现经济社会、生态环境的可持续发展。所以，强调产城互动融合，不仅仅是产城融合发展的应有之义，更是我国实现由要素驱动转为创新驱动，为城乡一体化提供动力支持的基本保证。

3. 结构匹配优化

产镇融合就其发展的核心来看，是促进人民生活居住和就业发展的融合，即居住人群和就业人群结构的匹配。城镇的发展不仅与人口总量相关，质的不同将直接影响到城市配套服务设施的供给。能否形成产镇融合的重点是产业结构与新城的服务是否能相匹配，产业结构决定城市的就业结构，而就业结构是否与城市的居住供给状况相吻合，城市的居住人群又是否与当地的就业需求相匹配，是形成产镇融合发展的关键。

根据配第—克拉克定理和库兹涅茨对配第—克拉克定理的延伸，随着经济发展和人均国民收入水平的提高，劳动力在各产业之间的变化趋势是，第一产业逐步减少，第二、第三产业逐步增加。但是当工业化到达一定阶段以后，第二产业就不可能大量吸收更多劳动力，第三产业对劳动力具有较强的吸附能力。[1] 因此，产镇融合发展的核心是大力发展城镇基础设施建设，为第三产业的发展提供平台，同时通过大力发展第三产业，实现更多的劳动力的充分就业，这就实现了产业结构与城镇人口结构的匹配。只有产业结构、就业结构、城镇结构相互匹配，才能促进真正的产镇融合发展。

（三）产镇融合的作用原理

1. 产业发展是产镇融合的物质基础

城乡一体化建设不是简单地把村庄改造成城市、把农民请进城，理想的城乡一体化是一种更高质量的生活方式，需要政府在住房、就业、医疗、教育、养老、基础设施各方面投资，予以资金保障。这在客观上就需要加快产业经济的发展，提升经济运行质量，致力于壮大财源，为城乡一体化建设提供动力支持和资金支持。同时，产业集聚发展可以极大地降低城镇建设成本，有效缓解城镇基础设施建设中的资金问题。据国家计委经济研究所的调查分析，按照城镇化的要求，产业集聚后，可以节约土地30%，提高能源利用率40%，节约行政管理费用20%以上。[2] 所以，城镇集中的共享区域交通、通信、环保、水电、防灾等基础设施，符合基础设施集中投入的特点，能发挥基础设施供给的规模效益，更有利于产业的发展。

产业发展水平的高低直接或间接影响了城镇建设、服务水平与人的发展程度，是产镇人三者互动发展的物质基础。从这个意义上

---

[1] 欧阳东、李和平、李林、赵四东、钟源：《产业园区产城融合发展路径与规划策略——以中泰（崇左）产业园为例》，《规划师论坛》2014年第6期。

[2] 应焕红：《加快产业集聚大力推进城市化进程——对浙江省温岭市城市化与产业集聚良性互动的案例分析》，《中共杭州市委党校学报》2002年第4期。

说，产业发展是推动国家和地区产镇融合发展的第一动力引擎。①
产业的发展是人口与要素集聚的前提和基础，也是城乡一体化发展
建设的动力源泉。当某种大规模经济活动的主体选择某一区位进行
大规模生产时，与此相关的从业人员为了减少生产运输成本，就会
就近选址，形成产业集聚经济。随着产业链条的延伸和关联产业的
衍生，越来越多的农民被引导到第二产业和第三产业就业，技术、
资金、人才等要素也逐渐向这一区域集中，在实现工业化过程中开
始了城镇建设。实践证明，产业聚集度高的地方，工业就发达，市
场就繁荣，小城镇就建设得好，这观点和费孝通提出的小城镇建设
思想有很多相似之处，即都提倡大力发展乡镇企业，乡镇企业的发
展能有效地完善其生产、服务、管理和协调方面的能力，为城乡一
体化建设提供动力支持。

2. 城镇建设是产镇融合的重要平台

城乡一体化，产业发展是核心、是关键，但城镇建设是城镇发
展水平的重要体现，是产业发展壮大的载体和重要平台，产业没有
城市依托，即便再高端，也只能"空转"②。而非农产业的发展有
着强烈的城市区位指向，它需要大量高素质的劳动者、具有比较优
势的自然资源、较好的区位优势和较完善的基础设施。

城镇建设为产业发展提供资源、平台和集聚空间。科学规划，
合理布局，以交通、通信、电力等为重点的城镇基础设施，可以大
大节约产业投资成本，为更多相关产业的发展提供发展机遇，为产
镇融合发展提供支持与保障。城镇建设公共投资的导向作用和基础
设施的带动作用，既提供自然资源、劳动力等一般生产要素，同时
又汇集人才、信息、科技等高级生产要素为企业所用，促进产业创
新技术、优化结构和集约发展。而城镇在空间的集聚和扩张，除了

---

① 张雷、朱守先：《现代城市化的产业结构演进初探——中外发展研究对比》，
《地理研究》2008 年第 4 期。

② 张道刚：《"产城融合"的新理念》，《决策》2011 年第 1 期。

为产业发展提供空间载体外，还扩大市场需求，创造发展环境上的外部经济效应，为产业、企业向城镇集中提供了发展的机遇。

　　3. 人的发展是产镇融合的应有之义

　　城乡一体化的最终目的是发展现代文明（城市文明、乡村文明及二者的有机协调）和提高更广大人民群众的生活质量。因此，必须要把"人的需求与发展"放在更加重要的战略位置，以"人的需求与发展"为起点和终点，优先配置和完善教育、医疗、住房、养老、治安等基本公共服务和社会保障体系，让新市民更快更好地融入城市，然后综合考虑产业、人口、资源、地理等因素和经济社会的内外部环境去推进城市产业发展，创造良好的就业机会和生活条件，提升城市综合功能和承载能力。① 而产镇融合的本质是从功能主义导向向人本主义导向的一种回归。通过对江夏区发展历程的梳理及每个时期的发展重点来看，产镇融合发展是社会经济发展到一定阶段，反映到空间上的一种表征，是资本积累到一定阶段寻求新的空间生产的必然产物，也是资本进入第三重循环提升创新能力、提高人的素质的必然要求②。

　　本着坚持"人民利益至上、群众需求优先、百姓生计为本"的原则，江夏区 2015 年民生事业和社会管理支出达 53.7 亿元，占财政总支出的 63.7%，增长 31.4%。社会保障持续改善。全年提供就业岗位 2.5 万个，新增就业 8093 人，社保事业实现由城到乡全覆盖，被评为"全省城乡居民养老保险工作先进单位"；社会事业持续进步。投资 7.2 亿元的区人民医院完成基础工程，区乡村三级医疗卫生服务网络不断健全，国家基本药物制度实现全覆盖。城乡居民参加医保参保率 90%；农民参加新农合参合率 99.6%，在全省率先实现新农合"一卡通"跨省即时结报；社会管理持续加

---

　　① 陈绍友、田洪：《城市社会背景下的"产城融合"发展问题研究》，《重庆师范大学学报》（自然科学版）2014 年第 5 期。

　　② 林华：《关于上海新城"产城融合"的研究——以青浦新城为例》，《上海城市规划》2011 年第 5 期。

强。在全市新城区率先启动社区网格化管理试点，成立江夏区社会管理网络服务中心，建立"三网合一、四级共享、部门联动"的社会管理模式。

4. 产城人互动是产镇融合的基本保证

产业发展、城镇建设、人的发展三个要素不是相互独立的，而是相互联系、不可分割的一个系统。人作为城镇发展最基本的要素，是我国城镇建设的主要生产力，新增的人口规模直接决定其未来的发展空间，产业发展则是城镇建设的动力和人口就业的保障，产业发展的好与坏，直接影响城镇建设的质量与速度，而城镇的建设则为人民生活水平的提高和产业的快速发展提供基础平台，因此必须完善城镇基础功能设施和建立健全社会保障体系。所以，产城人互动融合是城镇化发展到成熟阶段的产物，也是城镇实现可持续发展的基本保证，产镇融合则是产业发展建设和提高人民生活水平的平台。如图 4.1 所示。

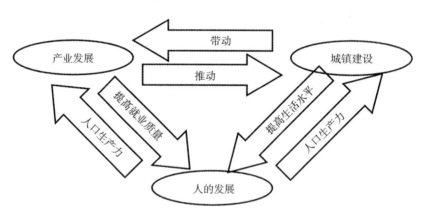

图 4.1 产业发展、城镇建设、人的发展相互关系

二 产镇融合战略下江夏区城乡一体化的发展现状

江夏区是武汉市的南大门，素有"楚天首县"之美誉，现为武汉"1＋6"城市组群南部生态新城，辖 9 个街道、5 个办事处、

1 个乡、1 个管委会，277 个村民委员会，56 个社区居委会，总面积 2018 平方公里（东湖高新开发区前后 5 次托管 376 平方公里）。近年来，江夏区在产镇融合的战略下，确立了"北部新型工业、南部现代农业、东中部服务业、西部临港经济"的发展布局，充分利用武汉市中部地区中心城市的"1＋6"带动作用，依托区位优势东部庙山、藏龙岛与武汉大光谷对接，北部在交通上利用文化路及轻轨、城际铁路与市中心对接，在产业上以大桥工业园区、郑店黄金工业园区、金口新港新区为组团与武汉中心城区对接，加快推进新型城乡一体化，促进"三化"协调发展，为江夏区经济社会又好又快发展注入了强大内生动力。

江夏区常住人口 82 万人，2015 年全区城镇化率达到 60%。全区实现生产总值超过 600 亿元，近 3 年年均增长 12.6%；全口径财政收入 86.26 亿元，增长 30%；地方一般预算收入 78 亿元；全社会固定资产投资近 5 年达到 2512 亿元；规模工业总产值近 900 亿元，完成招商引资总额 1805 亿元，均实现总量翻番；社会消费品零售总额 2016 年为 190 亿元；城镇居民人均可支配收入 2016 年达到 2.9 万元；农民人均纯收入达到 1.8 万元。在产镇融合的政策驱动下，江夏已形成重大产业项目聚集发展的强劲之势，从 2008 年起江夏连续五年位居全省县域经济第一，被国家科技部列为"现代装备制造特色产业基地"，随着上海通用汽车项目如期开工，阿里巴巴、百度和腾讯三大互联网巨头齐聚，更是奠定了区域产业可持续发展的坚实基础，极大地促进了江夏区的城镇建设，同时，江夏区城镇的建设也为产业的集聚和发展带来了机遇。

（一）新型城乡一体化建设的总体思路和工作目标

我们认为，新型城乡一体化的本质是人的城镇化，城乡一体化并不是城乡一样化，不是把农村变成城市，更不是要使乡村成为新的水泥高楼的森林，而是要追求更高质量的城乡互融、城乡一体，实现城乡规划"全域覆盖"、城乡产业"全域带动"、城乡交通"全域畅通"、城乡公共服务"全域均衡"新型城镇形态。产业是城镇发展的动力和基础,产业规划是城镇发展规划的核心内容。因此,应将产业发展规划纳入城镇总体发展规划中,城镇规划在功能分区与空间布局上应与产业规划形成对接,使产业发展与城镇建设相互协调,促进产业与城镇在空间、结构、配套和功能上的融合。

江夏区立足实际情况,在充分调研和集思广益的基础上,按照"全域江夏""独立城市"的理念,以产镇互融发展为方向,确立了"一心两片三临四区"的战略布局,以及新型城乡一体化建设的总体思路与目标。

总体思路:抢抓武汉建设国家中心城市的历史机遇,致力于"一个率先,三个示范(率先建成武汉南部生态新城,新型工业化、新型城乡一体化、农业现代化在全省、全市作示范)"同步协调推进,以产业和人口集聚为重点,以民生和生态改善为目标,以规划和要素保障为支撑,以文化和生态文明建设为灵魂,以体制和机制创新为动力,努力建设富强、幸福、美丽的武汉南部生态新城,力争成为武汉国家中心城市副中心。

工作目标:力争通过十年左右的努力,把江夏建成一座中等规模的独立新城,基本形成"一主两翼"的城市格局(以江夏新城为核心,以庙山、藏龙岛、五里界为东翼,以大桥、郑店、金口为西翼,形成"东连光谷,西望沌口,北接武昌,南带八乡"的城市发展大格局)和"一城十镇百社区"三级城镇体系,构建空间布局合理、功能分工有序、资源配置优化、公共服务均等、环境优美舒适的城乡统筹发展新格局;至2020年江夏新城承载全区人口的50%,10个集镇和100个中心村各聚集25%的人口,江夏城市化率达到75%。

(二)新型城乡一体化建设的发展现状

城乡一体化建设"功在当代,利在千秋",既要登高望远,更要一切从实际出发，量力而行，循序渐进。近年来，江夏区结合实际，在产镇融合的政策下，围绕"工业倍增、城镇崛起、产业发展和城镇建设相融合"三件大事，对城乡一体化建设进行了积极的探索，并以空前的决心和决战决胜的"江夏速度"，高标准建设新型城乡一体化，取得建设成就主要集中在以下三个方面。

1. 实力江夏：发展平台拓展、产业结构转型、经济总量翻番

2016 年工业经济明显实力增强，完成地区总产值 630 亿元，同比增长 12.6%；一般公共预算收入 100 亿元，同比增长 27%；地方一般公共预算收入 60 亿元，同比增长 20%；规模以上工业总产值 1247 亿元，工业增加值 325 亿元；完成招商引资总额 486 亿元。新增"小进规"企业 21 户、重点税源户 32 家、世界 500 强企业 1 家，84 家企业税收保持增长，3 家企业税收超过亿元，经济运行质量进一步趋好。2 家企业进入上市辅导期，11 家企业进入"新三板"后备库，全区已有上市企业 14 家。新建科技孵化器 16.4 万平方米，获批省市创新型企业 20 家，高新技术企业达到 40 家，3 项科技成果达到国际先进水平，再创"全省科技创新先进区"。

首先，工业发展平台进一步拓展。江夏区把庙山、藏龙岛两个老园区和大桥、金港、五里界三个新园区作为新型工业化的主战场。老园区实行腾笼换鸟、提档升级策略，新园区坚持"先搭台，后唱戏""搭大台，唱大戏"的办法，形成工业倍增发展示范区。近两年，累计投入资金 180 亿元，建成了 14 平方公里的两大工业新平台，另将扩建 17 平方公里工业示范园区，大桥示范园区由 8 平方公里扩大到 21 平方公里，金港通用产业园由 6 平方公里扩大到 10 平方公里。

其次，产业项目建设推进加快。江夏区采取"六个一批"（快速引进一批、迅速投产一批、增资扩产一批、"小进规"一批、策划一批、上市一批）的办法，力促 80 个重大产业项目建设提速。加快推进南车集团轨道交通、阿里巴巴（中国智能骨干网项目）、

腾讯科技、百度湖北总部、生物制品、中油济柴发动机、宜化化工机械等一批重大项目建设。全区高新技术企业达到 71 家，实现高新技术产业产值 633 亿元。

再次，主导产业发展壮大。重点发展汽车及零部件、装备制造、光电子信息、生物医药、互联网、农副产品加工六大主导产业。依托上海通用及核心配套企业，做大做强汽车及零部件产业集群；依托中铁科工、东方电气等企业，做大做强装备制造产业集群；依托光讯科技、虹信科技、日海通讯等企业，做大做强光电子信息产业集群；依托武汉生物制品所、武汉国灸等企业，做大做强生物医药产业集群；依托阿里巴巴、腾讯、百度等企业，做大做强互联网及物流产业集群；依托中粮、梁子湖水产集团、桂子米业、小蜜蜂食品等企业，做大做强农副产品加工产业集群。

最后，工业总量翻番。按照"大战四五年，工业翻三番"新的奋斗目标，合理推进产业发展规划，坚定不移主攻重点工业，强力推进工业倍增计划，推进新型工业化提速。2016 年，规模以上工业总产值比 2010 年（331 亿元）翻三番，达到 1247 亿元，其中汽车整车及零部件产业占 50%，装备制造、光电子信息产业各占 20%，生物医药及其他产业占 10%。

2. 魅力江夏：城乡全域规划、重点发展建设、基础功能完备

（1）全域规划城镇发展

按照建设中等规模新城的目标，以产镇结合、城乡互融发展为方向，树立"全域江夏"和"独立成市"的规划理念，对江夏城乡发展进行高水平设计，把区域作为一个整体科学布局、科学定位。聘请国内外知名规划设计机构，科学编制了"全域江夏"（1650 平方公里范围内的"一城十镇百村"规划）、南部新城组群（458 平方公里）、江夏新城核心区（60 平方公里）、城市客厅（9 平方公里）规划，形成了以城市战略规划和城镇体系为核心、控制性详规为基础、各类专项规划为纽带，覆盖城乡、组团发展、层

次清晰、目标明确、结构合理的规划体系。具体操作中坚持做到"四先四后"，即先规划后建设，先论证后实施，先地下后地上，先做公共基础设施和环境后开发建设。

（2）重点发展城镇建设

江夏城乡一体化建设的主战场集中在"一城十镇百村"。首先是，全力建好"一城"，即大北部板块，融合产业发展和城镇建设的江夏新城，按照"整体规划，突出重点，分步实施"的原则，区政府制定总体开发建设安排及各年度计划，科学把握开发时序，规划面积458平方公里，其中核心区60平方公里，分区、分期推进实施建设。江夏区在新城建设上，突出产业支撑，以产兴城，依城促产，实现产镇融合互动，加速推进新城崛起。在旧城改造上，秉承"传统文化和现代城市要素相融合、城市功能提升与市民生活水平提升相结合"的理念，在6.3平方公里老城区范围内，采取"推倒重来"和"穿衣戴帽"相结合的方式，推进马山工业园一期项目和齐心20万农民还建小区建设。

其次是重点打造"十镇"，包括五里界、郑店、安山、山坡、法泗、舒安、湖泗等10个中心镇。在做好集镇规划的基础上，按照"特色鲜明、功能完善、产业支撑"的要求，坚持"四个集中"（工业向园区集中、土地向规模集中、农村人口向城镇集中、农民居住向中心村集中），全面启动了五里界、郑店、安山三个中心镇试点建设，力争把郑店打造成欧式泰晤士小镇，把五里界打造成"伊托邦"智慧新城，把安山打造成森林小镇。待试点取得经验，再逐步拓展延伸，逐步覆盖到全区所有的中心镇、重点镇、口子镇。

稳妥推进"百社区"，就是在全区规划建设100个左右的中心社区。基本思路是：先建南部新城，再建10个中心镇，然后积极稳妥推进100个中心社区。江夏区选择基础条件较好的法泗镇大路村、湖泗镇海洋村、梁子湖风景区北咀村先行先试，提升其承接、承载和辐射公共服务、公共设施、公共产品的能力，逐步向农村新社区转变，待取得经验后再逐步推开。

（3）城镇基础功能得到提升

一是生活服务业得到大力发展。围绕"一城十镇百村"三级城镇体系，将商业、酒店、学校、医院、社区服务等功能性服务项目优先规划布局实施，着力打造"若干个功能集聚区和社区生活服务中心"，加快构建三级生活性服务业发展体系。二是生产服务业得到大力发展。坚持全面推进、协调发展的基础上，优先发展金融服务业；依托江夏区位交通优势，积极推进武汉第二机场、金口多功能码头等物流平台建设；稳步发展科技文卫体服务业，加强文化产品和要素市场建设；培育发展中介服务业，积极发展和引进会计、咨询、营销策划等中介组织，加快形成种类齐全、运作规范的中介服务体系。三是为城镇配套服务的现代农业和休闲旅游业大力发展。围绕种植业、林业、水产业、乡村休闲游四大特色产业，重点培育五张文化品牌（谭门京剧、中山舰博物馆、手指画、湖泗窑址群、江夏黄），加强旅游资源整合和整体开发，提高江夏旅游在全省的知名度，推动旅游业快速发展。

3. 绿色江夏：民生福祉增强、生态环境优美、人民安居乐业

（1）安居乐业，幸福生活

近年来，江夏区坚持把最适宜居住的地段用来连片建设农民还建房，土地采取公开出让方式取得，确保农民还建房是"两证"齐全的大产权房，既让农民安居，又增加农民财产性收入。如把金港新区还建房建在金口新城、把大桥十月村农民还建房建在纸坊城区，让农民一步到位成为城里人。坚持以工业、服务业发展来提供就业平台，通过加强技能培训来满足就业需要，鼓励能人创业来拓宽就业渠道，在全区范围营造发展产业、鼓励创业、多渠道就业的氛围。

（2）环境保护，生态绿城

江夏三山三水三分田，江夏新城"三山一水"，山水资源

是大自然赐予江夏的宝贵财富。坚持"生态优先、环保优先"理念，做到在发展中保护、在保护中发展，为"三个江夏"建设营造"发展更好、生态更优、城市更美"的环境。在城市和集镇环境保护方面，大力发展循环经济、两型产业，创建一批循环经济示范园、低碳产业园。城镇绿化突出品位特色，力争把每一条城镇主干道打造成绿色景观长廊，实现"三季有花、四季常青"。

在山体水体保护方面，禁止开山采石，实施山体修复工程，显山露绿，还山于民。实施"清水入江"工程，接通北部七大板块及梁子湖区域的污水管网，经纸坊污水处理厂处理达标后，通过金龙大道地下管网直接排入长江。严格保护湖泊，加大打击违法填占、侵害湖泊行为，推行湖泊自然放养，打造沿汤逊湖、梁子湖生态绿道，让江夏人"亲水而居、临水而行、观水而游"。

（3）让利于民，和谐兴城

城乡一体化的核心是农业转移人口市民化。江夏区坚持人本理念，把农业转移人口市民化作为城乡一体化建设的重要任务，创新举措，让农民得到更多实惠，使农业转移人口更好地融入城镇，融入城市。在农民还建安置方面，采取"三个一"（一套还建房、一份保险、一个劳动力就业）的安置办法，解除失地农民后顾之忧，变拆迁农民之苦、之忧为农民之盼、之喜。

在养老保障方面，将社保资金列入财政预算，分五年妥善解决全区被征地农民养老保险，主要解决女满55周岁、男满60周岁以上约1万人的养老保障问题。

在农业转移人口市民化方面，坚持公共服务优先，在新城核心区优先规划建设并加快公共服务向中心镇、中心村拓展，着力推进梯度式转移，推动"离乡又离土"的农民向新城区转移，加快"离土不离乡"的农民向中心镇、重点镇、中心村转移，引导"兼业"农民适度向集镇转移。

三 江夏区城乡一体化过程中
推进产镇融合的路径选择

（一）统筹规划产业发展与城镇发展

产业发展是产镇融合发展的动力和基础，也是城镇在进行全域规划、土地利用规划、空间规划中必须考虑的首要问题。著名经济学家缪尔达尔认为，当城镇发展到一定的水平时，决定城镇增长的不再是本地的资源禀赋，而是其本身吸取资本、劳动等生产要素的能力，这种能力取决于城镇能否形成一种繁荣的主导产业。因此，产业发展是产城融合发展规划的最核心内容，产业发展实质上也是产镇融合发展的内生动力机制形成与发展的过程。

首先，着眼于产业与城镇全域规划与建设，将产业发展规划与城镇总体发展规划相融合，做到产业发展与城镇总体规划相一致，实施产镇融合规划建设。江夏区确立"一个率先，三个示范"总体战略思路，为加快推进新型城乡一体化，确立"工业—基本服务＋居住—高端服务—区域服务"的开发时序，积极促进"三化"协调发展，为经济社会又好又快发展注入了强大内生动力。

其次，注重产业的现代化与城镇配套设施规划，坚持产业现代化发展与推进农业现代化、产业化经营紧密结合、与推动原有主导产业集群升级换代紧密结合，大力发展与中心城区主导产业分工协作的关联配套产业、服务产业，形成与中心城区链式发展、优势互补的现代产业体系，努力推动产业集聚发展和转型升级。在产业发展方面有独特优势的江夏，利用隶属武汉城市圈的政策优势、靠近武汉的区位优势、农业生态优势和旅游资源优势短时期内完成产业转型升级，大力推进产业的现代化，重点发展主导产业。在农业现代化方面要求，做大做强农业平台，整合现有资源发展核心园区，增强辐射带动作用，并以商业思维和工业管理理念，统一核心园区和特色园区联动发展，实现区域一、二、三产业融合发展，构建农产品"生产—加工—销售"链条，并鼓励企业园扩建升级及农业基地向园区提升，实现农业经济规模经营、集群发展。

最后，要坚持以产业发展的规模和程度来决定城镇发展的规模和进度，统筹协调好承接产业转移与城镇化之间的关系，着重实现城镇化与地方特色产业发展的有机结合。江夏区因地制宜，不同地区采取不同的发展策略，加大产业发展与城镇建设的投资，区域产业与城镇建设的协调发展也进一步促进全区城乡一体化的进程与发展（见表4.1）。

表 4.1　　　　　　　　　　各镇的发展策略

行政区	重点发展策略
纸　坊	推进产业转型与升级、实现老城更新
庙　山	发展旅游业与产业升级、滨湖空间改造
藏龙岛	对接光谷、产业升级、完善居住
五里界	发展休闲旅游、承接光谷
大　桥	积极招商、强化装备制造、做强公共设施
郑　店	培育生态居住、打好工业基础
金　港	建立汽车产业链、解决产城融合
金　口	处理好老镇更新与新区发展、强化文化旅游

（二）优化城镇建设与产业空间布局

空间布局是产镇融合发展的重要载体，城镇建设体系的发展框架与产业空间布局是否合理和优化，直接影响着产镇融合发展的水平和质量。因此，江夏区按照区域经济空间组织的规律和发展要求，将城镇空间布局与产业功能区划有效衔接起来，以空间规划和区域合作为契机，从"四化同步"和区域协作的层面优化城镇空间形态格局、产业布局，从而达到不同功能区之间的有机联系和良性互动。另外还要不断探索优化土地空间开发格局的新路径，优化城镇融合发展的空间载体，着力实现城镇功能与产业功能的匹配。

首先，在城镇空间形态格局与产业空间布局上，江夏区立足现实，突出产业支撑，以产兴城，依城促产，实现产镇融合互动。目前，该区基本形成"一主两翼"的城市格局（以江夏新城为核心，以庙山、藏龙岛、五里界为东翼，以大桥、郑店、金口为西翼，形成"东连光谷，西望沌口，北接武昌，南带八乡"的城市发展大格局）和"一城十镇百社区"三级城镇体系，构建空间布局合理的发展新格局，并把面积为9平方公里的城市客厅作为新城建设的起步区，规划布局了产业中心、公共服务中心、研发中心三大主要功能区。

其中以安山最为典型：安山街紧紧围绕区委、区政府提出的"一个率先、三个示范"的目标，把统筹城乡发展工作作为重中之重，按照"先产业、后集镇"的原则，克难奋进，负重前行，按照"一主两翼"发展战略（"一主"即打造一座独具特色的森林小城镇，"两翼"即着力打造"江夏区（安山）农产品加工园"和"华中武汉花木生态博览园"两个园区），在城镇空间布局上：在5.11平方公里镇域范围内，科学规划城镇空间布局，完善1.4平方公里核心区的城市功能。在产业空间布局上：沿鲁湖、张郑湖、上涉湖、斧头湖等湖泊沿线及107国道、马法路沿线（即"四湖两线"）大力发展优质苗木花卉产业基地；着力打造武汉安山湿地公园，大力发展生态休闲旅游业。目前安山街初步建成规划布局合理有序、城乡面貌整洁美观、市政基础设施完备、公共服务体系健全、经济社会全面发展的工业强街，生态优美、宜居宜业宜游的特色新街，在江夏南部街道"三化"协同中发挥引领示范作用。

其次，在产业功能与城镇功能服务的匹配上，着力优化产业集聚区载体建设，促进产业集群与城镇化良性互动发展，把产业集聚区建设和城镇发展，尤其是新区建设有机地结合起来，将产业集聚区建设成为城镇的一个功能区、一个组团，通过资源要素的流动实现中心城区、郊区、产业功能区、特色商务区等不同区域空间的内在联系和互动发展，加快城镇新区、城镇组团、产业集聚区、商务中心区和特色商业区载体建设，并依托载体建设增强城镇持续发展能力，实现城镇功能与产业功能相匹配。

例如：纸坊依托老城发展基础和配套环境，通过升级功能、重塑空间、复兴文化，打造成为武汉地区最具时尚活力和人文魅力的宜居城区。针对老城服务业发展不足、缺乏吸引力等问题，通过改善城市基础设施，以生活性服务业为主，提高城市集聚力，面向整个武汉，形成富有活力、高端时尚的品质生活城区。

普安依托光谷、汤孙湖沿岸强势的产业发展动头，针对产业设施配套不足的问题，结合板块左右逢源、承上启下的区位交通优势，迎接休闲商务区智慧化、活力化、生态化的发展趋势，打造一个以生产性服务业、总部经济、文化休闲等功能为核心，凝聚江夏精气神、展示新城新形象的窗口平台，成为武汉南部休闲商务发展新标杆。

五里界为顺应信息时代潮流，依托伊托邦智慧产业基地项目，打造以智慧产业为核心的知识智慧新城，通过搭建生态化、智能化、休闲化空间平台，吸聚富有创造性的中产创意阶层，强化高新区科技创新提升，打造集生活、工作、休闲于一体的新锐生活方式，成为引领大武汉中南地区高新产业特色发展新极核。

（三）实现产业集聚与人口转移均衡发展

人口是产镇融合的主体。推进农村转移人口市民化是城乡一体化建设的重要任务。因此，实现产镇结合，必须不断增强城镇对农村转移人口的吸纳能力，坚持以市场调节为主、公共资源引导为辅，促进农村人口有序转移和适度集中，使产业集聚和人口集中达到平衡。充分发挥城镇的产业集聚功能和城镇化的空间效应，壮大城镇规模和综合实力，使城镇产业吸纳就业能力与农村转移人口市民化相衔接。

　　一方面要推进专业化集群式招商，使承接产业转移与培育内生动力相结合，着力构建规模大、竞争力强、成长性好、关联度高的产业集群，有效吸纳农业转移人口。2012 年 3 月以来，为保证按时向上海通用武汉基地交地，以"通用速度"完成征地拆迁 1.5 万亩，涉及 8 个村。在农民还建房建设项目上，优先考虑农民利益，用最好的地段高标准建设金港农民中心社区。金港中心社区占地 281.86 亩，建设还建房 37 栋、50 万平方米。新村建设按高标准社区规划要求，"两证"齐全，容积率 2.5，建筑密度为 19.90%，是绿化率为 35% 以上的花园式小区，房屋设计均在 17—26 层之间。2013 年年底，已完成 37 万方还建房的建设，有 2317 户农民分配了住房。小区内设置了商业铺面和村支部办公楼，以及幼儿园、村级医务室。使入住的居民就业有方向，医疗有保障，购物有场所，娱乐有设施的新型社区。这种发展方式，充分发挥产业集群的信息集聚、技术集聚、资金集聚、政策集聚、资源集聚效应，有效带动农村劳动力向非农产业转移、农业人口向城镇集中。

　　另一方面要以产业集聚区为载体，提高产业、人口、生产要素的集中度，坚持产业集聚、人口转移同步推进。江夏区通过大力发展产业集聚区，如"四大金刚"：藏龙岛科技园、庙山科技园、江夏新型工业示范区（大桥工业区）、金港工业园区，大大提高了产业、人口、生产要素的集中。在村民就业工作上，组织失地农民就业专场招聘会，根据企业需求针对性地开展就业培训，对于特殊技术工种给予培训补贴，要求入驻企业尽最大可能优先安置失地农民就业。在村民养老保障上，新区从土地安置费里安排专项资金 8864 万元，为 5123 名被征地农民全部购买了养老保险，实现"应保尽保"。在政策保障上，给予每个村一定面积土地创办村级就业基地，用于搭建厂房出租，增加村级积累，解决农民后续增收问题。这种以市场调节为主、公共资源引导为辅的产业集聚区发展方式，既集聚生产性人口，又集聚生活性人口，实现就业和产业、生产与生活的有机结合。

（四）完善公共服务与基础设施

公共服务与基础设施是实现产镇融合发展的重要前提条件和基础保障。只有基础设施和公共服务设施满足了产业、城镇发展的需要，综合承载能力不断增强，才能使产镇融合实现良性运行。因此，应从产镇融合发展的目标要求出发，推进社会服务配套体系和公共服务管理体系建设，不断完善公共服务与基础设施，构建起产镇融合发展的功能支撑和要素保障，并通过有效整合各种基础设施和公共服务资源，最大限度地优化产镇融合发展环境。

首先，强化中心城区与产业集聚区间基础设施和公共服务体系对接，形成分工合理、功能互补、联动发展的格局，增强城镇综合承载能力。江夏——武汉南大门门户地位，背靠两大国家级产业园区（车都和光谷），具有"承东启西，左右逢源"的区位优势，是最具发展潜力的门户枢纽之区。拥有临空（第二机场）、临港（长江金港）、临湖（众多湖泊）、临河的交通空间，以及京广铁路、京珠澳高速、沪蓉高速等快速交通动脉，正在建设的城际轻轨等，形成四通八达的综合立体交通体系，便捷连通武汉主城区内外及其他武汉城市圈城市。

其次，在社会事业重大基础设施网络建设上，江夏区重点推进一批生态、水电、市政服务设施扩建、新建工程，合理规划布局一批一般公共服务设施。一般公共服务设施以"分级配置＋公共服务圈"方式实现满覆盖。以城市中心、社区中心、中心镇、一般镇、新型社区等为圆心，按2—3公里距离划定公共服务圈范围，打造城市社区"十五分钟生活圈"。在完善市政和环保重大基础设施网络方面，实施城乡一体化供水管理体制，以长江和梁子湖为主要水源，新建金口水厂、山坡水厂，对接武汉市大工业供水管网，构建城乡一体化供水保障体系；建立完善的水质监测和应急处理系统，确保城乡供水安全，规划期内城镇供水普及率达到100%，逐步建设区域工业供水环网系统；在完善排水基础设施方面，规划城镇污水统一收集运送至污水厂集中处理；农村污水通过生态污水处理设施处理，提升污水尾水排放等级，加快推进城镇生活污水再生利用设施建设，新建金口污水厂、郑店污水厂，全面推进农村截污工程和污水生态化处理设施建设。

再次，要以江夏城区为依托，以产业集聚区为载体，加快基础设施与公共服务设施建设，让农村转移人口享有城镇基本公共服务。江夏区以产业集聚为载体，严格遵循三大原则，即设施间资源获取的均等化、居民获取基本公共服务机会的均等化、居民获取基本公共服务结果的均等化。严格按照城市社区标准配套建设村庄的公共服务设施，加快推进城市基本公共服务向农村覆盖，逐步实现公共基础设施全面融入中心城区，加快形成全域一体、布局合理、和谐共生的基本公共服务体系，促进城乡基本公共服务设施均等化，逐步建立统一的全覆盖的城乡社会保障体系。这有利于提升城、乡人群参保水平，逐步缩小城乡之间、群体之间的待遇差距，有效的群众基础、群众支持和完善的基本公共服务体系，大大推动了产镇融合的发展。

最后，依托特色商业区建设，大力发展现代服务业，为产镇融合注入活力。以法泗的怡山湾项目建设为例，为配合法泗中心村镇建设空间规划布局"中心镇东移南扩、中心村协同推进"的战略布局，怡山湾新农村在新社区内修筑一条长 1958 米、宽 32 米与马法路平行的怡山湾大街，实现居民商住一体化。怡山湾大街定位为法泗商业核心区，新街的建立对增加村民就业、带动村民致富、繁荣社区经济都有巨大的推动作用，现代服务业的完善也更加有利于产镇融合的发展。再如金口服务中心的基础设施的建设，计划服务人群 20 万—30 万人，着重培育和发展以通信和信息服务为主的基础服务，以金融、电子商务、中介和咨询为主的市场服务，以公共管理、教育、医疗、卫生为主的公共服务，以餐饮、娱乐、商场为主的个人消费服务，完善与之配套的居住和服务功能（见表 4.2）。

表 4.2　　　　　　　　　　公共服务设施与商业金融服务设施

设施分类	设施内容
教育设施	科教馆、职业技术学校、成人教育机构、商业培训机构等
医疗设施	综合医院、各类专科医院、残疾人康复中心、护理院等
文化设施	文化馆、图书馆、影剧院、书店及综合娱乐设施等
体育设施	标准体育场、游泳池、体育馆及游泳馆等
商业金融服务设施	大型综合超市、购物中心等商业服务设施，银行、保险公司、证券公司等金融设施

（五）破除体制障碍，为产城融合提供制度保障

城乡一体化建设不仅仅是针对产业经济的发展，更是需要从顶层进行制度设计，提供一套完整、清晰的制度予以配合与支持，其制度保障是一个系统工程。它既涉及对二元户籍制度以及由户籍制度衍生出来的二元就业、教育、医疗、社保等体制，又涉及农村的土地制度、土地流转制度，还涉及政府自身的财税体制、行政管理体制和考核评价体制等，需要进行综合配套改革，形成有利于城乡一体化健康、有序发展的体制机制。同样，产镇融合的发展也需要一系列体制机制创新的驱动。

1. 深化征地制度、农村土地使用制度和农村产权制度改革

城乡一体化的当务之急就是深化征地制度、农村土地使用制度和农村产权制度改革，不仅要进一步完善土地使用权流转制度，建立城乡统一的建设用地市场，更应不断探索优化土地空间开发格局的新路径，优化产镇融合发展的空间载体，健全城乡一体化发展的土地开发机制。二者兼之，则为产镇融合奠定完善的制度保障。这以法泗土地"增减挂钩"政策最为典型：根据公平、公开、村民自愿的原则，针对农村普遍存在的人少地多，人多地少的问题，在分配土地流转费时，村书记胡涛创造性地制定了公平合理的土地流转费分配方案。土地流转费按照"娶进一人，增一人；生育一人，增一个；去世一人，减一人；嫁出一人，减一人"的原

则，以每年年底派出所出具的本组农业户口户籍为准，按人口动态分配土地流转费。另外，正在当兵服役的军人、在读大学生享受同等对待。

2. 推进金融体制改革

江夏区在推动农村产权资源资本化、股份化方面的制度变革，积极推进金融体制改革，创新投融资工具、投融资方式与投融资组织，完善投融资政策，尽快推进城镇综合配套改革，通过对体制机制的一系列改革，逐步消除影响城镇融合发展的制度性障碍。

（1）实行农村集体资产股份化

集体资产股份化、集体土地股权化，改造农村集体经济组织为自主经营、民主管理、风险共担的新型合作经济组织。把集体建设用地指标资本化，建设性地提出"土地综合整治＋增减挂钩"的土地政策。

（2）建立健全产权交易平台建设

结合武汉农村综合产权交易所平台，在各街道、中心村设立农村产权交易分中心，建立土地流转服务站，使资源配置市场化，产权管理规范化。

（3）完善农村金融服务体系

成立农业政策性担保公司，做大做强农业企业；建设村镇银行为农户提供小额信贷业务；设立城乡统筹发展专项基金，重点发展土地整理、规模经营等重大项目；多渠道开发农村金融理财产品，促使土地使用权证券化。

（4）积极探索多元投资渠道

投资统筹城乡发展基金，参与新市镇开发建设；投资社区商业网点、农贸市场等固定资产；近郊村资本与远郊村资源联合。

3. 制定科学合理的农民新居分配方案

针对新农村农民新居分配问题，大路村书记胡涛制定了科学合理的农民新居分配方案。农民新居分配按照：以两代人的男丁为主，人均不超过50平方米，若农户子女全部为女孩的可安排一名上门女婿，上门女婿必须是农业户口（享受与男丁同等的待遇）。每套农民新居按 5 万元分配。孤寡老人可免费安排一套农民新居。特困户可酌情考虑缓、减、免。公平合理的土地流转费分配方案和农民新居分配方案获得了村民们的广泛认可和拥护，以往村民与村民之间、小组与小组之间因为土地问题发生矛盾的情况大大减少。

（六）建设生态新区，提高新区可持续发展能力

首先，在 3 类 5 轴 16 片的生态景观网络体系建设上，江夏区仅仅围绕三大发展思路：即政府搭台，完善设施建设与综合服务功能，促进土地流转，集中安置居民，统筹产业形态发展，形成产业综合体发展的整体氛围；企业引领，以大企业为依托，将技术研发、生产制作、成果展示、创意设计等融入综合体，并为居民和产业工人提供商业和娱乐服务；节庆推动，通过主题文化节庆品牌的梳理，搭建交流互动平台，推广发展成果。并结合新型城乡一体化，依托区域内便利的交通条件与各乡镇产业发展优势，推动产业深化、升级。

在乌龙泉、郑店、山坡、湖泗，通过完善基础设施，打造具有产业持续动力，具有综合配套功能的生态主题产业综合体、有持续的生态产业动力的城镇综合体（见表 4.3）。

表 4.3 　　　乌龙泉、郑店、山坡、湖泗四地的发展策略

行政区	优 势	发 展 策 略
郑店	物流产业、蔬菜生产	·发展集装箱为特色的物流产业 ·打造特色蔬菜生产园区 ·物流服务生产综合体
山坡	第二机场与花卉苗木种植	·预留未来临空产业及服务用地 ·发展种源农业、循环农业 ·产业发展与特种旅游相结合的生态综合体

行政区	优　势	发　展　策　略
乌龙泉	107 国道及城际铁路	·建设蔬果产地市场和加工园 ·引导人口向镇区集聚 ·华中特色果蔬展销和体验综合体
湖泗	澳洲龙虾养殖与古瓷窑文化	·镇区商贸业提升 ·打造北部水乡旅游线路 ·养殖、旅游、文化为主题的生态综合体

其次，在绿化生态系统方面，实行生态分区管制和生态功能分区建设。其中，生态分区管制分别划分适宜建设区、限制建设区和禁止开发区。在生态环境敏感性以及分区管制成果的基础上，将限制建设区进行细化，形成全区以生态保育、生态游憩与生态协调为主的 3 类生态功能区。生态保育区，即禁止开发区，主要以重要水域及山林资源为主，功能以生态保护为主；生态缓冲区，即限制建设区，包含了城市楔形绿廊、乡镇发展板块以及城乡统筹发展的缓冲地带，功能以限制开发建设，保护、游憩、休闲、旅游、协调生态平衡为主；生态协调区，即适宜建设区，主要为都市区、建制镇区以及潜力增长区范围，以完善生态系统整体功能，实施生态环境建设为主，协调人居环境与经济发展。

四　江夏区产镇融合对新型城乡
一体化发展的实践意义

（一）坚定不移走产镇融合发展之路

在城乡一体化进程中，产业的发展与城镇的建设是互相促进、相互融合的。产业是城乡一体化的物质基础，是城镇进一步发展的支撑和动力，产业的升级与发展是解决城乡一体化过程中资金不足、生态环境保护等众多问题的关键所在；城镇的建设是产业发展的载体，基础设施越完善，产业发展的平台就越宽阔，就越节约产业发展的成本，就越有利于产业的发展。

江夏区的实践表明，只有城市提供良好的公共服务环境，尤其是创建功能完备、优质高效的园区发展平台，进一步完善基础设施与公共服务，拓宽产业发展的平台，大力发展主导产业，重点发展特色产业，做大做强工业总量，才能为城镇创造出更多的就业岗位、形成更具吸引力和竞争力的发展高地，为更多的农村转移人口提供生产、生活保障；同时，只有制定切实可行的产镇融合发展之路，才能拓展城镇发展平台集聚更多的优势产业、高新企业，才能吸引更优质的创新、创业人才，形成更强的内生发展动力机制，给城乡一体化发展带来源源不断的动力支持。

（二）让人民共享产城融合发展红利

产镇融合发展对城乡一体化规划理念、产业发展方式以及综合管理体制机制提出了更高要求。农民的利益在城乡一体化过程中最容易受到侵害，做好失地农民的安置就业和社会保障工作是当前新型城乡一体化建设的基础和前提，应予以高度重视和长期关注。唯有解放思想、深化改革创新，坚持"以人为本"的原则，一方面创新土地政策，落实失地农民应该享有的各项优惠政策，完善拆迁、分房制度，让失地农民住房条件有所改善，切实享受到城镇建设、发展的红利；另一方面农民是新型城乡一体化建设的主体，政府在提供政策倾斜的同时，还应引导农民转变思想，拓宽思路，积极主动参与新型城乡一体化建设。

江夏区的实践表明，只要把满足群众根本愿望、促进民生幸福放在一切工作的首位，紧紧抓住新型城乡一体化发展的战略机遇，着力体制机制创新，不断激发全社会创造活力，激发农民参与城镇建设的热情，让人们共享新型城乡一体化建设充分释放的红利，就能促进经济社会持续健康发展。

（三）把生态文明理念融入产城融合的全过程

良好的生态环境是人类赖以生存与发展的前提和基础，产业发展、城乡一体化建设也必然依赖于良好的生态环境。一般地说，生态环境恶劣的地区不适宜人类的经济活动，更谈不上城镇的发展。所以在以产城融合发展助推新型城乡一体化建设过程中，决不能走"先污染后治理"和"边污染边治理"的老路，而应该转变发展方式，走绿色、低碳的新型城乡一体化道路。

江夏区的实践表明，在建设城乡一体化的过程中，只有充分注重每个城镇的环境容量与承载力水平，切实维护与保护好城镇与地区的环境质量，才能保证本地区人民走健康的、环境友好的、可持续发展的城乡一体化道路；只有把生态文明理念融入城乡一体化全过程，让广大人民群众切实触摸到、感受到、享受到生态文明建设的好处，才能不断提高民众幸福质量，人民群众才会真心实意地参与和支持城乡一体化建设，城乡一体化的发展才会有持续不断的动力，才能不断提高城乡建设发展的质量。

第五章 完善设施:构筑城乡一体化发展的基础和平台

　　城乡一体化基础设施建设作为城乡之间横向联系的桥梁,提供着与居民生产、生活息息相关的基本公共产品,是影响居民生存和发展环境的基本条件,是实现城乡一体化发展的基本前提。基础设施作为构成城乡一体化系统的基础要素,包含了为社会生产与居民生活提供公共服务的各项物质基础设施,其按用途可分为交通运输、能源、邮电和通信等经济性基础设施和教育、科研、卫生等社会性基础设施两大类。本文所涉及的基础设施主要包括交通网络、能源、环保、农业生产、网络信息化、市场体系等。

　　城乡基础设施一体化,作为推进城乡一体化工作的基础,实质就是不断完善乡村公共设施建设,促进各项基础设施逐步向农村辐射、向农村延伸,实现城乡基础设施共建、联网、共享的过程。城乡基础设施一体化,不是要求城乡基础设施建设成一个模样,而是允许城乡基础设施之间存在需求差异,主要强调城乡基础设施供给水平相当,城乡居民享有均等的基础设施建设机会,共享基础设施建设带来的便利。因此,完善城乡基础设施,是促进城乡协调发展的关键纽带,在改善城乡居民生活水平,化解城乡社会矛盾,推动城乡各项权利平等,促进城乡一体化方面具有重大意义。

　　从 2014 年 3 月开始,本调研组深入江夏区安山街、法泗街、纸坊街、五里界街、郑店街等地开展实地调查,通过调查发现,总体来看,江夏区城乡基础设施建设水平较之以往有所提高,但是,城乡之间基础设施建设水平仍然存在一定差距，农村基础设施落后，供给总量不足、发展滞后的现象依然存在，严重制约着农村经济发展和农民生活水平提高，阻碍了江夏区城乡一体化进程。

一 城乡发展一体化基础设施建设现状

2011年10月，江夏区确立了"以纸坊新城建设为核心，以集镇试点建设为重点，稳步推进中心村建设"为基本思路的统筹城乡发展工作路径，率先在武汉市新城区中拉开了统筹城乡发展实践的大幕。随着城乡一体化建设和新农村建设的推进，江夏区按照统一规划、共建共享的要求，全面提高交通运输、能源、农村基础设施、信息化网路、城乡市场体系等基础设施建设的配套水平，着力改善群众生产生活环境，为城乡一体化发展奠定坚实的基础。

（一）交通运输体系建设

城乡交通基础设施建设作为城乡基础设施一体化的关键着力点，是统筹城乡一体化发展的"经脉"。江夏区按照"突出综合交通与经济发展的共赢，突出基础设施网络、运输服务网络和信息网络的同构，突出交通与生态、文化、旅游的共生"的绿色交通发展理念，着力构筑"铁路、水路、公路、航空、轨道、港口"立体综合交通体系。① 通过多年的探索实践，江夏区城乡交通基础设施建设快速发展，人们出行更加方便，交通网日渐完善，成果主要表现在以下两个方面：

一是公路通车里程创新高，实现与武汉市公路路网规划配套衔接。江夏区为更好地服务于湖北省城乡一体化建设，把建设"七纵（南北向）七横（东西向）"骨架公路网络，作为实现城乡交通

---

① 江夏区国民经济和社会发展第十二个五年规划纲要，http://www.whdrc.gov.cn/article/20110801172550537_02.html（2011—08—01）。

一体化的重要目标，全力以赴改善城乡公路建设，实现城乡道路之间的有效衔接。调查可知，江夏区公路通车里程数逐年增加，交通运输条件不断改善，截至 2015 年年末，全区公路里程 3701 公里，公路密度每平方公里达 1.84 公里，为全国平均水平的 3 倍。同时，金龙大街西段扩建通车，文化大道完成绿化提档升级工程，两条道路构成了江夏新城的"黄金十字架"。建成纸贺线改扩建、腾讯大道、关山桥铁路桥等重大交通工程。路况明显改善，路网覆盖范围不断扩大，江夏区公路配置网络化开始形成。

二是交通网络日益完善，基本建立起"人便于行、货畅其流、规范有序、满足需要、服务社会"的交通运输体系。调查发现，2016 年，江夏区交通运输量明显增长，城乡公共交通服务能力显著增强。营运车辆保有量达 9816 辆。开通到各乡镇街客运班线 16 条，乡镇街通班车率 100%。全区二类以上机动车维修企业 32 家，汽车培训学校 1 家。汽车综合性能检测站 1 家，道路运输从业人员教育培训点 1 个。全区公路客运量 1290 万人，客运周转量 3.61 亿人每千米，货运量 1182 万吨，货运周转量 3.90 亿吨每千米，比上年客运量增长 11.0%，货运量增长 11.0%。民用汽车拥有量 63058 辆，公交车路数 25 路，实有公共汽车营运车辆 453 辆。率先建成武汉至黄石、武汉至咸宁的城际铁路，武汉远城区轨道交通进江夏，武汉第二机场选建江夏山坡，天子山大道的全面建设，使江夏在 107 国道、京珠澳大动脉的基础上，又增加了新的南下大通道，打开新的发展空间。

但是调查同时发现，农村居住较为分散，农村交通设施密度不高，公路交通、铁路交通、轨道交通、城市公共交通之间的衔接需要进一步加强，重视解决城市居民和农民换乘不便的问题。

（二）城乡能源设施建设

能源是实现城乡一体化的基础和动力，这既包括电、煤、油、气等商品能源，也涵盖传统可再生能源与现代高效可再生能源。加强能源建设不仅是改善生态环境的有效途径，也是调整农业结构和促进农民增收的重要手段。近年来，江夏区以低碳发展引领城乡建设，加快新能源利用与发展，相继实施了电网升级与改造、节能减排等工程。通过这一系列工程的实施，江夏区节能环保取得一定成效，农村电网结构得到明显改善，进一步提高了供电能力、供电质量和供电稳定性。

一是加快电网升级改造，提升输配电能力。江夏区密切跟踪地方经济社会发展趋势，提前掌握用电需求，不断完善《江夏电网"十二五"规划》滚动修编。首先，推动电网规划与地方规划的紧密衔接，开展2012—2020年电网规划项目纳入乡镇级土地利用总体规划工作，按期完成110千伏乌龙泉变电站、35千伏大屋陈变电站增容改造，220千伏杨泗矶变电站、110千伏段岭庙变电站等省市重点电网建设项目属地协调工作。新建110千伏杨段一、二回线路；新建10千伏公用线路4条，其中架空线路61.7千米，电缆线路13.4千米；新建0.4千伏线路15.6千米，0.4千伏电缆37.2千米，改造0.4千伏低压线路390.5千米；改造10千伏公用线路6条，其中架空线路122.1千米，电缆线路8.4千米；其次，开展电网发展诊断分析，主动协调地方政府做好大桥、藏龙岛、庙山、金口等工业园区重点项目供电方案专题研究，110千伏阳光变电站、龚家铺变电站、栗庙变电站等电网项目可研报告通过省电力公司审查；再次，加快农网升级改造项目和革命老区低电压台区改造项目的实施建设，电网输送能力和抗风险水平不断上升。截至2014年年底，江夏区供电公司所辖35千瓦变电站9座，总容量93.10兆伏安。35千伏线路22条（用户专线4条），326.97千米；10千伏配电线路192条，2339.39千米。其中专线65条，224.19千米；公用线路127条，2115.20千米。

二是节能环保成效显著。在节能减排方面，江夏区积极推进节能减排和区域大气污染联防联控工作。按照结构减排、工程减排和管理减排相结合的总体思路，对责任单位、减排措施以及完成时间进行明确，加大对减排项目的现场督查力度。加大对重点项目和企业污染、防治措施的督查力度，依法依规核发临时排污许可证，规范排污行为，加大限期治理力度和涉危单位的监督管理，有效落实各项危险废物法律法规，防范和消除环境安全隐患。严格执行国家税收优惠政策，积极为符合条件的企业申报资源综合利用减免税，并督促企业将免税资金用于节能改造。同时，江夏区还按照《节约能源法》总体要求，开展世界环境日、节能周、科普日等创模（创建国家环保模范城市）宣传活动，普及创模知识；积极申报和实施了污染减排等项目，争取以大项目带动大投入，提高全区环保基础设施建设水平。

在生态建设方面，编制实施江夏区基本生态控制线规划、18个湖泊"三线一路"和127个山体"两图一录"保护规划，锁定全区自然资源保护红线。建立湖长制、山长制，大规模拆除梁子湖、鲁湖、汤逊湖围网，建成藏龙岛、安山两个国家级湿地公园，上涉湖国家级湿地保护中心和一批省级湿地公园。"十二五"期间，实施山体生态修复工程，16家采石企业全部关停，4100亩破损山体得到修复。新增有林面积7.2万亩，全区森林覆盖率达到28.6%。完成环梁子湖农村环境连片整治，创建了一批省级生态村镇。

近年来，江夏区积极倡导低碳消费理念，大力培育以梁子湖光伏能源项目为代表的新能源产业，一定程度上缓解了能源结构不合理的现状，但通过实地调查得知，还需进一步加强风能、太阳能、沼气等清洁能源、可再生能源的开发力度。

（三）农村生态保护设施建设

生态环境是生态文明的重要标识，关系人民群众的切身利益。加大生态保护与建设投入力度，是落实十八大精神的具体体现。江夏区环保局紧紧抓住国家及省、市加强农村环境保护的契机，积极加大环保投入，全面实施环梁子湖流域村湾环境整治项目，科学策划农村环保和湖泊保护项目。通过统筹城乡谋划、以点带面实施、整合资源推进，在完成规定任务的基础上，农村环保工作实现了最大限度地范围延伸。

一是全面整治街镇环境，改善城乡市容环境面貌。江夏区城管局以城乡"三清洁"工程为重点，以全市村湾环境综合整治为契机，加大集镇进出口、主要公路沿线村湾管理，重点加大暴露垃圾、出店占道经营、乱堆乱放等环境综合整治工作，江夏区率先在远城区实现"村收集、镇转运、区处理"的城乡垃圾处理系统，提高了垃圾收集力度和收运效率，扩大收集覆盖面，优化了农村生活环境。

二是重视水质监管，大力改善水环境质量。加强排水和污水治理工作，使城镇污水集中处理率达到80%以上。重点加强对梁子湖、汤逊湖、鲁湖实施保护，实现"锁定岸线、全面截污、还湖于民"的目标。2013年，江夏区水务局将湖泊保护工作纳入区级目标管理，实行"一票否决"；以区政府名义与辖区各乡、镇、街、开发区和湖泊保护责任单位签订《江夏区湖泊保护目标责任状》，明确湖泊保护任务和责任人；建立湖泊保护热线，受理湖泊保护的举报和投诉等，并实行24小时湖泊保护值班制度；建立辖区"总湖长制""湖长制""联络员制"。同时，江夏区水务局加强排水和污水治理工作，使城镇污水集中处理率达到80%以上。完成汤逊湖截污工程，铺设污水管网千米，新建污水泵站2处。完成纸坊港明改暗工程。完成纸坊城区排水整治工程（林校片区）。完成腾讯研发中心排污改道工程。完成金口污水处理厂前期工作。

三是完善环保基础设施，全面完成城乡垃圾处理一体化建设。截至2013年年底，全区建成28座农村垃圾转运站，"村收集、镇转运、区处理"的城乡垃圾处理系统初步建成。加大标准化公厕建设力度，建成10座标准化公厕和两座景观式公厕，群众如厕难问题逐步得到缓解。为集镇、村湾购置大小环卫专用车辆、清洁板车、新建垃圾箱、垃圾桶，安排专项资金对已建成的农村垃圾转运站进行维护，并聘请村湾保洁人员负责村湾卫生保洁工作，逐步形成农环境卫生长效管理机制，有效改善了农村生产、生活环境。理顺燃气管理职能，加大燃气行业监管力度，全年依法查处各类违法违规行为67起，保障了全区燃气正常供应及安全使用。

四是加强环保宣传力度，增强居民环保意识。江夏区环保局以创建环保模范城市、生态文明创建、绿色创建等活动为载体，不断充实宣教内容、丰富宣教形式，提高公众环保意识，并提请江夏区人大开展"环保世纪行"活动。深入山坡、安山等地，实地走访农户、调查回访农村环保设施运行情况，宣传农村环保工作成果。组织开展"6·5"世界环境日宣传活动。借助"学创""创模"等活动，组织全区20余家成员单位"大合唱"，共同参与到保护环境的自觉行动中来。组织环保志愿者参与环保监督。组织环保执法人员、江夏环保志愿者协会、电视台、报社等开展以"爱我百湖，巡查排污口"为主题的系列活动，动员社会各界参与环境监督，共同遏制环境违法行为。深入开展生态文明创建活动，积极申报国家级生态村6个，申报省级生态文明乡镇1个（安山街）。获批复省级生态村12个，市级生态村30个，创建绿色学校10所，绿色社区4个，社会各界的环保意识得到有效提高。

当然，农村工业污染源监管和治理力度还存有真空，还需进一步加强水污染治理工作。

（四）农业生产基础设施建设

水是生命之源、生产之要、生态之基。兴水利、除水害，事关人类生存、经济发展、社会进步，历来是治国安邦的大事。[1] 农业基础设施建设涉及农业、牧业、林业、水利等众多部门，是一项复杂的系统工程。2012年，江夏区投资2.1亿元，支持农田水利基础设施建设，大力进行农业综合开发，夯实江夏区农业发展基础。

---

[1] 国务院办公厅：《国务院关于加快水利改革发展的决定》，http：//www.gov.cn/gongbao/content/2011/content_ 1803158. htm（2010—12—31）。

1. 农田水利设施建设明显改观

水利基础设施建设作为农业发展的命脉，能够为农业的发展提供充足的水源。江夏区大力兴修水利，在改善一批水渠、水库、塘堰的同时，优化了一批农业基础设施。首先，完成金水河综合治理工程（一期）、13 座小（二）型病险水库除险加固工程、22 处 75—155 千瓦骨干泵站改造工程、易旱地区水利综合治理工程、金口街南岸三村和乌龙泉街杨桐灌区小型农田水利工程、腾讯研发中心排污改道工程和纸坊港出口明改暗工程，并积极配合金口港区涉水基础设施项目，同时修建王英水库灌区阳武一干渠节水配套改造工程（一期）；其次，农业机械设备作为提高农业生产能力的必要物质基础，是实现农业由传统向现代农业转变，促进农业向优质量、高产量发展的重要条件之一。2013 年，江夏区农业机械管理局以"创优争先作贡献，兴机富民迎盛会"为主题，突出抓好农机管理、农机推广、农机科教培训、农机安全生产、农机社会化服务和维护农机稳定等重点工作，促进农机化事业和农村经济的健康快速发展，农机化各项工作取得显著成效。2013 年，江夏区农机固定资产原值共有 3.33 亿元，比上年增长 12.9%；农机总动力 39.94 万千瓦，增加 1.72 万千瓦。其中，拖拉机 5742 台，配套农机具 6998 部，机具配套 11.22%。完成农机作业总量 376.33 万公顷，增长 2.6%，其中，机耕 4.34 万公顷，机播 2 万公顷，机收 321 万公顷，分别增长 10.9%、5.8% 和 15.9%。农机综合机械化水平 62.8%，增长 2.4%，其中：机耕、机播和机收机械化水平 89%、20% 和 41%，分别增长 2.3%、5.3% 和 1.7%。开展购机补贴工作，推广各种适合江夏区的新式农机具 5151 套。全年农机经营服务总收入 2.63 亿元。

2. 实现全区域城乡饮水安全覆盖

饮水安全工程是一项重大的民生工程。江夏区高度重视此项工作，投入了大量财力、物力和人力帮助解决农村群众饮水问题，将解决农村饮水安全问题作为加快社会主义新农村建设和推进基本公共服务均等化的重要内容，为此，江夏区水务局总公司大力实施农村饮水工程，强化饮用水水源环境保护，依法治理饮用水水源保护区内违法建筑和排污，提高了农村供水能力与供水质量。2013年以来，江夏区水务总公司在区委、区政府的领导下，为适应全区城乡社会经济建设发展，加速对城乡供水基础设施的建设，大力实施农村饮水安全工程，先后扩建龙床肌水厂和五里界水厂，使两水厂日供水设计能力由11万立方米（其中五里界为日供水2万立方米）增至15.5万立方米。新建面向农村供水的山坡、法泗、覃庙和舒安水厂日供水设计能力合计为4.5万立方米。新建和改造管网中间加压站6座。农村饮水安全工程建设项目的实施，改善了农村生产与生活条件，进一步推进了城乡基本公共服务均等化。

但调查发现，城乡供水在用水的安全性和稳定性方面还存在一定差距，还未真正实现城乡同价的供水目标。

（五）网络信息化设施建设

信息网络基础设施建设是衡量城乡公共基础服务均等化的重要指标之一，促进农村与外界交换物质流与信息流的重要平台，解决农村信息孤岛问题的有力举措。近年来，江夏区认真贯彻落实党中央、国务院关于加快推进信息化建设的决策部署，积极推进网络信息化工程，建立健全信息安全保障体系，经过多年的发展，农村网络信息化建设取得了一定的成就。

1. 全面推进农村电网升级改造

农村电力是农村基础设施建设的重要组成部分，是农村经济社会发展的必要条件。江夏区已完成电网升级工程项目144个，实现"村邮站"建设全覆盖。2014年全区固定电话用户达15.88万户，比上年增加2.39万户；移动电话用户77.66万户，比上年增加7.09万户；互联网宽带接入用户20.21万户，比上年减少5.25万户。2014年全社会用电量292843万千瓦时，同比增长12.9%，其中工业用电量188294.71万千瓦时，同比增长14.3%。

2. 强化网路基础设施建设

推动信息网络基础设施互联互通和资源共享，促进消费升级、产业转型。江夏区加快推进网络基础设施、公共基础数据库、公共信息平台建设。完善城乡无线网络建设，推进 4G 网络全覆盖。加快有线宽带网络建设，全面推进党中央、国务院倡导的"三网融合"工程，逐步实现通信网、广播电视网、互联网等信息基础设施互联互通和融合发展。依托社会管理网络服务中心，建立政府和公众共享的信息服务平台、集约化数据交换平台和公共信息应用支撑平台，逐步实现大数据的统一采集、统一加工、统一维护和资源共享。截至 2015 年年末，江夏区信息化基础设施不断完善，全区光纤覆盖率达到 95%，实现行政村全覆盖。实施广播电视网"双网、环网"改造升级，农村用户宽带达到 20 兆以上，宽带普及率大幅提升。建成湖北电信最大的数据中心，具备了 100G 总骨干网接入能力。

3. 加快推进重点领域信息化运用

深化电子化政务、数字化城管、智能化交通以及网格化管理，不断拓展信息化外延。强化社会综合治理，推进社区电子视频监控全覆盖。以专业性平台为载体，积极开展智慧企业试点。有序推进水务、农业、民生保障、地下管网、食药监管、人居环境等信息化重点工程建设，建立预防和减少青少年违法犯罪工作信息化服务平台，以务实的行动争取国家智慧城市试点。2015 年江夏区委托国内一流团队编制《智慧江夏发展规划》，相继启动智慧社区、智慧园区等项目，信息化在政务、城管、社管、交管以及社保、教育、卫生、食药监管等民生领域广泛应用，被国家住建部、科技部确定为国家智慧城市试点。

（六）城乡市场体系建设

为配合全省新农村建设与城乡一体化建设，江夏区加大农村市场基础设施建设，以解决广大农村消费市场与城市消费市场的对接难题，促进农村产业的市场化、专业化、一体化发展，优化产业结构，促进经济总量在空间上的积聚，加快城乡一体化步伐。

一是重点建设贯通城乡的农产品流通体系。加快建设二级批发市场，如集贸市场、连锁超市、零售经营门店等，形成辐射范围广、布局合理的城乡农产品流通体系。

二是加快商业网点建设。满足市民生活需求，为创建幸福社区提供良好的购物消费环境。参与"五务合一"，积极协调区内中百仓储、武商量贩等大型卖场，在法泗、庙山、五里界等地开展的"农超对接"活动，促进"城乡互联"，不断推进村级商业经济发展。

三是大力创建村级综合服务社，加大承办企业与各农家店之间的信息、资金、货物、服务等方面的联合与合作，拓展市场，增强服务能力。为此，江夏商贸集团公司（供销社）按照新网工程标准，选择40家农资农家店和68家日用消费品农家店进行提档升级，加强店容店貌的整治，更新店面招牌，完善服务设施，健全各项制度，强化常态化管理。提档升级后的农资商品配送率达到80%以上。在山坡、舒安、湖泗、乌龙泉、法泗街按标准建成5所庄稼医院。实行"三位一体"（农资配送中心、农机植保专业合作社、庄稼医院）运作模式，凸显技物结合特色，解决农民为庄稼看病难的问题。

二　城乡基础设施建设路径与特征

（一）城乡基础设施建设路径

1. 重视规划编制，引领基础设施城乡一体化建设方向

统筹城乡一体化基础设施建设必须坚持规划先行、城乡统筹的原则，不仅要将城市与农村放在一个系统内进行整体规划，也要协调好一个区域内部城镇之间、农村之间的建设步伐，更要做好不同基础设施建设之间的衔接工作，形成统一高效的城乡基础设施建设

有机体，缩小各子系统之间的基础设施建设差距。如果城乡基础设施建设在规划编制中存在城乡分割、重城市轻农村，重总体规划、修建性规划，轻控制性详细规划和专项规划编制的现象，不仅会造成专项规划、控制性详细规划和村庄规划滞后，也会致使小城镇基础设施建设因缺少专项规划引导进行自行建设，基础设施建设存在前瞻性不足、建设标准低等问题。为此，江夏区依据本地区的经济社会发展状况、土地利用总体规划，统筹协调编制了一系列规划，包括总体规划《江夏区城乡统筹战略规划》《江夏发展战略总体策划》，专项规划《纸坊新城核心区城市设计（城市客厅）》《纸坊环山路交通组织论证》《藏龙岛国家湿地公园总体规划》《江夏区轨道交通用地控制及 27 号线站点综合规划》《江夏区乌龙泉街勤劳村历史文化名村保护规划》，控制性详细规划《江夏区郑店物流园控制性详细规划》《金口物流中心控制性详细规划》《江夏区安山街镇区控制性详细规划》《金口古镇保护建设程修建性详细规划》，近期规划《近期建设规划（2011—2015 年）和年度实施计划》，长期规划《江夏区金口新城概念设计（2013—2030 年)》等，同时注重与交通、环保、卫生、电力、水利、农业等专项规划相衔接。通过编制这些规划，促进江夏区各项规划渐成体系，为江夏区城乡基础设施建设指明具体方向，引领全区基础设施城乡一体化建设。

2. 善抓重点项目，优化基础设施城乡一体化建设

基础设施城乡一体化的本质是通过逐步完善各项基础设施，让城乡居民能够同等地享受舒适、便捷的生活。通过加大基础设施建设力度，不仅要改善城乡基础设施总体建设水平，还应注重优化基础设施建设结构，善抓基础设施建设重点，如交通、水利、邮电、供电、环保、市场体系等这些基础设施建设中的关键环节，通过重点项目带动城乡一体化基础设施整体建设水平的提升。江夏区不断优化基础设施建设结构，平衡绿化、公交、节能减排、供水排水等各项基础设施力度与水平，协调各项基础设施建设事业均衡发展。

一是围绕战略规划的调整和完善，筹划攸关江夏长远发展的重大项目。

二是围绕产业结构的优化升级，加快重大项目的实施与推进，大力推进节能减排，支持低能耗、高附加值产业发展，奖励节约型企业。如支持"十城千辆"和"十城万盏"等国家级新型能源项目的示范和推广。

三是围绕城市功能的增强和提升，抓紧重大基础设施项目的组织实施，如支持城市园林绿化、路灯、消防、供水排水等设施建设和维护，完善城市整体功能。

四是围绕和谐社会的构建，大力推进以民生为重点的社会事业项目建设，投入资金落实公交优先政策，改善市民出行条件；安排资金支持节能减排和循环经济发展。支持零排放、低能耗的无轨电车项目建设，倡导市民绿色出行。逐步优化城乡基础设施结构，在整体上不断提高基本设施建设水平。

3. 注重城乡均衡，提升基础设施城乡一体化建设水平

与城市相比，广阔的农村地区拥有得天独厚的自然资源优势，但农民的文化水平不高，农村的人文环境落后以及政府政策对农村基础设施投资的倾斜政策力度不够等，直接影响了城乡基础设施建设水平，导致农村基础设施建设资金引入困难，阻碍了农村地区经济发展。农村基础设施建设是城乡基础设施建设中的薄弱环节，政府基础设施建设的力度应向农村倾斜，使城市与农村基础设施建设共同发展。江夏区通过整体规划、项目带动、提档升级，重点加强农村生态环境保护与农业生产基础设施建设，使得农村基础设施建设覆盖率与建设水平获得较快发展，逐渐缩小了城乡基础设施建设水平之间的差距，促进全区城乡一体化基础设施建设走向城乡共享、共联、共建格局的加快形成。

江夏区一方面加强重点水土保持工程建设和水环境、水生态建设，对梁子湖、汤逊湖、鲁湖实施重点保护，实现"锁定岸线、全面截污、还湖于民"的目标；另一方面加强农业产业化基础设

施建设，对塘、堰、水库等水利设施加强维修保养和除险加固。围绕种植业、林业、水产业、畜牧业、乡村休闲游五大特色产业，加快形成以设施化的蔬菜、景观化的苗木、健康化的水产、规模化的畜禽养殖、生态化的乡村休闲游为特色的农业产业化发展格局。随着农业基础设施的日臻完善，江夏区逐步向实现基础城乡均等化迈进，为基础设施城乡一体化建设奠定了坚实的基础。

4. 深化体制改革，完善基础设施城乡一体化建设环境

基础设施建设作为城乡一体化发展前提与基础，必须不断完善基础设施投融资环境，吸引更多的资金注入基础设施建设领域，保障城乡基础设施建设的顺利进行。当前，农村基础设施融资渠道比较单一，资金供给主要依赖政府财政投资和银行信用贷款，未能有效吸收各类资金进入基础设施建设领域，融资渠道相对狭窄，因而资金投入总量相对不足仍然是制约基础设施城乡一体化的主要瓶颈，这在一定程度上是由投融资环境不完善导致的。

为此，江夏区积极推进金融创新，引进金融机构，新增地方法人金融机构，推动企业在境内外上市，推动优质资产上市融资，增强平台公司资本化运作能力。同时，积极推广政府和社会资本合作模式，通过特许经营、投资补助、政府购买服务等方式，鼓励引导社会资本参与基础设施建设。深化财税体制改革，完善财政转移支付制度，强化专项资金使用监管。创新政府采购方式，探索实施通用类货物"商场供货（含电商）＋网上竞价"采购。

近年来，江夏区通过银行贷款、土地打包、工程总承包、BOT、BT等方式每年直接融资几十亿元。与此同时，引入竞争机制，把城镇基础设施作为产业来经营，在政府、企业和投资者之间建立一种互动、互利、互惠的机制，促进基础设施城乡一体化建设可持续发展。如在规划建设城市客厅的实践中，政府统一做好该区域各个项目的规划设计和地块控制工作，通过公开招拍挂的方式，加快推进商务中心三栋高层楼宇项目，吸引更多社会资本进入市政设施建设，加速推进城市建设。又如在五里界中心镇建设的过程

中，政府采取"政府运作，企业参与"的方式，引进了大都公司，累计投入 10 多个亿，有效解决了城镇建设资金问题。在实践摸索中，江夏区城乡一体化基础设施建设投融资环境逐渐完善，保障了城乡一体化进程的稳定推进。

（二）基础设施城乡一体化中的江夏特征

江夏区通过多年基础设施城乡一体化建设实践，有效改善了广大农村地区群众的饮水、交通、用电、燃料使用困难等问题，农村的生产生活面貌与居住环境明显改观，农民的生活质量也有所提高，在基础设施城乡一体化实践中逐步形成了鲜明的江夏特色。

1. 投资主体多元化：政府主导、社会参与

当前基础设施城乡一体化建设存在投资有限、建设水平不高等问题，严重制约着城乡一体化的发展，而建立良好投融资体制则是解决这一问题的关键因素。良好的投融资体制，有利于促进社会资本进入基础设施领域，建立政府主导下的市场、社会、农民共同参与的多元化基础设施投融资机制，缓解城乡一体化基础设施建设资金短缺问题。江夏区按照资金性质不变、来源渠道不变、监督管理体制不变的原则，统筹涉农资金的使用，集中投向城乡重点建设项目，积极探索和建立政府主导、社会参与的多元化投入机制。

一是加大政府财政资金投入，建立促进城乡基本公共服务均等化的政府投入机制。

二是鼓励社会资本参与城乡基础设施和公用事业的建设管理，鼓励农民群众、致富能人投工投劳和捐资，引导工商资本、民间资本、外来资本参与农村基础设施和公用事业建设。

三是加强涉农项目资金整合力度，实行捆绑使用，充分发挥财政资金的"杠杆"作用。

四是支持各类金融机构在农村设立网点，如积极发展村镇银行、小额贷款公司等多种形式的新型农村金融机构，探索林权、宅基地抵押权的实现方式，扩大农民抵押贷款担保物范围，鼓励支持

各类金融机构向农村延伸服务和范围。积极探索使用 BT、BOT、TOT、融资租赁、股权信托等金融工具，为统筹城乡发展筹集更多资金，逐步建立起政府主导、政策聚合、资金捆绑、社会力量参与的多元化投入机制。

2. 建设管理同步化：整体管理、分步推进

基础设施建设涉及财政、交通、水利等多个部门，其复杂性决定了它在建设与使用过程中存在许多变数与风险。一方面，在基础设施管理与维护中存在分头管理，使得基础设施建设无序、管理成本高，建设与使用效率较低；另一方面，城乡基础设施管护机制不健全，管理体制与产权归属不明确，出现基础设施建、管、用三者脱节，"重建设轻管理"的现象时有发生。尤其是农村基础设施建成后缺乏专项资金与专业化的管理，日常维护较差，经常处于无人管理的状态，如农村道路缺乏定期清扫与维护，道路破损严重；再如公共健身器材建成后缺乏维护，破损后不能正常运行，致使这些基础设施成为"摆设"或被居民挪作他用，造成基础设施利用效率较低。为保障基础设施城乡一体化建设的健康发展，必须加强基础设施建设管理，优化基础设施管理体制，将管理贯穿于基础设施投资、建设、运营与维护的全过程。为此，江夏区采取了一系列的措施。

首先，建立基础设施建设的责任制度，设立专门的基础设施管理机构。政府集中管理基础设施，加强对基础设施建设全过程及项目参与各方的监督，采取定期抽查、中期检查、终期评估等方式，及时反馈基础设施建设相关信息，使监督管理贯穿基础设施建设全过程，确保基础设施建设高质量、高标准的建成。对于建设质量不达标、违反建设程序的行为及时修正，并追究相关责任主体的法律责任。

其次，设立专业的维护人员。培训专业的技术人员对基础设施进行定期维护，有效保障电力、通信网络、环保、自来水、公路等基础设施的正常使用。同时，允许使用者、受益者参与基础设施的

管理与维护工作，他们与基础设施的管理和维护关系密切，在经常性的接触中能够及时了解并掌握基础设施现状，有动力也有能力维护基础设施建设。

最后，加强项目管理人员培训，提高管理人员的管理技能，逐步培养一支专业化的城乡基础设施建设项目管理队伍。江夏区通过一系列措施，促进基础设施项目建设与管理同步化、协调化发展，项目建设分步实施、循序渐进，确保基础设施城乡一体化建设高效率、高质量进行。

（三）规划编制全域化：城乡衔接、功能明确

城乡一体化建设是一项复杂的系统工程，涉及范围广泛，包含了产业、公共服务、基础设施等多个领域的各个环节。编制科学的基础设施发展规划作为推进基础设施城乡一体化发展的一项重要工作，不仅能够为政府决策提供正确、可靠的依据，也能够有效促进基础设施城乡一体化建设有步骤、有计划、有条不紊地进行。江夏区牢牢把握规划这一龙头，以"独立成市、全域江夏"为理念，做好城乡统筹的空间布局规划、产业规划、建设规划和相关专业规划，充分体现规划的前瞻性、严肃性、可行性。

首先，根据社会发展需要，江夏区从打造武汉南部生态新城和城乡经济社会一体化可持续发展的战略高度出发，以全域江夏、统筹城乡的理念，高起点、高标准地对基础设施城乡一体化进行了全方位的规划，进一步明确功能分区和基础设施建设重点，并且加强对村庄基础设施规划编制的重视度，促进村庄、乡镇、区县、城市等各区域系统之间的规划协调。

其次，强化不同基础设施规划之间的协调，促进城乡交通、能源、供水供电、市场体系等各种规划的衔接与统一，坚持规划、建设、验收、交付使用同步化，以减少资源浪费、城乡基础设施建设无序等现象的发生。同时，坚持规划先行，分步实施，有序推进，江夏区以一城（江夏新城）为核心，集镇为重点，稳步推进新型

农村社区建设及城乡基础设施建设，并加大试点城镇基础设施建设力度，逐步提升其承载和辐射能力。

此外，规划的实施需要相关措施的保障，因而江夏区因地制宜地建立了行之有效的规划管理标准与体制，保障城乡基础设施建设的适用性与延续性，促进城乡基础设施建设的协调发展，确保基础设施城乡一体化规划顺利实施。通过科学规划、合理布局，逐渐扩大城乡基础设施建设范围与服务对象，逐渐沟通城乡关系，促进基础设施建设城乡共享，实现城乡一体化发展。

三　基础设施城乡一体化建设的经验

城乡发展一体化基础设施建设，是一项系统、复杂而庞大的工程，必须站在战略发展全局的高度做好规划，相关职能管理部门既要充分考虑当地经济与资源优势，和经济社会发展水平，做到因地制宜，又要兼顾长远发展规划，有计划、有步骤、分阶段进行城乡基础设施建设。一是要高标准协调好城市总体规划与各地方镇、村的具体规划，体现中心城市对中小城镇的带动与引领作用。二是要重视村镇规划特色，镇、村建设规划应充分体现地域经济与文化特色，注重规划设计的环保理念，构建具有一定竞争力和体现文明城市与宜居城市特色的城乡一体化建设新格局。三是要实现城乡规划的全面覆盖，重视村镇总体规划的编制和协调，努力在村镇基础设施、公共服务平台等建设方面，做到合理布局与协调发展。

（一）坚持科学规划，促进城乡规划一体化

科学规划，编制城乡一体化的基础设施发展战略。基础设施规划作为城乡一体化发展规划的重要组成部分，编制科学的城乡整体规划是做好城乡一体化工作的先决条件。编制城乡一体化基础设施规划应将城市与农村作为一个统一的有机整体，在明确城乡功能定位的基础上，根据城乡的经济发展特征与地形地貌特征，选择合适

的基础设施建设模式，因地制宜地编制相应的基础设施规划，统筹安排城乡基础设施建设，促进城乡发展互相协调、互相促进。在推进基础设施城乡一体化的建设中要注意以下几点。

首先，要重视编制基础设施建设规划工作，发挥规划的引领与统筹作用，高标准编制和完善具有可操作性、约束力的城乡基础设施总体规划，指导城乡基础设施建设的顺利推进。近期国务院发布的《关于加强城市基础设施建设的意见》中强调，基础设施建设应强化"民生为先"的基本原则，在建设过程中，坚持先地下、后地上，优先加强供水、供气、供热、电力、通信、公共交通、物流配送、防灾避险等与民生密切相关的基础设施建设，加强老旧基础设施改造；保障城市基础设施和公共服务设施供给，提高设施水平和服务质量，满足居民基本生活需求①。因此，各项基础设施建设应同步进行，协调发展，切忌偏颇和片面化，否则对城乡一体化的发展会造成不利影响。

其次，加强各项规划之间的协调配套。这不仅包括宏观上城乡之间基础设施规划之间的衔接，也包括基础设施建设规划与县域总体规划、村庄布局规划、村镇建设规划等其他各专项规划之间的有机结合，更要求基础设施规划中供水、排水、电力、交通、农村市场等各子系统规划之间的协调发展，全面提高基础设施建设效果，形成覆盖城乡全域、相互衔接融合、满足区域发展需求的城乡基础设施建设规划体系，提高基础设施规划的全面性、可行性和科学性，引领基础设施城乡一体化建设。

再次，鉴于农村基础设施建设滞后于城市的现状，着重引导财政政策向农业和农村倾向，提高对农村基础设施认识，优化城乡一体化基础设施建设重点放在农村，不断修订与调整原有农村基础设施规划，扩大农村基础设施的覆盖率与辐射能力，使基础设施成为

---

① 国务院办公厅：《国务院关于加强城市基础设施建设的意见》，http：//www. gov. cn（2013— 09—16）。

沟通城乡的重要桥梁。

最后，建立规划的规范约束和实施保障机制。城乡基础设施建设过程涉及内外多方面的复杂关系，面临较多不可控因素，如果不能有效地对其进行防范与控制，就会带来各种各样的损失。为保障基础设施项目建设的正常进行，实现预期的社会、经济效益，必须建立保障基础设施规划的实施约束机制。一方面整合近年来已经或正在拟订各项规划中有关基础设施建设的内容，促进其在地域空间上相互协调和衔接；另一方面加强建立规划实施的保障机制，尤其要加快建立跨区域的规划实施协调机制，协调好各区域之间的利益关系，促进区域协调发展。

（二）坚持因地制宜，促进设施功能差别化

城乡一体化基础设施建设是一个系统的工程，既包括城市基础设施和农村基础设施，也涵盖了交通运输、能源、邮电通信、环境保护和建设市场体系等多项配套设施建设。现实中基础设施建设往往受资源和生产要素的制约，不可能做到同时建设和发展所有的基础设施，这就意味着完善基础设施的过程只能因地制宜，循序渐进，不能一蹴而就，同时要注重补齐基础设施建设中"短板"，加大对薄弱环节的投入力度，走基础设施选择性发展之路。从目前看，应着重发展供水、排水、电力、交通、农村市场等基础设施建设，并以此为建设重点，逐步缩小城乡差距，实现城乡基础设施共建、共享，加快城乡一体化发展进程。

第一，构建城乡交通网络

交通网是体现城乡基础设施一体化进程的一个重要指标，交通运输设施不仅是农村基础设施的重要内容，更是发展其他农村基础设施的必要条件之一。城乡一体化交通网络是通过合理规划形成的一体化交通网络，主要包括基础设施网络和运输网络。目前，江夏区交通基础设施建设日趋完整，城市之间、城市内部交通逐步便利，而城乡之间交通衔接不畅的问题却逐渐暴露出来。因此，推进

城乡交通一体化发展成为构建城乡交通运输体系的重要环节。政府应大力支持推行"农村班车进城，公交客车下乡"，加大力度支持农村客运站建设，优化配置城乡客运路线与公交站点，合理分配交通运输资源，提升公交服务能力，努力实现农村客运公交化和城乡客运一体化，有效将农村客运网络与城市公交网络连接起来，形成畅通、合理、快捷、方便的城乡客运网络格局，真正实现城乡公交资源共享。在城乡货运服务上，充分利用已建成的城乡快速交通网、一般客运场、城乡集散交通网等，增强城乡客货运输能力，提高各要素在城乡之间流动效率，为城乡一体化发展提供运输服务保障，促进形成交通立体化网络，实现城乡交通一体化。

第二，构建城乡能源体系

农村能源建设作为城乡一体化基础设施建设的一项重要内容，是改变农民生活方式、缓解农村能源短缺、优化农村环境的有效措施，在促进农村经济社会全面可持续发展方面也发挥着重要作用。电力能源作为服务于人们生产、生活最重要的能源。在城乡一体化建设中，应大力搞好农村水电配套、电网改造工程建设，加快电网升级，提升电力系统稳定性和供电能力。全面深化改革城乡电力管理机制，建立规范化农村电力管理系统，逐步实现城乡共享"一张电网"，逐步实现城乡享受"同网同价"待遇。同时，应将调整农村能源结构作为切入点，合理开发利用农村可再生能源，逐步推进农村能源结构改革，加强农村能源建设，为城乡一体化建设提供充足的能源支持。

第三，构建城乡一体化环保设施网络

环保设施对于控制环境污染，保护和改善环境具有重要的意义，在改善人民生活环境方面发挥着巨大的作用。首先要加大环境保护宣传力度，提高居民的环保意识，创造良好的生态文明建设氛围。其次要完善城乡一体化基础硬件设施建设，如设置饮用水源保护标识牌，建设垃圾池，配备果皮箱、垃圾桶、垃圾清运车、建设农村集中式污水收集处理设施等，为构建城乡一体化环保设施网络提供良好的物质基础。最后要完善相关制度，加强完善管理环境保护的相关法律法规，为构建城乡一体化环保设施网络提供坚实的制度保障。

第四，农村生活、生产基础设施建设

"民以食为天，食以水为先"。农村水利设施包括自来水设施与农田水利灌溉设施。首先，农村饮水困难一直是老百姓生活所面临的最直接、最实际、最亟待解决的问题。政府应该将城乡饮水安全工程建设作为城乡一体供水网建设的重点，优先解决污染严重地区的饮水安全问题，在工程质量和水质安全上加以监督，保证城乡水质水量安全。乡镇水厂规模较小，管理水平较低，技术基础薄弱，特别是针对农村供水普及率低的现状，可考虑依托大型且水质安全的自来水公司，通过兼并或扩建来扩大乡镇水厂规模和供水能力，并向其他各乡镇铺设分支管道网络，形成集中、连片的供水网，初步实现城乡供水一体化。同时，净化水源，检测水质、加强污水无害化排放，保障城乡居民饮水安全和需求；其次，水利基础设施建设作为农业的命脉，不仅应继续加大农业综合开发节水改造力度，倡导农民使用新型灌溉技术与方法，提高水资源利用率，还要因地制宜修建抗旱水源工程，增强防洪抗旱能力，更要注重对水利基础设施的维护与管理。

第五，构建城乡一体化信息网络

随着现代化进程的快速推进，信息化在社会生产生活领域中的运用越来越广泛。信息化网络在调整农村经济结构、缩小城乡"数字鸿沟"，融合城乡各方资源等方面发挥了重要作用，因而成为城乡一体化发展链接的重要纽带。根据目前江夏区信息化网络发展状况，为了构建更为一体化的城乡信息网络，一方面要充分利用现有广播电视网络、电话网络等信息传播媒体，积极开展广泛的政策、市场、科技等信息服务，为农户了解农产品市场体系、农业产业化经营、农业规模化发展等方面提供便利，让信息资源发挥巨大价值；另一方面要加大对农村通信和信息网络设施等方面的投入，提高电信网、互联网、有线电视网等设施的质量和服务功能，进一步扩大信息服务在农村的辐射面，实现城乡共建、城乡联网、城乡信息共享。

第六，构建城乡一体化市场体系

构建城乡一体化市场体系能够有效调节城乡各要素的流动，将城乡市场整合成一个市场体系。目前，江夏区大力发展现代农业、休闲旅游业，越来越多的农田被发展成为规模化的蔬菜种植基地、景观化的苗木基地、生态化的乡村休闲观光产业基地。政府可以加大农产品批发市场投资力度，促进农产品提升质量等级、包装标准，实现农业规范化经营。同时，积极引导发展新型流通方式，鼓励农产品批发市场和流通企业与农业生产基地建立长期产销一体化联盟。针对假冒伪劣商品在农村泛滥的情况，应积极推动连锁店向农村发展和延伸。用先进的连锁经营改变农村传统的经营方式，帮助农村的日用品经营店扩大经营规模，缩短进货的渠道，降低采购的成本，为农民提供质优价廉的日用消费品，逐步净化农村消费品的市场环境。

（三）坚持创新机制，促进投资渠道多元化

1. 深化体制改革

目前，我国处于新旧体制交替时期，许多旧体制由于制度惯习仍旧存在，如产权制度模糊，所有权主体意识不强，导致资产流失，存量不明，管理分散；投资管理体制中责、权、利不统一，职能不分，投资效益低下，从而也导致基础设施营运管理混乱与缺位。为此，政府必须加强城乡基础设施建设机制改革，引导更多的资金投入基础设施建设，形成稳定的投资渠道、明确的投资范围、合理的投资收益，促进基础设施城乡一体化的稳步推进。国家发展改革委发布的《农村基础设施发展报告》（2008 年）强调：要不断创新体制，加快农村基础设施产权制度改革；继续深化农业投融资体制改革，逐步形成多元化的农村基础设施融资渠道，吸引更多

的银行资金企业资金和其他社会资金投入社会主义新农村建设，这体现了国家对农村基础设施建设投融资体制创新的重视。① 首先，加强制度建设，加快农村基础设施产权制度改革，明确政府与市场的投资范围。通过建立健全相关法律法规，界定城乡基础设施建设投资主体的职责与权限，规范各投资主体行为，解决政府在城乡基础设施建设中的"越位"和"缺位"问题，逐步改变过去资金渠道分类不合理的状况，为强化建设资金管理提供良好的制度保障。良好的制度安排是协调利益关系的根本保证。其次，继续深化农业投融资体制改革，制定并实施有利于城乡基础设施可持续发展的优惠政策，建立有效的激励机制，完善投融资的利益机制，吸引众多资金流向城乡基础设施建设，形成多元化的投资主体、多渠道资金来源共存的投资模式。最后，投融资管理对基础设施项目建设资金的使用效率也产生了一定的影响，通过制定结构合理、投资主体之间既有分工又相互协调统一的法律体系，加强对投融资主体的管理，有效化解城乡一体化基础设施建设中各利益主体之间的冲突，平衡好个人利益与集体利益、经济利益与社会责任之间的关系，切实完善投资主体参与城乡一体化基础设施建设机制，为城乡一体化发展创造良好的投资环境。

2. 拓展融资渠道

多元化的资金供给渠道是城乡一体化基础设施建设顺利进行的重要保障。改革开放以前，我国基础设施建设的投资与经营长期由政府包揽，严格限制其他投资主体进入。随着改革开放的深入和经济的快速发展，这种局面虽然有所改观，但是政府仍然是基础设施建设的主要投资主体，这种单一化投资主体模式，导致了基础设施建设资金严重不足，无法满足基础设施建设快速发展需求。在基础设施建设需求不断增长的现实下，拓宽投融资主体十分必要，但这

---

① 国家发展和改革委员会：农村基础设施发展报告（2008 年），http：//www.gov.cn/gzdt/2008—07/17/content_ 1047638. htm （2008—07—17）。

并不意味着就要减少政府投资，而是应该更加注重政府在基础设施建设中的主导地位，创造良好的内外部投融资环境。同时，充分发挥市场在资源配置和结构调整中的基础性作用，积极引导市场资本、民间资本等注入到基础设施城乡一体化建设中，促进城乡基础设施一体化投融资方式市场化运作机制的形成，提高基础设施投融资体制的效率。目前，我国大多数城市基础设施的资金来源渠道主要是政府税收和政府向银行的贷款，由于政府税收取决于经济规模的限制不可能无限扩大，政府向银行贷款的增加又受到其偿债能力的限制，所以传统的来源渠道无法满足城建融资的需求，必须从其他方面来寻求资金的来源。[①] 因此，实现融资渠道多元化，是基础设施建设在投融资机制上的必然选择。拓宽融资渠道的具体做法有以下几方面。

（1）盘活存量资产

一是盘活城乡基础设施存量资产。长期以来，政府投入了大量资金进行城乡基础设施建设，已建成的各项基础设施就成为政府的一笔国有资产。对于可以经营的城乡基础设施，可以采取多项措施，最大限度地盘活这些城乡基础设施存量资产，不断扩充城乡一体化建设的资金来源。如实施公用设施有偿服务和有偿使用制度，有效分离基础设施的经营权、所有权与收益权。采用多种办法走企业化经营之路，不仅可以吸收更多的建设资金，还可以促进基础设施建设逐步进入投资—回收—再投资的良性循环轨道，不断增强城乡基础设施建设能力。二是建立土地增值储备制度。土地既是城乡建设的重要载体，也是一条重要融资渠道。政府掌握着土地这项资产，可以推行土地有偿使用制度，通过土地出租、出让、土地换设施等有偿使用形式获取级差地租或利润，形成"以地生财""以地养建"城乡一体化基础设施建设筹资模式。同时，在运用土地批租手段为城乡基础建设筹集资金时必须做好城乡规划，充分考虑市

---

① 蒲松林：《成都城市基础设施投融资体制改革实例分析》，《西部观察》2004 年第1期。

场的供求关系，有计划分批分期出让土地，控制好土地出让节奏，从而使土地资产不断增值。

（2）着力创新投融资方式

依照党的十八届五中全会审议通过的《中共中央关于制定国民经济和社会发展第十三个五年规划的建议》的精神及其对"拓展基础设施建设空间"的安排部署，需要各级政府加快建设多元化的投融资机制，完善基础设施建设投融资平台，为民间资金、社会资本投资基础设施建设创造良好的环境，促进城乡基础设施一体化格局的顺利建成。城乡一体化建设能否顺利推进在一定程度上取决于投融资方式。目前，江夏区基础设施建设利用资本市场进行融资的比例不高，应结合江夏区的实际情况，在完善原有融资方式的同时，积极探索 BOT、TOT、ABS、PPP 等新型城市基础设施建设投融资模式在江夏区的运用，弥补基础设施建设财政投资不足。

（四）坚持尊重民意，促进民众力量参与化

基础设施城乡一体化离不开政府的扶持，政府的推动在城乡一体化发展中发挥着不可替代的作用。但是民众作为重要参与者，不仅是基础设施城乡一体化的利益主体，更是推动基础设施一体化的重要力量。基础设施城乡一体化建设与居民生活息息相关。在基础设施城乡一体化中，一方面要尊重民众意愿，以农民的利益为根本的出发点；另一方面要努力创造各种条件，激发民众的主体作用，吸纳民众力量，引导他们参与到基础设施城乡一体化发展中。

第一，畅通公民意愿表达渠道。在基础设施城乡一体化实践中，通过信息公开、民主评议等多种形式，保障民众意愿的表达，在充分了解民意的基础上积极回应民众需求。从他们最关心的问题着手，解决与居民切身相关的实际需求。同时，在编制基础设施规划时，广泛听取民众意见，优先规划与建设民众急需的基础设施，避免建设形象工程和政绩工程。在建设基础设施时，充分尊重居民的知情权、管理权、监督权，鼓励居民自发对基础设施建设情况进

行有效监督，维护自身权益。

第二，激活民间资本，鼓励农民群众、致富能人参与农村基础设施建设，引导工商资本、民间资本、外来资本投入公用事业建设领域。允许民营资本参与城乡基础设施建设，汇聚民间之财为基础设施所用，充分发挥民间资本在资金、技术、信息等方面的优势。政府可以采取各种优惠措施与扶持政策引导农民和各种资金注入基础设施建设领域，如通过发行建设债券，建立投资基金，利用信托产品、委托贷款等措施，充分调动民间力量参与城乡基础设施建设积极性。

第六章 优化社会治理与服务：增强城乡一体化发展活力

城乡二元格局是影响国家现代化进程的主要根源之一。随着城乡一体化实践的不断推进，户籍制度、基础教育、社会保障、医疗卫生等社会领域的城乡差异问题日益凸显，阻碍了城乡一体化的建设与发展。如何优化社会治理与服务，提升城乡一体化建设"软件水平"，成为国家和各级政府积极探索的新方向。党的十八大报告指出："全面建成小康社会，必须加快形成科学有效的社会管理体制，完善社会保障体系，健全基层公共服务和社会管理网络，建立确保社会既充满活力又和谐有序的体制机制。"[①]《中共中央关于全面深化改革若干重大问题的决定》中更是对推进社会事业改革创新和创新社会治理体制做出了具体部署。强化政府的社会管理与服务职能，创造良好的社会秩序，有效提供公共服务，这是社会主义和谐社会建设的一个基本目标，也是当前各级政府管理的重中之重。

江夏区作为武汉市城乡一体化试点地区，承载着复兴"大武汉"的重要历史使命，率先在社会治理以及服务领域做出了有益的探索并取得了突出的成绩，为其他地区城乡一体化的顺利推进积累了丰富的经验。

---

① 胡锦涛：《坚定不移沿着中国特色社会主义道路前进——为全面建成小康社会而奋斗》，新华网，http://www.xj.xinhuanet.com/。

一　优化社会治理与服务

社会治理与服务的优化通过构建有利于城乡社会发展一体化的城乡基层治理的体制机制，可以有效地实现城乡资源的优化配置以及城乡社会的双向融合，对于提高农民生活水平、实现社会公平正义、深化行政体制改革具有重要的意义。

（一）优化社会治理与服务是提高农民生活水平的重要途径

解决"三农"问题是中国现代化建设的重要工作任务，城乡发展一体化作为解决"三农"问题的根本途径，其能否顺利实现关系着"三农"问题解决与否以及中国建设事业的成败。社会治理与服务既是城乡一体化的重要内容，又是城乡一体化建设最为基本的表现，其优化发展对于提高农民生活水平，切实解决"三农"问题尤为重要。

首先，社会保障水平的提高，社会救助范围的扩大，教育、医疗、文化、体育等服务体系的完善与服务水平的提高，是优化社会治理与服务的必然要求。这些任务的完成大大增加了我国农村居民社会治理与服务的可得性，同时也快速提高了其享受到的社会服务水平。优化社会治理与服务实现了农民生活水平高效率、高质量的提高。

其次，社会治理与服务的优化会带来农村财政投入的增加，从而激发农村发展的活力，带动经济社会的全面进步。社会治理与服务的优化必然要以农业生产条件的改善为基础，这为解决我国大部分农业地区人多地少问题，实现以效率为目标的规模经营，走生态、高效的现代化农业之路提供了重要的前提条件。农村、农业得到稳步发展了，农民收入自然会增加。社会治理与服务的优化间接为农民生活水平的提升累积了良好的物质基础。因此，优化社会治理与服务是提高农民生活水平的重要途径。

（二）优化社会治理与服务是实现社会公平正义的有效手段

城乡之间在居民收入、社会福利、社会保障以及政府公共投入等方面存在差距，这是我国在追求经济社会全面发展过程中所必须正视的现状。这种差距并没有随着经济的快速发展而自然消弭，相反还出现逐步扩大的趋势。"不患寡而患不均"，城乡差距的不断扩大，将使农村居民心理产生巨大落差，"相对剥夺感"日益增强，社会发展所带来的福利效应因此而大打折扣，农村居民的发展积极性严重受挫，最终将制约我国经济社会的良性发展。

城乡一体化背景下社会治理与服务的优化其实质是社会资源配置的优化，通过均衡城乡社会公共资源配置、统一城乡社会服务体系和社会保障标准、协调城乡社会管理体制，打造提供均等化公共服务的平台，使不同区域、不同群体以及城乡居民都能切实享受到城乡发展带来的福利。"尽管发展的不均衡状态还未得到消除，人们的收入和财富享有还因发展不均衡而存在明显差异，但政府愿意并有能力提供均衡的公共服务，就可以大大缩小这一客观差距。"①社会治理与服务的优化过程具体落实了城乡一体化提出的尊重农民社会主体地位，保障农民平等受益权的要求，促进了社会公平正义的实现。

（三）优化社会治理与服务是深化行政体制改革的现实要求

我国已进入改革全面深化期，加快行政体制改革对于推进其他各领域的改革具有重要的支持和保障作用。十八届三中全会曾就行政体制改革提出了明确要求，强调要着力转变政府职能，理顺政府以及其他社会治理参与主体的关系，创新行政管理方式，增强政府公信力和执行力，建设法治政府和服务型政府。建立、完善与我国经济社会发展水平相适应的行政管理体系，实现政府行政管理能力

---

① 南振声：《以公共服务均等化推动社会公平》，光明网，http：//www.gmw.cn。

与社会服务水平的高效提升是深化行政体制改革现实要求。

以社会治理与服务的优化为突破口，减少政府对微观事务的干预，将政府"不该管、管不了、管不好"的公共事务转移给其他有能力的社会主体，加快政府由行政管理型向社会服务型的转变。合理的组织架构是政府行政管理与服务能力提高的重要保障，社会治理与服务优化过程中对于组织资源的合理配置以及机构设置的合理安排，将推动政府组织机构改革的深化发展，有利于职责明确、部门协调、运行顺畅的组织架构的建立和完善，能有效提升政府行政治理效能。优化社会与服务要求以服务为重点创新政府行政管理方式，完善政务服务平台，将与人民群众密切相关的管理事项都纳入政务服务中心办理，为老百姓办事提供便利。

政府职能的转型、政府组织机构向科学化、规范化、法制化的转变以及政府行政管理方式的创新，都有效推动了政府行政体制改革的深化，为经济社会全面、协调、可持续发展提供了切实保障。

二　社会治理与服务的优化实践

城乡一体化的全面展开为江夏区社会治理创新提供了良好基础：社会经济实力的稳步增长，为优化社会治理与服务奠定了良好的物质基础；城镇发展架构初具规模，培育了适合社会治理与服务体系发育与成长的土壤；城乡基础设施的日益完善，大大改善了城乡生产生活条件；城乡统筹战略的持续推进，形成全区推动社会治理与服务优化的强大共识。在此前提下，江夏区立足于自身实际情况，认清其开展社会治理与服务建设的现实困境，并有针对性采取行之有效的措施，积极探索推进创新社会治理、优化社会服务的新思路，取得了突破性的进展。

（一）优化社会治理与服务的现实困境

从总体上看，城乡之间在文化、教育、卫生等领域的资源配置及服务水平还存在较大差距。这种差距是导致江夏区在优化社会治理与服务中面临困境的主要根源，也是实现城乡一体化发展必须跨越的鸿沟。"基本社会治理与服务在地区之间的过大差距将会使经济发展差距转化为人口素质的差距"，正视城乡间这种巨大差异的存在，并厘清其具体表现形式，才能从整体层面上认识到江夏城乡一体化发展的现实困境，才能理性地分析社会治理与服务的优化路径，才能真正意义上实现"富裕江夏、幸福江夏、美丽江夏"的目标。

1. 城乡公共资源配置不平衡

公共教育资源就数量分布而言相对平均，2013年江夏区义务教育学校共70所，纸坊城区占13所，其他农村地区占57所。但从教育资源质量上来看，农村地区特别是偏远农村地区却远远落后于城区以及中心小城镇，大部分农村学校缺少活动场所和教学实验设备，教育人员素质与教学能力也与城区存在较大差距，农村中小学英语、音乐、美术、信息技术学科缺编十分严重。很多农村地区的家长为了寻求高质量的教育，都将孩子送入城区读书，纸坊城区以不到五分之一的学校承载了全区近一半学生，相反，农村地区却出现教育资源大量闲置、学校无人来读、教师无人可教的状况。

城乡医疗卫生资源总体分布不均，绝大部分医疗服务资源集中于城区，只有约30%在农村，区人民医院、中医医院等一批高质量优服务的医疗机构普遍集中于主城区，同时村级以及乡镇级卫生服务机构设施不完善，医疗服务水务平不高，农村百姓看病难的问题始终没有得到有效解决。

文化、体育等资源主要集中在城市和中心小城镇、中心村，偏远乡村相对缺乏。江夏城区除了拥有图书馆、博物馆等基础文化服务设施外，还拥有体育馆、文化馆、影剧院等大型文娱设施，而农村地区则只拥有少量的乡镇文化中心和文化站，即使拥有社区图书室等文化服务设施也一般位于乡镇街政府所在地，居民可获得性低。农村文体组织普遍缺乏专业人员的管理，活动场所部分缺失或较少，农民在农闲时间文化活动类型单一。在政府投入上，用于村镇文体工程建设和开展群众性文体活动的资金绝大部分来自政府拨款和实物配备，只有极少部分的村镇配有专项资金，不足以满足农村百姓日益增长的文化、娱乐活动的需求。

2. 城乡社会服务体系不对称

从社会服务体系的完善性来看，城乡居民在社会服务可获得性、可选择性以及社会服务水平上仍存在较多的不对称。总体而言，城区社会服务体系发展较充分，基本实现社会生活领域的全覆盖，社会服务水平也涵盖了从最低标准到高标准的各个层次。农村地区发展相对缓慢，社会服务体系还存在较多漏洞，社会服务水平虽有所提升但依然停留在较低层次上。无论是公共教育服务，还是医疗卫生服务、文化娱乐服务，江夏农村地区还没有形成制度上以及人口意义上的全覆盖，教育服务水平、医疗卫生服务水平以及文化娱乐服务水平都还只处于初级阶段。以医疗卫生服务体系来说，江夏城区不仅拥有达到三甲级别的综合性第一人民医院、中医医院、血防医院、妇幼医院等一批高水准的专科医院，还有各街道卫生服务中心以及社区诊疗室等配套设施完善的为居民提供便捷服务的医疗卫生单位。而在农村地区，尤其是偏远农村地区，卫生室建设普遍滞后，且覆盖率较低，医疗卫生环境简陋，基本医疗设施配置不齐全，医护人员素质普遍较低，存在医疗安全隐患。乡镇卫生站一般建在乡镇政府所在地，距离下面各村较远，在医疗卫生服务的及时性以及便捷性上都大打折扣。卫生站提供的医疗服务水平也很有限，遇到大病、难病只能转往区级医院。社会服务体系的城乡不对等仍是农民难以真正享有城乡一体化的社会服务的根本原因。

3. 城乡社会保障标准不统一

随着城镇居民养老保险以及新型农村合作医疗保险等致力于覆盖城乡居民的社会保障政策在全国的普遍推行，江夏区持续改善全区社会保障水平，覆盖城乡居民的社会保障体系基本形成，综合参保率达到 99.5%①。农村居民参保人数逐年增长，且续保率始终保持较高水平，农村社会保障体系基本建立。但与城镇居民相比，还存在一定差距。仅就保障标准而言，农村养老保险、低保的发放水平以及医保的报销比例都低于城镇居民。参加城乡居民养老保险的居民虽然可按每年 100 元至 1800 元共十四个档次的标准自主选择档次缴纳养老保险费，但绝大部分的农民都维持在 100 元的最低标准，而全区企业退休人员基本养老金在 2013 年已经超过 2000 元，城乡养老保险金存在巨大差距。"新农合"的推行为广大农民提供了基本医疗保障，但其以大病统筹兼顾小病理赔为主的运作方式使农民的实际受益有所局限，一般门诊、跌打损伤等无法得到报销，疾病医疗费用的报销比例也不及城区的水平。"新农合"住院医疗费报销比例达 70%，而城镇职工医保报销比率高达 82% 以上，两者相差超过 10 个百分点。从最低生活保障来看，城镇低保自 2013 年以来，每人每年增至 5280 元（即每人每月 440 元），农村最低生活保障标准为人均每年 2520 元，只有城镇标准的一半还不到。城乡社会保障标准的过大差异将不利于社会公平公正，影响城乡一体化的最终实现。

4. 城乡社会管理体制不协调

城乡一体化逐步推进，势必会带来经济社会结构的重大变革、利益格局的深刻调整以及公共需求的急剧增长，这些都对政府社会管理能力提出了更高的要求。日益繁重的社会管理任务以及不断加大的管理难度使江夏区社会管理领域的矛盾逐渐凸显。整体上的单中心社会管理体制以及街道办事处为代表的城市社区管理体制与乡镇政府为代表的农村社区管理体制二元分割是构建城乡一体化社会管理体制所必须解决的两大主要问题。

在以政府为中心的管理体制下，社会管理与服务的决定权完全

① 数据来自《2014 年武汉市江夏区政府工作报告》，江夏区人民政府官网，http://www.jiangxia.gov.cn/。

掌握在政府手中，社会力量受到政府政策、产权界定、投资回报等因素的影响，还难以大规模进入社会公共管理与服务的供给领域，而政府在全面推进城乡一体化过程中因为中央财政转移支付不足、省市财政分配失衡等因素的制约，城乡社会管理与服务难免力有不逮，一方面是社会资源因为"高门槛"而闲置；另一方面却是政府有心无力，无法满足老百姓对社会管理与服务多样性和高质量的要求。这种不协调长期发展将最终影响整个城乡一体化建设的开展。

在城乡社区管理方面，随着城镇建设步伐的加快，由被征地农民转换而来的"还建社区"数量逐渐增加，由于其处于农村社区与城市社区"过渡形态"的特殊性，一般社区居委会或村委会的管理形式都无法适应社区发展的需要，社区管理形态亟须创新。经济社会的不断发展，人民生活水平的不断提高，无论是城市还是农村，都对社区提出了生活、居住以外的更多功能需求，而相应的管理体制却依然滞后。改革社会管理体制，强化城乡管理与服务的多元主体参与，畅通城乡一体化社会管理渠道对于城乡社会管理体制的一体化具有重要意义。

"十三五"期间是国家推进城乡一体化，全面实现小康社会目标的重要时期，也是江夏区可以大有作为的重要战略机遇期，更是加快构建社会治理与公共服务体系的关键时期。虽然面临重重困境，但从需求看，工业化、农业现代化、信息化与城镇化四化同步发展，城乡居民收入水平不断提高，各类社会治理与服务需求日趋旺盛。从供给看，经济保持平稳较快发展，财政收入不断增加，社会治理与服务的财政保障能力进一步加强。江夏区社会治理与服务的发展大有可为。因此，牢牢抓住城乡一体化这一历史机遇，努力提升社会治理与公共服务水平和均等化程度，对于实现全区经济社会协调发展，全面建成小康社会意义重大。

（二）社会治理优化现状

长期城乡二元分割格局下的社会治理优化应以缩小城乡社会治

理水平差距，协调城乡社会管理资源为核心。江夏区以创新社会治理体制机制为突破口，着力于公共财政投入制度、户籍管理制度、社区管理体制、城市综合管理体系的建立与完善，实现了政府行政职能的有效转变，专项社会事务管理水平不断提升，以服务为导向完善城乡社会治理体系的格局初步形成。

1. 加大投入力度，健全城乡均等的公共财政投入制度

"兵马未动，粮草先行"，公共财政投入就是城乡一体化建设的"粮草"。只有先健全城乡均等的公共财政投入制度才能最终赢得城乡一体化这场"大仗"的胜利。公共财政作为社会治理体系的重要组成部分，对于统筹城乡发展、扩大城乡内需，改善城乡民生具有重要作用。江夏区政府在《关于加快推进统筹城乡发展的意见》中明确指出："建立城乡一体的公共财政制度，扩大公共财政覆盖农村范围，确保财政支农投入总量和比重逐年增加，建立健全促进城乡基本公共服务均等化的政府投入机制。"[1] 在全面开展城乡统筹工作的良好态势下，江夏区一方面加大公共财政的投入力度，尤其注重财政支出对农村地区的倾斜；另一方面创新公共财政制度，引入竞争机制，为城乡一体化以及社会治理与服务的优化提供了坚实的财力保障。

自启动城乡一体化建设以来，江夏区坚持集中财力，全力推进社会治理与服务的优化发展，教育、社会保障和就业、医疗卫生、农林水等方面的财政投入力度逐年加大。就 2014 年全区财政支出决算来看，教育支出 8.67 亿元，比上年增长 5.3%；社会保障和就业支出 6.69 亿元，增长 1.9%；农林水支出 7.27 亿元，增长 4.6%；交通运输支出 4.07 亿元，增长 144.6%；住房保障支出 1.24 亿元，增长 2.6%。农村地区的投入也逐渐增加，"三农"支出比重逐年提高，财政支农资金稳定增长。2014 年，江夏区财政局筹措农业发展基金、农业综合开发资金和支农项目资金超过

---

[1] 江夏区政府：《关于加快推进统筹城乡发展的意见》，内部资料。

2000 万元，大大加快了当地农业产业化发展。粮食直接补贴资金、柴油化肥综合直补资金、村级组织支出补助资金等补贴切实发放到位，有力缓解了农业发展的资金困境，激发了农村发展的内部动力。

多元融资方式的建立破解了江夏区城乡一体化建设的融资难题，实现了公共财政制度的重大创新。银行贷款、土地打包、工程总承包、BOT、BT 等方式的综合运用，为全区每年城乡统筹发展工作融资几十亿元。与此同时，引入竞争机制，把城镇基础设施作为产业来经营，在政府、企业和投资者之间建立一种互动、互利、互惠的机制，促进城市基础设施建设可持续发展。如在规划建设城市客厅的实践中，通过公开招拍挂的方式，吸引更多社会资本进入市政设施建设，加速推进城市建设。在五里界中心镇建设的过程中，采取"政府运作，企业参与"的方式，引进了大都公司，累计投入 10 个多亿，有效解决了城镇建设资金问题。

无论是公共财政对城乡社会治理体制发展的直接投入，还是创新公共财政制度所间接带来的社会治理与服务环境的改善，都为以服务为导向的社会治理体系的完善以及城乡一体化工作的进一步开展打下了良好的基础。

2. 放宽迁移政策，实行城乡一体的新型户籍管理制度

户籍管理制度是我国政府社会管理的重要制度基础，也是导致社会管理城乡二元分割的"元凶"。新中国成立以来户籍制度的实施曾为我国工业化的起步以及经济社会的快速发展做出了重要的贡献，但随着社会主义市场经济的建立，社会发展水平的进一步提高，现行户籍制度的弊端开始全面显现。"户籍制度对于县级政府社会管理最大的'掣肘'在于其附着太多的利益，包括各项社会福利和权力、人口的流动和落户等，这使城乡户口出现了价值化和等级化的趋势。"[1] 这种带有重城轻乡特征的户籍管理制度造成的中国城

---

① 刘毅：《整体性治理视角下县级政府社会管理体制创新研究》，华中师范大学博士学位论文，2014 年，第 127 页。

市人口与农村人口之间在教育、医疗、社会保障等诸多方面权利的不对等已经阻碍了城乡经济发展以及社会资源要素的自由流动，严重影响了城乡一体化进程。改革传统的户籍管理制度，建立城乡一体的新型户籍管理制度势在必行。

江夏区在推进城乡统筹工作伊始便深刻认识到户籍制度改革对于城乡一体化工作的重要性及其"具有社会管理和公共服务的双重功效"①，对建立城乡一体的新型户籍管理制度做出了具体的安排：按照"降低门槛、放宽政策、简化手续"的原则，进一步放宽城乡户口迁移落户政策，建立以合法固定住所、相对稳定职业和合法生活来源为基本条件的户口迁移政策，促进城乡居民合理、有序流动。②

在国家要求建立城乡统一的户口登记制度的政策指导下，江夏区首先实现对辖区内城乡居民户口的统一，取消农业户口与非农业户口性质区分和由此衍生的蓝印户口等户口类型，统一登记为居民户口，直接消除了户口类型上的城乡差别。对农民而言，户口类型的改变同时意味着与户籍相关的利益关系的调整。江夏区注重城乡一体化过程中对于农民原有土地承包经营权、宅基地使用权、集体收益分配权等合法权益的保护。如法泗怡山湾新农村建设中，实行"增人增地、减人减地"，严格按照户口本上登记的人数分配集体土地周转所得的经济收益，让每一个当地在籍人口合理的收益分配权都得到了保障。其次妥善处理户籍在辖区之外的人口如何在辖区内取得均等的公共服务和社会福利的问题。江夏区积极落实武汉市出台的关于来汉人员申办户口的各项规定，对在本区内兴办私营企业业主、家属或业务骨干以及就业创业的普通高校毕业生放宽落户条件，3年内累计纳税额达到30万元以上，在汉有合法固定住所

---

① 徐亮：《基于社会治理创新的海沧区城乡一体化建设》，厦门大学硕士学位论文，2014年，第31页。

② 江夏区政府：《关于加快推进统筹城乡发展的意见》，内部资料。

的，可申办本人及配偶或直系亲属、企业骨干共两人的常住户口，在市内企事业单位就业，签订劳动合同，缴纳 1 年的社会保险或者自主创业且本人为法定代表人，有合法固定住所，本科学历年龄在 35 周岁以内、研究生学历年龄在 40 周岁以内可申请落户。放宽迁移政策，实行城乡一体的新型户籍管理制度为江夏区服务型政府的形成提供了良好的制度保障。

3. 整合城乡资源，建立城乡一体的社区网格管理体制

社区是社会的细胞，也是一种特殊的社会形式。因此，社区治理体系的完善也就成了社会治理现代化的基础。近年来，江夏区新型城镇化、工业现代化、农业现代化和城乡一体化进程明显加快，城镇规模急剧扩张，城乡人口加速集聚，对社区管理与服务提出了更高的要求。传统的社区管理模式、管理手段、管理方法已不适应现代的社区管理。江夏区顺应武汉市推行社区网格化管理的要求，将辖区内各乡镇街以及高校全部纳入网格系统中，同时，针对农民变市民以及农民适度集中居住后的新情况，将还建社区以及新农村建设社区也纳入网格系统中，实施精细化、信息化、规范化的社区服务管理。

以实现社区服务管理体系的全覆盖为目标，建立起市、区、街道、社区、网格五级一体的社会管理体系。增设区社会管理网络服务中心为社会综合管理与服务信息化指挥、协调机构，负责全区四级网络信息收集、处理、整合、调配和平台的日常管理服务等工作。各乡镇街（办事处）和社区网格管理工作中心和工作站，具体负责日常指导、协调工作。将全区 16 个乡镇街（办事处）的 57 个社区根据户籍人口、流动人口和管辖面积合理划分为 337 个网格。公开招录、选聘、培训社区综合专干 57 名、社区网格员 337 名，组建了一支 394 人的社区网格管理服务队伍，每个网格确保落实一名责任网格员。建立网格化管理的工作流程，制定网格员责任考核、考评与奖惩等配套制度，加强网格员队伍的管理。完善社区管理的信息化手段，社区网格员全部配备社区 E 通，通过社区 E

通，现场采集信息、上传信息，现场接受指令、解决问题。社区网格化管理体系普遍形成，社区管理效率得到了显著提升。

以整合网格内管理资源为目标，在区电子政务总体框架下构建全区信息交换体系，全区 90 余家委办局、16 个乡镇街（办事处）、57 个社区成功接入电子政务专网。建立人房基本信息数据采集、网格化社区管理服务、社会矛盾化解、应急联动决策指挥、绩效考核评估等五大应用系统。实现"人房网""城市网""综合网"三网合一，人、地、物、情、事、组织等内容全部汇集其中①，实现社会管理服务工作在基层的全覆盖。

网格化的管理服务机制，延伸了社区服务的深度和广度，有效提升了服务的效果，畅通了社区居民与政府有关部门信息往来的渠道，实现了各部门资源的有效整合，促进了社区社会治安的好转。通过社区网格化管理的发展，社会组织与社会治理跟上了发展步伐，更好地化解了矛盾，助推了社会和谐发展。

同时，区政府积极改革基层行政管理体制，通过建立集中开放式政务服务中心为广大居民提供各类公共服务。社区综合服务中心设置有警务综治室、文体活动中心、计划生育服务中心、广播室、户外健身活动中心及公开宣传栏等，提供社会救助、医疗卫生、计划生育、综合治理调节、劳动保障及便民家政等服务项目。

4. 创新管理文化，形成智慧互联的城市综合管理模式

以数千人的队伍管理几十万人口的社会生活，这对城市管理本身就是一个极大的挑战。城乡一体化发展所带来城市和乡村一体化管理的要求更是对城市管理工作提出了新的难题。如何通过管理模式的创新解决城乡社会治理的困境，实现城乡社会经济的和谐发展，江夏区通过自身积极的探索，创新治理理念，以文化和智慧为核心引领城市治理新模式，为这一问题提供了满意的回答。

城市治理的"江夏模式"将文化理念贯穿始终，通过城管文

---

① 《江夏年鉴 2013》，长江出版社 2013 年版，第 73 页。

化的建设完善城市治理的各个环节。城管文化的形成首先要在城管群体内部达成价值共识，江夏区城管通过评选城管"城管之星"和"支持城管之星"活动、举办城管文化研讨会、组织职业道德教育培训等方式，突出典型示范作用，凝聚了城管文化核心价值，提升了城管人员的综合素质，内部价值共识得到强化。政府利用历史、文化、民俗等元素创新城市治理手段，全面启动城区、集镇文化墙建设，倾心打造10条街道1.8万米文化墙，成为塑造城市个性、宣传城市形象的载体，将区域文化融入城市城管人员治理中。城管人员坚持服务在先原则，从维持民众生计出发，平等接纳进城谋生的小贩，街头执法以劝阻为主，必要时帮违法摊贩搬东西清理现场，以规范的执法向民众传递文化治理的力量。"城管杯"文学、书画、摄影大赛以及城管文明用语、城管"三字经"等征集活动的举办，为城管文化树立了新形象，文化治理理念更是深入人心。江夏区创造性地运用了文化这件利器，不仅破解了城市治理的难题，更扩展了城市治理的效应，让更多的人民群众自觉加入城市秩序的维护中来，人人都是城市治理者，"当优秀城管文化将逐渐植根于社会文化基因，渗透于市民血脉，城市管理或许无需再管"[1]。

　　紧抓文化理念的同时，江夏区以建设国家智慧城市为目标，将互联网、云计算等技术融入城市治理过程中，加快推进重点领域信息化运用。深化电子化政务、数字化城管、智能化交通以及网格化管理，不断拓展信息化外延与内涵。强化社会综合治理，推进社区电子视频监控全覆盖。以专业性平台为载体，积极开展智慧企业试点。有序推进水务、农业、民生保障、地下管网、食药监管、人居环境等信息化重点工程建设，建立预防和减少青少年违法犯罪工作信息化服务平台，全区智慧化管理初见成效。

---

　　① 陈剑荣、卢德斌、李乔、孙竞雄：《江夏城管探索文化治理"江夏模式"》，《湖北日报》，http：//hbrb.cnhubei.com/html/hbrb/20131225/hbrb2241775.html，2013—12—25。

总之，以文化治理的创新理念为引领，以信息化管理为手段，城市管理的"江夏模式"将为城乡一体化的发展注入新的活力。

（三）江夏区社会服务优化现状

城乡一体化背景下的社会治理与社会服务相互影响、相互促进，创新社会治理机制，有效改善了政府社会管理的能力，使政府能以更灵活的方式提供多样化、高水准的社会服务。而人民群众社会服务权益意识的逐渐觉醒以及服务需求的日益增加也会倒逼政府社会治理体制的创新。江夏区在创新社会治理的同时积极开展社会服务的优化实践，推动社会治理与社会服务的双向互动，在统筹城乡工作上取得重大进展，为全区经济社会发展增添了新的活力。

1. 统一公共教育标准，促进基本公共教育服务均衡发展

教育服务均衡发展的要义在于资源均衡配置，一方面要在城乡范围内缩小教育资源配置的差距；另一方面也要完善教育经费的保障机制，尤其是保障农村地区的义务教育经费。江夏区从为城乡学生提供优质均衡的教育资源以及完善教育经费管理制度两方面着手，为教育服务的均衡发展开辟了新路径。

教育中最突出的学前教育问题，尤其是农村学前教育的问题，江夏区把缩小学前教育资源的城乡差距作为促进教育服务均衡发展的关键步骤，制定了"优质均衡、内涵发展"的总体思路，启动学前教育三年计划，实现区—片—园三级联动管理。2012 年，全区共 62 所幼儿园，划为九个片，确定片长，以片为单位开展教研活动，片长由中心园、骨干园长担任。充分发挥分片协作的作用，鼓励各片区开展富有成效的片区活动，每月开展一次全区的教学常规展示活动，加强园所之间的交流学习。同时，规范教学用书、幼儿园读物及教具的使用，统一使用教材。区域交流的加强以及教学工具的统一，既促进了薄弱幼儿园的内涵建设，又推动了优质幼儿园的品质发展，切实保障了全区儿童均衡享受优质学前教育的机会。农村中小学建设也被纳入城乡一体化规划，政府把校选址与重

点镇、中心村建设相结合，让教育资源分布更加均衡。2012 年，江夏区教育局将全区教育系统 97 家单位的财务管理全部纳入校财局管理范围。区教育局于 2009 年 2 月成立了江夏区校财局管服务中心，接管 30 家区直属学校及二级单位的财务管理工作，在街镇乡设立校财局管核算点，对农村中小学经费实行"校财局管"。学校财务的统一管理，确保了学校资金的合理使用，让每一分钱都能切实地花在学生身上。

2. 优化城乡卫生服务体系，构建基层卫生服务一体格局

医疗卫生服务是社会公共服务的重要组成部分，其服务质量及水平的高低是衡量人民生活水平的重要指标。由于医疗卫生服务城乡差距过大，优质医疗资源过分向城市和大医院集中，农村卫生事业长期发展滞后，农村居民"看病难""看病贵"一直没有得到有效解决。江夏区以推进城乡一体化为契机，构建基层卫生服务一体化格局，优化城乡医疗卫生服务体系，让农民"看病难、看病贵"问题得到有效缓解。

城乡一体的卫生服务体系的构建以缩小城乡差距为主要目标，着重发展公共卫生和基层医疗卫生。以卫生项目建设为重点，通过异地重建、改扩建等方式全面完成乡镇街卫生院、社区卫生服务中心的标准化建设和提档升级任务。疾控、血防、妇幼、山坡、五里界、湖泗、舒安、法泗、金口 9 家国债资金建设项目先后完成，13 家乡镇卫生院标准化建设项目也紧随其后，村卫生室的标准化建设和一体化管理逐步推进。将示范村卫生室项目纳入农村党员群众活动中心建设规划，按照"四房一室"（诊断室、治疗室、观察室、健教室和药房）的建设要求、200 平方米的建设规模和一村一室的设置标准，进行标准化建设。金口、乌龙泉 2 家卫生院和纸坊城关村等 41 家村卫生室创建成为全省示范卫生院和示范村卫生室。总之，通过城乡一体化的推进，江夏区基层医疗卫生服务体系明显完善，卫生事业发展步伐加快；城乡居民健康指标明显改善；卫生服务能力明显增强，逐

步健全区、街、村三级文体服务体系，城乡一体化的社会服务体系的建设向前迈进了重要的一步。

3. 繁荣城乡文化体育事业，推进公共文化服务的全民共享

公共文化服务是城乡社会服务工作的重要部分，它不仅对于提高民众的文化素质具有重要意义，而且在构建和谐社会关系中发挥着重要作用。城乡一体化带来广大居民生活水平的不断提高，但不少群众"荷包鼓了，精神却空了"。如何实现物质文明建设与精神文明建设的"两手抓"，及时遏制社会不良风气的蔓延，江夏区走出了一条以农家书屋建设为主线，健全全区文体设施，丰富居民文体活动的文化服务优化之路。

文体设施建设是文体公共服务的基础，江夏区统筹城乡社会服务发展以来，整体上以加快全民公共文化服务设施体系建设为目标，谭鑫培公园和"五馆一中心"（区规划馆、图书馆、科技馆、博物馆、档案馆、艺术中心）等城市文体设施基本完成，乡镇街综合文化站建设日渐完善。同时重点突出优化农家书屋建设，经过2008—2010年三年的大力发展，完成了全区281个行政村的农家书屋的建设，并对每个书屋进行标准化配置，率先实现了全覆盖，为农民群众提供了固定读书、休闲的场所①。

"农村书屋"的建成，为村民开展与读书相关联的文化体育活动提供了平台。江夏区以农村书屋建设为契机，积极推动以农家书屋为中心的形式多样、内容丰富的文娱活动的开展，山坡街光明村春晚、金口街火馅村猜谜大会、五里界街群益村花卉苗木培训等活动的开展大大丰富了农民节日文化生活。以"农村书屋"为核心，加快文体设施建设同时丰富相关文体娱乐活动，较大程度上缓解了农村群众精神文化需求与现有文化服务滞后之间的矛盾，保障农民共享一体化公共服务的权益。

---

① 数据来自熊敏：《武汉市江夏区农家书屋建设现状调查与思考》，《图书馆论丛》2013年第1期。

4. 扩大城乡社会保障范围，实现社会保障实际的全面覆盖

社会保障关乎每个社会成员的切身利益，也直接影响到经济社会协调可持续发展和社会公平正义的有效实现，是城乡一体化建设中的关键步骤。江夏区把广覆盖作为健全社会保障体系的前提和原则，积极推动社会保障由"制度全覆盖"到"实际全覆盖"，以广覆盖带动保基本、多层次、可持续等目标的实现。

制度全覆盖是实际全覆盖的基础，江夏区首先在制度全覆盖上进行积极地实践。建立基本养老金正常调整机制，企业退休人员基本养老金人均按月平稳增加。完善社保救助体系，提高居民住院报销补助比例，为城乡低保、五保、孤儿对象及因病、因灾导致生活困难群众及时发放救助资金。加快推进保障性安居工程，建设公共租赁住房、改造垦区危房，解决国有土地上房屋办证历史遗留问题。健全养老服务体系，新（改）建社区养老院、社区养老服务中心和农村老年人互助照料中心，对农村福利院进行提档升级，社会保障制度基本实现区域范围内的全覆盖。

在制度全覆盖取得显著成效的基础上，江夏区适时推进社会保障的"实际全覆盖"进程。如何提高城镇职工和城乡居民的养老保险参保率以及落实特殊群体参保问题是实现"实际全覆盖"的两大主要问题。借助开展群众路线教育实践活动的契机，江夏区以走基层、办实事、惠民生的方式，解决特困企业退休职工医疗保险、农场职工养老保险等历史遗留问题，帮助区属国有和集体改制企业困难职工以"助保贷"方式参加城镇职工养老保险。到2015年年底，各类群体参保达到70万人次，6.4万被征地农民纳入城镇职工养老保险。新建保障性住房6147套、52.8万平方米，累计为2.3万城乡低保对象发放低保金3.8亿元，大病医疗救助限额从8000元提高到5万元。为此，江夏区被评为"全省社会救助示范区"。

针对农民变市民以及农民适度集中居住后的新情况，区政府积极探索加强和改善农村新型社区行政管理、经济管理、社区管

理的有效途径，建立农村公共事业投入保障机制，使集中居住的农民也能享受城市文明和社区管理的服务，提高基本公共服务均等化的水平。

三　江夏区优化社会治理与服务的新探索

（一）以人为本、关注民生

无论是城乡一体化，还是社会治理与服务的优化，归根结底都是为了人民群众的安居乐业和全面发展。因此，优化社会治理与服务的根本在于"以人为本、关注民生"指导理念的树立。具体落实到社会治理与服务优化过程中来就是要强调对人的尊重和服务，将人和管理结合起来，将管理与服务结合起来，以区域内所有人民群众为本，以人民群众的根本利益为本，以民众需求为导向，重点关注并集中力量解决居民关心的热点、难点问题，为其提供高质量、高水准的社会治理与服务。

武汉市江夏区顺应国家发展趋势，结合自身实际，一方面从人民群众实际需求出发，坚持民生优先；另一方面促进发展成果让人民共享，增进群众福祉，将"以人为本、关注民生"的理念贯穿优化社会治理与服务的全过程，以指导理念优化为基本前提，带动参与机制、治理手段、实践策略的全面优化。

人民的需求并不是一成不变的，而是随着城乡一体化的推进，经济社会水平的提升逐渐发生改变。从人民实际需求出发，是从人民不断变化、发展的需求出发。从社会横向面来说，仅在武汉市江夏区范围之内，城乡之间、地域之间、群体之间对于社会治理与服务的需求都存在差异。因此，要在"民生"视野下，充分了解当地百姓的实际需求，因地制宜，让社会治理与服务走向多元化。从社会纵贯面来说，每一个地区的人民群众对于社会治理与服务的需求也绝不会是一成不变的，社会治理与服务不仅要着眼于人民群众现在的需求，更要放眼于未来可能产生的需求结构的变化，以发展的眼光统筹城乡社会治理与服务的优化。

"以人为本"，是以广大人民群众的最根本利益为本，因此，促进发展成果的人民共享，是"以人为本"的必然要求。优化社会治理与服务要有统筹意识，兼顾社会治理与服务的各个方面，同时还应突出重点，针对农村社会治理与服务水平普遍偏低的情况，有意识地在公共财政、公共政策等方面有所侧重，将农村医疗、卫生、教育等社会服务发展的"点"与整个区域社会治理和服务发展的"面"相结合，有轻有重，推动社会治理与服务的有序发展。

得民心者得天下，人民群众的拥护和支持，是社会治理和服务优化发展的根本保障。社会治理与服务只有真正本着"以人为本、关注民生"的理念，把握好"民心"向背，才能攻坚克难，顺利实现优化发展。

（二）政府主导、多元参与

社会治理与服务的优化是一个复杂的系统工程，推动其发展需要社会各方的协同合作。这种"合作"关系的建立，体现的是参与主体从一元到多元的转变。在社会建设过程中，不仅政府是主体，企业、社会组织、居民也都是主体。一方面，政府切实发挥主导作用，鼓励并引导企业、社会组织、居民等以主体身份参与到社会建设的过程中来；另一方面，企业、社会组织、居民发挥其主体作用，不断创新社会治理与服务实践，推动社会治理与服务的优化发展。积极构建"政府主导、多元参与"的工作机制，对于充分发挥企业、社会组织、居民等主体的协同作用、增强社会自治能力、完善社会治理与服务格局具有深远的影响。

发挥政府主导作用是优化社会治理与服务机制的首要前提。政府作为依法对国家社会生活领域进行管理的重要主体，对于社会治理与服务的优化具有不可动摇的责任和作用。"多元参与"是优化社会治理与服务参与机制的根本目标。企业、社会组织、居民等社会主体作用的发挥，为社会治理与服务的优化带来新的动力和思路，为城乡一体化的顺利进行提供了切实的保障。政府主导、多元参与，二者不可偏废。理顺政府力量与其他社会力量之间关系，尊重各参与主体的地位，对于社会治理与服务的优化发展具有重要作用。

"政府主导，多元参与"格局的形成首先要求政府简政放权，把社会治理与服务优化过程中的"管不好""不好管"的事务放手给有实力的企业或社会组织，发挥企业及各类社会组织等社会力量广泛动员社会资本的优势和提供多种类型公共服务的能力，激活社会治理与服务发展的内部活力；其次，对于应该有政府负责的社会治理和公共服务，一定要做到人员到位、投入到位、工作到位、责任到位，努力提供更多更好的公共服务；最后，通过编制社会治理与服务发展规划、制定社会政策与法规、建立审查评估机制、畅通公民参与渠道等，加强对社会治理与服务行为的监督力度，做好社会建设的"守门人"。政府主导作用下多元参与机制的有序运行，为社会治理与服务的优化注入了新的动力。

（三）科技引领、方法创新

社会治理与服务的实施要紧跟信息化潮流，采取科学手段。当前，人口、房屋等基础信息不够精准，服务管理不能及时跟进，社情民意不能适时跟踪掌握，各职能部门之间"信息孤岛"等问题的存在，成为制约江夏区政府治理与服务群众能力与水平提高的重要因素。能否实现社会信息的有效整合，是决定社会治理与服务效率和质量提升的关键。因此，需要打造全区统一的数字化管理与服务的操作平台，以信息化手段为基础，以多部门综合应用为特色，为政府高效行政和科学决策提供有力保障。"以提高服务效能为核心，以群众满意为标准，以信息化管理为手段，以地理信息为载体，运用最新的云计算和虚拟化技术，引进先进便民的工作方法，集联动、执行、监督、决策和服务于一体"①。

　　以信息化技术引领社会治理与服务方法创新，顶层设计是前提。从区域全局和整体管理目标出发，审视数据信息、技术以及实际应用之间的关系，构建起基本技术架构，进而有目的、有计划、有主次、有步骤地开展社会治理与服务信息化建设。搭建信息化服务平台是基础，从统筹全域信息着眼，打造统一的数字服务中心，整合社会管理各类信息，畅通从区、街道、社区到网格的四级信息化服务路径，实现区域范围内要素信息的动态化管理与服务。信息资源的共享与应用是目标，整合城管、计生、农业、档案管理等多方面信息，优化重组传统管理与服务流程，实现精准管理与专题应用共同发展。在社会治理与服务方法创新中积极利用信息化手段实现信息整合的同时要注意保护人民群众的隐私，要"以人为本"地进行信息化建设，防止其变为"控制"社会的工具，重返社会管理的"管制"老路。

　　随着信息技术应用在社会领域的快速渗透，以信息化为导向的社会治理与服务方法的创新已经是大势所趋。江夏区社会服务管理信息化平台建设，是信息化引领社会治理体系和治理能力现代化的积极探索和成功实践。

（四）统筹管理、项目推进

　　社会治理与服务的优化是一项涉及各行各业以及政府各个职能部门的大工程，有序推进社会治理与服务的优化必须要有统一的组织领导和明确的责任划分，否则乱象丛生，损害的最终还是人民群众的根本利益。对社会治理与服务优化中涉及的资源要素进行统筹管理，并以项目化的管理方式推动民生事业的不断优化和发展是江夏区一体化实践中推进社会治理与服务优化发展的有益经验。

---

① 《江夏数字行政中心：探索创新社会管理新思路》，《新闻周刊》，http：// news. 3snews. net/2012/interviews_ 1214/21846. html，2012—12—14。

统筹管理，项目推进的有效实施在于形成全域层面上统一的组织领导。这种统一不仅是政府职能意义上的统筹城乡社会治理与服务领导机构的建立，也着重于专门的项目建设组织机构的建立。一方面通过区级层面的统筹管理集中可以利用的社会治理资源；另一方面以社会治理与服务项目管理的方式实现资源的合理分配和有效使用。统一领导机构的形成为社会服务项目的集中落实和有序推进提供了组织保障。

统一领导机构的建立还要配合项目权责的明确划分才能真正助益于社会治理与服务的优化发展。首先要将与民生密切相关的各项社会事业细化为具体的实施项目，由分管区领导牵头负责，落实具体责任单位和责任人，统一制定实施单位的项目方案，明确推进时间表和路径图，建立量化考核指标，将社会治理与服务项目推进工作纳入各级各部门领导班子、领导干部的考评体系；其次要建立项目周期考核制度，完善项目长效跟踪督查机制。项目化社会治理与服务建设，还应注意及时总结经验，推广试点，带动全局，要在现有项目建设的基础上，注重突破传统治理思维的局限，以创新引领项目发展。

江夏区将项目化管理创造性地运用于社会治理与服务的优化，有益于政府采取有力措施，统筹规划部署，集中组织落实，全面推进社会治理与服务项目建设，对于各地推动城乡一体化建设具有借鉴意义。

（五）品牌打造、文化支撑

社会治理与服务的优化是关系到民生改善的重大举措，其成功与否影响着城乡一体化的最终实现。对于尚处在发展期的江夏区而言，学习借鉴其他地区的成功经验可以避免走弯路，有利于城乡一体化的顺利实现。但一味的模仿与跟风，只会造成模式雷同，千城一面，社会治理与服务的优化效应也将大打折扣。如何在借鉴他人有益经验的同时走出一条具有自身特色的社会治理与服务之路，江夏区以城管文化的"江夏模式"给出了满意的回答。

以城管文化的建设和宣传活动为途径，通过每一次执法和服务互动传达并影响大众，逐步形成一致的城市管理理念，以文化作为连接城管部门与市民的纽带，合力推动城市管理的综合改革是江夏区"城管革命"的主要经验。从施工工地及脏、乱、差地段的水泥围墙入手，将带有荆楚特色的文化因素如当地历史传说、历代名人、山川风物等以插画的形式呈现出来，让冰冷乏味的水泥砖瓦围墙成为城管文化的载体，营造良好的文化氛围感染群众；打造有文化的城管队伍，组织多种教育培训，提升执法队员综合素质，以城管人作为城市文化的引领者，以文明执法、规范执法、民生执法赢得广大群众的信任与拥护；开展形式多样的城管文化艺术活动，将真实的城管故事以影片的方式搬上荧屏，与市民拉近距离，让城管文化深入人心；进行城管文化的深入研究，举办"城管文化高峰论坛"，邀请知名专家提升城管文化内涵，放大城市文化管理的效应。有文化、有个性、高质量的"江夏城管文化模式"基本形成，成为各地争相借鉴的范本，品牌效应初显。

从内涵到外延，从实践到理论，从单一的文化墙到城管文化研究的延伸，江夏区将文化这一要素灌注于城市管理的方方面面，以文化感染群众，以文化带动群众，让群众主动参与到城市管理的行动中，共同维护城市文化治理所取得的成果，用文化支撑起"城管文化江夏模式"发展，为其他地区社会治理与服务的发展提供了良好的示范。

（六）绩效考核、服务导向

"在政府管理过程中，绩效评估是社会管理的'指挥棒'、'鞭子'，在提高社会管理效能方面具有重要的促进作用"。① 江夏区政府合理运用绩效考核这根"指挥棒"，推动以服务为导向的绩效评

---

① 刘毅：《整体性治理视角下县级政府社会管理体制创新研究》，华中师范大学博士学位论文，2014 年，第 128 页。

估考核机制的完善，从而影响政府干部政绩观的转变，实现其社会管理行为向社会服务行为的转向，为城乡一体化背景下的社会治理与服务的优化提供了切实的保障。

以服务为导向的绩效考核机制的建立首先要将社会治理与服务相关事项的落实纳入干部政绩考核体系中来，并不断增加其权重。随着人民群众对于社会治理与服务需求的日益增多，其在政府民生工作中所占比重不断上升，尽快把社会治理与服务的数量和质量指标纳入干部政绩考核体系中，是适应社会治理与服务建设的客观需要。在评估主体上，将权力回归公众，把群众满意度作为干部政绩考核的重要指标。针对社会治理与服务的决策、执行、监督等各个环节，建立收集社情民意的公众平台，使广大群众的评价成为影响干部升迁的重要因素。

针对低保工作中存在的对象认定不够准确、审核管理不够规范、工作责任落实不到位等问题，江夏区将做好低保工作纳入政府绩效考核体系中，制定《江夏区低保工作绩效考核评分细则》，从动态管理、公开公示、申报审核、制度执行、档案管理、信访维稳等多个方面对低保工作进行目标管理，其中"应保尽保，应退尽退""设立并及时更新城乡低保公示栏""落实街道审核主体责任""建立近亲属享受低保备案制度"等作为评分细则的主要内容，占据考核评分的主要分值，群众评议也被列入评分栏目中。这一具体评价指标的建立，加快了城乡低保工作的进程，保障了社会事业的具体落实，让人民群众享受到了城乡一体化所带来的切实利益。截至 2013 年 12 月，城乡共有 13021 户低保对象受到扶助，全年累计发放低保金额约 7626 万元[1]。

总之，城乡一体化战略是国家为减少城乡二元结构所导致的城乡发展水平差异，促进城乡经济社会协调发展所制定的重要发展战

---

[1]　数据来自武汉市民政局：《江夏区将低保工作纳入街道绩效工作目标考核内容》，http://www.whmzj.gov.cn，2014—04—16。

略，其根本目的是优化城乡资源配置、缩小城乡发展差距。这对我国各级政府社会治理与服务的发展提出了新的要求。城乡一体化背景下社会治理与服务的优化要以科学化、一体化、均等化为方向，着力于科学社会管理体制的形成、社会保障体系的完善、基层公共服务和社会管理网络的健全，从而建立起和谐有序的社会治理与服务机制，激发城乡一体化发展活力。

四　进一步推进改革的建议

（一）制度衔接，促进城乡优质服务资源共享

第一，出台政策引导机制，尽快推动制度设计与制度实践各个过程、环节的转换和衔接。基本公共服务均等化的改革从总体上是一种渐进式改革，在潜在利益出现和使潜在利益外部化的制度创新之间存在一定的时间间隔。政府要针对均等化制度创新与制度实践存在的时间间隔，出台相关政策引导机制，尽快推动各个过程、环节的转换和衔接。第二，打破行业分割和地区分割，加快城乡基本公共服务制度一体化建设，大力推进区域间制度统筹衔接，实现基本公共服务制度覆盖全民。第三，实施加大公共资源向农村困难地区倾斜力度，鼓励和引导城镇优质公共服务资源向农村延伸，包括充分利用信息技术和流动服务等手段，促进农村共享城镇优质公共服务资源。

（二）明确范围标准，完善基本公共服务体系

第一，分类逐步扩大基本公共服务均等化范围，最终实现城乡统一。政府应该结合实际，按照"窄口径、低标准"合理界定基本公共服务均等化的范围与水平。基本公共服务均等化的起步阶段，不具备大范围推进基本公共服务均等化的财力和能力，只能从最迫切需要解决的民生性公共问题出发，合理确定现阶段基本公共服务均等化的推进范围。

第二，合理界定现阶段均等化标准、水平和均等化程度。基本公共服务均等化水平和均等化程度是受经济社会发展水平、政府提供条件、政府提供能力决定的，确定基本公共服务水平和均等化目标的实现程度，必须与经济实力相对应。从最迫切需要解决的民生性公共问题出发，依照满足社会成员生存与发展的最低层次需要的实际和优先原则，分层分步地推进与完善。以空间设计确立服务范围，从城乡、区域的实际情况出发，打破城乡界限，以服务半径，服务人口为依据，统筹空间布局，统筹服务领域。

（三）引入竞争机制，实现供给资金渠道多元

随着经济发展和市场经济的完善，一些基本的公共服务也可以吸收民营资本投入，减少政府支出，形成以政府为核心的多元公共服务体系，即"公私伙伴关系"机制。它是在强调政府在基本公共服务供给中主导作用的同时，必须提倡基本公共服务的多元参与，这是世界上许多发达国家所倡导的。政府要鼓励各种社会力量，特别是非政府组织参与公共产品的生产和服务，要按照谁投资谁受益的原则，允许和鼓励私营企业生产和经营公共产品，积极引进民间资金和外资为公共产品生产服务，以改善公共服务质量，降低管理成本，强化公共产品生产和供给的竞争性，提高公共服务的运作效率和专业化水平。

（四）加强人才培养，优化公共服务队伍结构

第一，完善工作人员职业资格制度，实行持证上岗，加速工作人员的专业化、职业化进程。

第二，统一公共服务工作标准，建立健全工作人员岗位职责、工作守则、服务准则，统一服务行为、统一服务用语、统一挂牌上岗；强化服务管理，完善服务内容、理顺服务流程、优化服务环境、提高服务效率，不断规范工作人员的服务行为，提升服务质量。

第三，加强农村公共服务人才队伍建设，急需从数量、质量、结构等方面加大财政投入，增加人事编制。

第四，全力推进政府购买社工服务，将专业服务引入基本公共服务体系之中，全面提高基本公共服务均等化服务水平。并且加大社会工作专业人才的培养与教育，定期对在岗人员实施社会工作专业技术与技能的职业培训。

（五）以服务为导向，建立干部政绩考核制度

强化各级政府部门的绩效意识，形成正确的决策导向和工作导向，将为树立和落实正确的政绩观提供有力的支撑，有利于健全公共服务供给的体制机制。

首先，要增加基本公共服务在干部政绩考核体系中的权重。现行干部政绩考核制度很难适应公共服务体制建设的需要，要尽快把公共服务数量和质量指标纳入干部政绩考核体系中，并逐步增加其权重。

其次，要把群众满意度作为干部政绩考核的重要因素。在政府履行公共服务职能的过程中，应当针对公共服务的决策、执行、监督等各个环节，建立符合公众公共服务需求的表达机制，将公众满意度纳入干部政绩考核体系，使广大群众的评价成为影响干部升迁的重要因素。

第七章 动力再造:城乡一体化的模式创新

江夏区,现为武汉"1+6"城市组群南部生态新城,经过短短几年的发展建设,2015 年全区常住人口城镇化率为 56.10%。为了摸清江夏区城乡一体化发展的内在动力,我们课题组深入江夏区五里界、法泗、安山等地,进行了历时近一年的实地调研,同时 2014 年暑假研究中心的老师带领学生深入城镇农村,进行田野调查,获得重要的第一手资料,以对江夏区城乡一体化发展动力问题进行探讨。

一 国内部分地区城乡一体化发展动力的模式研究

自 2007 年,党的十七大报告中首次提出"形成城乡经济社会发展一体化新格局"的历史任务以来,城乡一体化的研究便成为当代中国社会科学领域的前沿性研究主题之一。党的十八届三中全会进一步指出,通过健全城乡发展一体化体制机制,形成以工促农、以城带乡、工农互惠、城乡一体的新型工农城乡关系,可以让广大农民平等参与现代化进程、共同分享现代化成果。所以,城乡一体化是减少和消除我国当前城乡差距的重要举措,是城市化发展到一定阶段的必然要求,也是我国现代化发展的内在诉求,其社会学含义在于打破城市和相对落后的农村相互分割的壁垒,使城乡经济发展和社会生活紧密结合与协调发展,缩小二者的贫富差别与隔阁，从而使城市和乡村融为一体。因此，在建设"美好乡村"和新型城镇化的背景下，研究城乡一体化发展动力问题，具有重要的理论意义和实践意义。

城乡一体化的动力机制，是指推动城乡一体化发展所必需的动力产生机理，以及维持和改善这种机理的各种组织制度、经济关系所构成的综合系统。① 回顾以往关于城乡一体化发展动力的研究与探索，主要可以分为以下三种动力模式。

其一，经济性因素作为城乡一体化发展的主要动力的"成都模式"。张果、任平等通过对成都市城乡一体化发展动力的研究指出：经济发展水平、工业化水平、社会人口动力因素是成都市城乡一体化发展的三大主要驱动力。其中，经济发展的阶段性是决定城乡一体化进程和城乡融合程度的主要力量，城市化水平伴随着经济的增长而加快；工业带动城市经济发展，也对城乡一体化发展产生重要影响，工业化水平与城市化水平呈现很强的正相关，工业比重每增加一个单位，城市化水平增加 0.441 个单位。② 另外，他们在研究中还指出，人口数、人口城市化水平、人均收入等在主成分中载荷较大，合理的人口增长速度和流动将对城乡一体化的发展起到推动作用。

其二，城乡经济、社会、生态之间潜在矛盾和差别是城乡一体化发展动力的"海口模式"。王平、杜娜等人通过因子分析法，对海口市城乡一体化的动力机制及演变序列进行研究，认为海口市城乡一体化的主要动力是经济级差、社会级差和生态级差，并且三种动力机制是有先后的演变顺序的，即城乡一体化的演进机制是先有经济级差（主要是城乡居民之间的经济矛盾），再介入社会级差（主要是社会背景、户籍制度、文化差异、亲缘关系等），最后融

① 王彩红：《城乡一体化的动力机制分析与路径选择》，《吉林农业》2011 年第 7 期。

② 张果、任平、周介铭、何景熙：《城乡一体化发展的动力机制研究——以成都市为例》，《地域研究与开发》2006 年第 6 期。

入生态级差（主要是资源、环境等共享矛盾），三种动力融合其他子要素和系统产生一个巨大的合力，即城乡一体化动力系统合力，共同推动着海口市城乡一体化的顺利演进及和谐发展。①

其三，外部动力和内部动力共同构成城乡一体化动力机制的"宝鸡模式"。李同升、库向阳通过对宝鸡市城乡一体化动力机制的实证研究，认为政策和市场机制的引导是城乡一体化发展的直接推动力。② 其中，中心城市的扩散效应、乡村工业化、农村产业化和小城镇发展是城乡一体化发展的主要动力源，并指出农业产业化和农村城镇化互动是宝鸡市未来城乡一体化发展的关键所在，发展农村产业化和现代化有利于促进农村地区全面发展，发展乡村工业有利于带动小城镇的全面发展。在关于城乡一体化发展外部动力和内部动力的研究中，黄亚龙③则认为城乡一体化的内生动力主要是由农村和城市的各自产业发展所形成的动力构成，外部动力则主要由科技的发展、行政力量的推动和城市发展的辐射效应等外部因素构成。

然而，面对我国城乡一体化发展的现实，著名经济学家、北京大学厉以宁教授指出："城乡一体化应该是双向的，即农村居民可以迁往城市，在城市工作或经营企业，城市居民也可以迁往农村，在农村工作或经营企业，我国目前的城乡一体化是单向的农村居民向城市迁移。所以，今后 30 年，我国改革的重点将是消除城乡二元体制，进而实现双向城乡一体化，双向的城乡一体化，有利于中国经济走向以居民消费拉动为主，有利于建设社会主义新农村，有利于全面建设小康社会与和谐社会。"④ 这启示我们，随着城乡一

---

① 王平、杜娜、曾永明、宋洁华：《海口市城乡一体化发展的动力机制研究》，《商业时代》2014 年 13 期。

② 李同升、库向阳：《城乡一体化发展的动力机制及其演变分析——以宝鸡市为例》，《西北大学学报》（自然科学版）2000 年第 3 期。

③ 黄亚龙：《城乡一体化的发展动力机制研究》，《中小企业管理与科技》2009 年第 10 期。

④ 厉以宁：《论城乡一体化》，《中国流通经济》2010 年第 11 期。

体化的理论研究与实践探索，制度因素已在我国城乡一体化发展过程中起着至关重要的作用。城乡一体化各方面内容的实现都直接或间接地依赖于相关政策制度的支持，制度因素主要体现在城乡二元结构为主的城乡体制、城乡产权制度、户籍制度、农村土地流转制度等方面，因此，从某种意义上可以说制度创新是城乡一体化发展的关键因素。

通过对成都、海口、宝鸡等典型示范区城乡一体化发展动力的回顾以及部分学者的研究得知，我国推进城乡一体化发展的动力主要体现在：

第一，政府推动方面，政府在城乡一体化的发展过程中起着主导作用，是城乡一体化建设的推动者，主要体现在对城乡一体化发展的顶层设计、出台政策、和全域规划等方面，并不断完善设施建设和提升综合服务功能，促进土地流转，集中安置居民，统筹产业形态发展，形成城乡一体发展的整体氛围。

第二，市场拉动方面，市场在城乡一体化的过程中起着拉动作用，要素的聚集和金融市场的发展有利于拉动城乡一体化的建设和发展，具体体现在以大企业为依托，将技术研发、生产制作、创意设计等融入综合体，并为居民和产业工人提供商业和娱乐服务，提高城乡一体化的发展水平。

第三，民间协同方面，主要体现在民间社会组织和民间资本对政府城乡一体化政策的支持。民间力量积极配合政策规划的实施，这是城乡一体化顺利完成的有效保障。

第四，创新驱动方面，创新驱动的动力作用体现城乡一体化的整个发展建设过程，包括科学技术创新为城乡经济发展提供新科技、新技术、新手段，制度创新为城乡一体化发展扫清制度障碍等。

江夏区城乡一体化的发展也正是围绕着这四个层面进行的，其总体规划指出："我们在当地政府的积极推动下，追求的新型城乡一体化的'新'力求体现为'五新'，即新在涵盖农村，以城乡统筹为抓手，以江夏新城为突破口，推进全域城乡一体化；新在不牺牲农业和环境；新在农民可以就近转移到二、三产业中去，产城互动；新在农民和市民享受各具特色的居住环境和一样的公共服务；新在以城镇化引领'四化'协调发展。"

基于这一指导思想，本研究主要围绕政府政策、产业结构和市场资源配置、民间协调、科技和制度创新等方面进行调研，并全面地对江夏区推进城乡一体化发展动力的建设现状、基本经验、基本问题、产生问题的原因及其政策出路等方面作一分析。

二　江夏区城乡一体化发展的现状以及个案分析

近年来，江夏区立足实际情况，在充分调研和集思广益的基础上，确立了新型城乡一体化建设的总体思路和工作目标。在建设过程中，坚持完善政府推动、市场拉动、民间协同、创新驱动的四大动力主体，并加大动力主体的协调配合以形成合力系统，为推进新型城乡一体化快速发展提供源源不断的动力支持。

（一）江夏区城乡一体化发展的基本格局和工作思路

基本格局：到 2015 年，产权制度、户籍管理、社会保障、土地管理制度改革取得明显成效，初步建立起统筹城乡发展的工作体制、制度体系和长效机制。到 2020 年，江夏新城承载全区人口的 50%，城市化率达到 75%，基本形成"一主两翼"的城市格局和"一城十镇百社区"三级城镇体系的新型城镇化格局，构建空间布局合理、功能分工有序、资源配置优化、公共服务均等、环境优美舒适的城乡统筹发展新格局。基本建立起推进城乡一体化的体制和机制，基本建立起配置合理、高效统一的城乡文化教育、医疗卫生、社会保障等公共服务和社会管理体系，在全市率先建立和完善城乡统一的新型户籍管理制度、就业制度、社会保障制度、土地管理制度。

工作思路：在当地政府的推动下，以市场为导向，坚持全域江夏、统筹城乡经济社会的工作理念，以建设"一城十镇百村"三级城镇体系为着力点，大力推进工业向园区集中、农业向适度规模经营集中、农民居住向城镇和中心村集中、基本公共服务向城乡社区集中。在城乡一体化建设过程中，积极吸引民间力量的参与，坚持科技创新和制度改革，努力实现城乡一体化高质量发展，率先建成布局合理、功能完善、产业集聚、生态优美、人民幸福、城乡和谐发展的武汉南部生态新城，争做全市"四化"协调发展的示范。坚持试点示范、分类探索、稳步推进的原则，推进城市一体化。下面我们着重分析以五里界街、安山森林小城镇、法泗怡山湾社区为代表的三种动力类型统筹城乡示范点的建设工作。

（二）江夏区城乡一体化发展动力问题与个案分析

1. 政府推动、以企业为依托、创新融资渠道的五里界模式

五里界镇区位于武汉市江夏区东部，北依汤逊湖，南临梁子湖，东与东湖自主创新示范区和江夏藏龙岛经济开发区相邻，西与江夏纸坊城区和庙山经济开发区相连。武广高铁、沪蓉高速东西横穿，梁子湖大道南北纵贯；在建的"四环线"将在五里界北部的中洲村开设互通口，远景规划的地铁 27 号线（2 号和 7 号延长线的交会处）将在五里界设立首末站，其区位优越，交通十分便利，为城乡一体化的快速发展奠定了基础。

2005 年，国家"五部一委"把五里界确定为全国小城镇建设试点镇，在国家大力推进城乡一体化建设的背景下，五里界积极探索城乡一体化的发展路径。经过多年探索与发展，并经多次实地考察洽谈，终于形成"政府推动、以企业为依托、创新融资渠道"的五里界模式，五里界小城镇建设暨中国光谷·伊托邦项目由江夏区五里界街道办事处主导，湖北大都地产集团参与共同开发，是武汉市重点建设项目，也是中央五部一委确定的全国重点小城镇建设项目之一。自 2009 年 7 月项目签约及运作以来，已得到省市区各

级领导的充分肯定与大力支持，2012 年，五里界与大都地产集团达成战略框架补充协议，全面建设资源节约、环境友好型城市，打造武汉生态文明新城，确保城乡一体化高品质高速度的推进。

政府推动、企业为依托、创新融资渠道的小城镇建设模式，最突出的优点是有利于将政府的公共权威、政策优势与企业的资金、管理、技术等优势相结合，使二者优势互补形成合力，共同推进城乡一体化的建设发展。

首先，江夏区政府的推动作用主要体现在强大的领导力量与广泛的动员能力，为大都地产集团的引进、发展提供优惠政策，可以帮助解决企业用地、土地流转集中经营等障碍，比如，截至 2014 年年底，五里界已向湖北大都地产集团提供还建基础设施建设和经营性开发用地 630 亩。当地政府充当企业与农民之间的纽带，减轻企业与大量农户分散交易的难度，降低企业建设成本。

其次，城乡一体化发展的建设往往周期长、投资巨大，单纯依靠政府的投入与乡村资本的积累，难以推动城乡一体化又好又快的发展，需要借助城市资本与企业力量共同支撑小城镇建设的运行，而湖北大都地产集团的进入可以为城乡一体化发展建设注入新的活力，可以为城乡一体化的发展注入大量资金、带来先进技术，优化资源配置，甚至在产业发展、基础设施建设、农民新居改造等方面起到至关重要的作用。比如，湖北大都地产集团自主开发的麓山郡项目 2013 年 9 月 28 日开盘销售，2.2 万方商品房购销两旺，为加速企业资金周转和统筹城乡发展提供了资金保障；另外，大都地产集团在土地流转的过程中，还投资大量资金承建高质量的村民安置过渡房和置换房，不仅大大提高了村民的生活质量，还解决了政府资金短板的难题。如五里界中心镇建设的过程中，五里界采取"政府运作，企业参与"的方式，引进了大都地产集团有限公司，累计投入 10 个多亿，有效解决了城镇建设资金问题。

总之，通过政府的政策引导和规划，企业资金、技术的支持，实现了资本、土地和行政资源的有效结合，推动了城乡经济的统筹发展，使农村居民点顺利向新型城市社区转变，加快城乡一体化的发展步伐。因此，城乡一体化的建设既要发挥政府的推动作用，又要发挥市场机制的资源配置作用，整合政府、企业等各方资源以构建政府与企业双向互动的城乡一体化发展模式，是城乡一体化建设发展的成功之道。

2. 市场拉动、凸显特色产业、村民自建住宅的安山模式

安山街位于九省通衢的武汉市南大门，地处长江中游南岸，属典型的亚热带季风气候，雨量充沛，适合于多种动、植物生长。全街宜林面积可达 10 万亩，林木品种十分丰富，植被保持相当好。安山街是绿色生态特色镇，是湖北省"十二五"时期重点建设的 100 个特色镇之一，是武汉市重点打造的特色小城镇。2008 年 9 月，林业部、农业部在安山街召开了全国"林业推进新农村建设"安山苗木花卉现场会，安山村被中央宣传部、中央文明办、全国绿化委员会、国家林业局等单位授予"全国绿色小康村"称号。

安山街被确定为全区统筹城乡发展试点街道后，按照区委提出的"一城十镇百村"总体思路，把统筹城乡发展作为全部工作的重中之重，以市场为手段、以产业为依托，按照"先产业、后集镇"的原则，克难奋进，负重前行，分层次、有步骤推进"一主两翼"发展战略。在"十二五"期末，安山街城镇规划区面积5.11 平方公里，规划人口 5 万人，其中城镇人口 4.2 万人，农村人口 0.8 万人，城镇化水平达到 84%。目前安山街正努力建设规划布局合理有序、城乡面貌整洁美观、市政基础设施完备、公共服务体系健全、经济社会全面发展的工业强街，生态优美、宜居宜业宜游的特色新街。

市场拉动、凸显特色产业、村民自建住宅的安山模式，最突出的特点就是根据市场需求，大力发展特色产业，村民在政策的引导下自建住宅，确保城乡一体化建设的顺利进行。

首先，市场拉动是小城镇建设的有利条件，从而也是特色产业形成的基本条件，建设小城镇特色产业，必须坚持以市场需求为导向，尊重市场经济发展的基本规律，充分发挥市场在资源配置中的基础作用，安山街根据市场需求拟投资 15 亿元着力打造一个"华中地区规模最大、功能完善、配套齐全、辐射广阔的区域性一级苗木花卉展示交易中心和现代化物流中心"，旨在打造成为一个集交易、展示、设计施工、科研开发、休闲旅游于一体的现代化苗木花卉交易市场。

其次，小城镇建设在发展特色产业时，不仅仅要充分利用当地的资源优势，还要根据市场需求信号，尊重市场经济发展的基本规律。安山紧紧把握市场需求，把发展前景好，消费者认同度高的产业作为重点发展产业，依托苗木花卉产业，截至 2013 年，全街累计引进专业苗木业主 300 余家，建成苗木基地 4 万余亩，成立安山苗木协会，辐射带动全街 18 个村近 3000 户农户，为壮大村级集体经济和促进农民持续增收夯实了基础。

最后，政府结合迁村腾地工作，按照规划方案，积极创新、稳妥推进农民自建住宅小区项目的实施，通过优惠政策引导，根据农民自愿的原则，可以按照置换或购置集镇宅基地的方式进入集镇新社区自建住宅，其建设资金可通过工业用地、商居用地或农民腾退的宅基地平衡。农民自建住宅小区项目，结合安山街总体建设规划，将农民居住点重新布局在集镇中心地段，计划 5—8 年内将实现安山各村湾 80% 农村人口向集镇迁移，积极推进农村城镇化、农民市民化。

总之，安山面向市场需求，大力发展特色产业，有效地实现地区内比较优势向市场竞争优势的转化，不断拓宽产业领域，尽快形成具有地区特色的主导产业，鼓励新办企业向城镇集中，走"产业立镇"之路，以拉动小城镇经济的快速增长，带动城镇化通过完善基础设施建设，建立健全社会化服务体系，并积极通过政策鼓励、引导村民进入新社区，促进农村居民点向集镇社区化发展，有效地推进特色森林小镇的顺利发展。

3. 民间协同、能人治村、土地制度创新的法泗模式

法泗街位于武汉市江夏区西南部，地处金水河畔，东接安山街，西连嘉鱼县潘湾镇，南邻斧头湖，北靠鲁湖，素有"鱼米之乡"的美称，也是江夏区重要的农业主产区。由于地处偏远，交通区位优势不明显，2008 年以前，法泗街怡山湾新农村社区所在的大路村，劳动力持续外流，农民收入水平低下，村内生产生活条件落后，是名副其实的"贫困村""空心村"。

2009 年，胡涛被村民推选为大路村第一书记，为大力推进新农村建设，决定和同村企业家联合成立武汉银河生态农业公司，在大路村建设万头生猪养殖场。由此，怡山湾开始了第一期迁村腾地，建设新农村的工作。2011 年他成立怡山湾农业生态有限公司，按照土地规模经营、土地平整、迁村腾地与新农村建设"四结合"的思路，逐步推进农业现代化建设和新农村建设。2013 年 4 月，怡山湾新农村被列为武汉市八个首批试点建设中心村之一。经过多年的探索实践，在致富能人胡涛的带领下，这个偏僻的山村逐渐走出了一条具有法泗特色的新农村建设道路。

民间协同、能人治村、土地制度创新的法泗模式，最突出的特点就是在村书记胡涛的带领下，村民热烈响应并积极配合，采用"增减挂钩"政策推进土地流转的进程，为新农村建设奠定了基础。

首先，村民自治制度的建立和发展，为农村经济能人提供了进入农村基层社会政治体系的合法渠道和公平竞争村庄领导岗位的机会。[①] 胡涛本是银河生态农业公司总经理，由于他的经济基础和社会资源优势并长期出资援助家乡发展，2009 年，大路村民通过民主选举他为大路村的第一书记，成为村庄领袖。上任后，他按照

---

① 卢福营：《经济能人治村中国乡村政治的新模式》，《学术月刊》2011 年第 10 期。

"土地流转、土地整理与新农村建设相结合"的思路，由公司主导实施整村推进建设新农村；以土地流转、土地整理和完善农业基础设施为前提，发展设施农业和规模经营；把农民带动起来，共同改善农民生活条件和生产条件。同时，以劳资合作和入股分红的方式，保障农业持续增效、农民稳固增收，充分调动农民积极性。

其次，在新农村建设中，村民也积极配合胡涛书记的发展规划，胡涛根据《村民自治法》在村内大力推进村民自治，规定凡是村内重大事项，都会召开村民小组会议、村民代表大会、全体党员大会，所有重大事项得到2/3以上村民签字确认后，才能生效，这一措施得到了广大村民的积极拥护，以往村民与村民之间、小组与小组之间因为土地问题发生矛盾的情况大大减少，2013年，大路村更是做到了没有一例上访告状的情况发生。

最后，在土地制度创新方面，根据公平、公开、村民自治的原则，针对农村普遍存在的人少地多、人多地少的问题，在分配土地流转费时，胡涛创造性地制定了一套公平合理的土地流转费分配方案。土地流转费按照"娶进一人，增一人；生育一人，增一个；去世一人，减一人；嫁出一人，减一人"的原则，以每年年底派出所出具的本组农业户口户籍为准，按人口动态分配土地流转费，正在当兵服役的军人、在读大学生享受同等对待，这提高了土地的使用效益，有效地推进新农村建设。

总之，城乡一体化建设中，能人治村背景下的村庄治理，实现了精英主导与民间参与的有机结合，构建了精英主导的民间协同自治形式，不仅发挥能人的带动优势，还能整合内部资源，激活和推进村庄发展全局，有效推进新农村的建设发展。

三　江夏区城乡一体化发展的动力构成以及动力机制

动力的原意是机械作功的各种作用力，比喻推动工作、事业等前进和发展的力量。城乡一体化的发展动力就是促进城乡一体化的发展建设，促使城乡一体化质量的提高以及城乡经济社会的均衡发展的各种要素。

（一）江夏区城乡一体化发展的动力主体及构成

城乡一体化的发展是多种因素共同作用的结果，包括政府推动，市场拉动，民间参与和创新驱动等方面，其中政府是城乡一体化发展的核心推动力，市场拉动是城乡一体化发展的源动力，民间协同是城乡一体化发展的内在要求，创新驱动是城乡一体化发展的长久之计。在国家大力推进城乡一体化建设的背景下，江夏区紧紧把握当前城乡一体化发展理论，因地制宜地建立以政府为主体、市场为导向，民间协同、创新驱动紧密结合的城乡一体化建设动力系统。

政府推动、领导重视。江夏区成立了由区委书记、区长任主要领导的江夏区统筹城乡发展工作领导小组，区"四大家"领导任副组长，区直60多个部门为成员单位，并设立了区统筹办，下设综合统筹、规划布局统筹、产业发展统筹、公共服务统筹、城乡建设统筹五个专班，建立健全了统筹城乡发展的领导体制和工作机制，同时明确了城乡一体化的工作要求及目标任务。

坚持市场化运作。在城乡一体化建设中，按照市场配置资源的原则，促进要素市场和金融市场的发展。要素市场方面，通过城乡生产要素的流动和合理配置，优化产业结构，推动城乡一体化有序发展；在金融市场，从项目融资、项目投资、项目管理及投资回报方面着力构建城镇建设的市场化机制，建立以政府信用为基础，以区城投公司为主的区级投融资平台，先后与国家开发银行等7家金融机构建立了业务合作关系，累计融资36亿元。

坚持民间协同。在人口城镇化上下功夫，把农业转移人口市民化作为城镇化建设的重要任务，创新举措，提高农民参与城乡一体化建设的积极性，使农业转移人口更好地融入城镇，提高市民化质量、加快市民化的步伐。另外，江夏区政府大力发展民间社会组织的积极作用，积极搭建民间资本投资平台，鼓励民间资本参与城乡一体化的建设。

坚持创新驱动。推进城乡一体化发展是一项重大的系统工程，要推进江夏区的城乡一体化，必须健全体制机制，加强城乡综合配套改革，整体推进城乡统筹的土地制度、户籍制度、住房制度等配套制度的创新，建立城乡经济社会发展一体化的各项制度，实现劳动力、技术、资金、资源等生产要素在城市与农村之间合理流动和配置，各产业间互动协调发展，城乡经济发展方式、居民生活方式、思想观念的广泛融合。

（二）江夏区城乡一体化发展的动力机制

1. 政府是城乡一体化发展的核心推动力

中国的城乡一体化道路是政府主导下的新型城乡一体化，所以政府是中国城乡一体化的核心推动力。在城镇化发展历程中，以欧美发达国家为代表的先发国家与自发国家通常是以市场为主导，通过工业化、城镇的发展逐步步入城市化；而作为后发国家的中国，推动工业化和城镇化进程的主体是政府和国家，中国的城镇化建设不是市场经济推动的结果，没有经历传统城市的自然发育和成长过程，而是政府人为推动的结果。在中国的城乡一体化进程中，政府的推动作用集中体现以下三个方面：政策制定者、发展规划者、投资建设者。

首先，江夏区政府因地制宜制定城乡一体化的发展目标、发展规划、制度政策等，以确保自上而下的城乡一体化工作的顺利开展。2011 年 10 月，围绕武汉市提出的"建设国家中心城市、复兴大武汉"的战略目标，江夏区第四次党代会提出了"率先建成武汉南部生态新城，争做全市新型工业化、信息化、农业现代化、新型城镇化的示范"的奋斗目标，并率先在武汉市新城区中拉开了统筹城乡发展工作的大幕。面对全新的统筹城乡发展工作，成立了由区委书记、区长任主要领导的江夏区统筹城乡发展工作领导小组，并设立了区统筹办，建立健全了统筹城乡发展的领导体制和工作机制。在城乡一体化发展过程中，区统筹办通过采取实地调研、外出考察、研究政策、座谈讨论、征求意见、多方论证等多种形式，相继出台了《中共江夏区委、江夏区人民政府关于加快推进统筹城乡发展的意见》《江夏区2012—2013年统筹城乡发展实施方案》《关于做好城乡建设用地增减挂钩试点工作的实施意见》三个指导性文件，全面启动农村产权制度改革工作，相关的户籍、社保、就业、医疗、教育、社会福利等城乡一体化配套制度改革工作正逐步研究制定。

其次，区政府全域规划、规划城镇布局、确定城镇建制，确定优先推动城乡一体化的典型示范区发展战略。在城乡一体化建设过程中，江夏区按照建设中等规模新城的目标，以产城结合、城乡互融发展为方向，树立"全域江夏"和"独立成市"的规划理念，对江夏城乡发展进行高水平设计，把区域作为一个整体科学布局、科学定位。区委、区政府确定2013为"规划年"，一步到位先做好规划。聘请国内外知名规划设计机构，科学编制了"全域江夏"（1650平方公里范围内的"一城十镇百村"规划）、南部新城组群（458平方公里）、江夏新城核心区（60平方公里）、城市客厅（9平方公里）规划，形成了以城市战略规划和城镇体系为核心、控制性详规为基础、各类专项规划为纽带，覆盖城乡、组团发展、层次清晰、目标明确、结构合理的规划体系。目前，江夏新城建设按照"整体规划，突出重点，分步实施"的原则，制订到2016年的总体开发建设安排及各年度计划，科学把握开发时序，分区分期推进实施。

最后，各级政府作为主体参与城乡一体化投资建设。比如，在区委、区政府的领导下，"十一五"时期安山街是经济社会科学发展成就最大、亮点最多的五年，在工业发展和拓宽融资渠道方面，安山按照走新型工业化道路要求，坚持以市场为导向，调整优化产品结构和产业布局，提升整体技术水平和综合竞争力，大力开展招商引资和项目建设工作，区人民政府直接投资 1000 万元为城乡一体化发展提供了资金支持。在城乡一体化建设中，街政府坚持"政府主导、规划先行、正确引导、因地制宜、逐步建设"的方针，把安山建设成为生态、和谐、宜居的新城镇。

2. 市场拉动是城乡一体化发展的源动力

在城乡一体化发展过程中，市场促进各种要素的自由流动，是资源优化配置的有效方式，可以有效地拉动城乡一体化的发展。市场化改革逐渐改变了政府大一统的管理模式，基层社会自下而上的发展模式在城乡一体化的发展中显示出重要的作用，并成为拉动中国城乡一体化加速发展的强劲动力。

首先，随着社会主义市场经济体制的建立，包括企业、市场、社会组织和政府在内的多元组织主动参与市场竞争，企业和个人成为城乡一体化的重要推动者。比如，五里界小城镇暨中国光谷·伊托邦项目，该项目由江夏区五里界街道办事处主导，湖北大都地产集团参与共同开发，自 2009 年签约以来，该区积极探索社会化投融资模式，采用以政府为主导、以企业为依托的运作发展模式，在政府主导，尊重市场运作规律的前提下，努力培育市场主体，将企业作为推动城乡一体化项目融资建设的运营主体及组织开发的实施主体，减少政府投资风险，金融市场的发展和完善为经济建设提供了良好的资本运行机制，有效地促进城乡一体化的持续发展。

其次，市场机制使各级地方政府更明确、有效地发挥职能。各级地方政府出于发展地方经济的需要，大力推行自下而上的城乡一体化。在城乡一体化的大背景下，各级政府为了发展当地经济，改变落后的乡村面貌，以树立良好的城市形象，都大力推进城乡一体化建设，通过推行自下而上的城乡一体化建设来获得政策支持和经济发展。比如，武汉市推行新型城乡一体化发展战略后，江夏的五里界、安山、法泗三地为了促进当地经济发展，加快城乡一体化进程，都纷纷实行新的城乡一体化发展战略来获得江夏区、武汉市的政策支持和资金投入，五里界发展智慧城市、安山发展特色森林小镇、法泗发展特色新农村战略都是政府结合当地实际情况、因地制宜制定的自下而上的城乡发展战略。这三个地方也由此成为武汉市优先发展的"试点模范区"。获得城乡一体化"试点"的单位，不仅有利于树立当地政府"敢为人先、追求卓越"的良好形象，还会有武汉市、甚至是国家直接投资的基础设施建设项目。这会进一步促进招商引资，拓宽城乡发展的多元主体的融资渠道，为当地的经济发展带来大量资金支持，有力地促进城乡一体化的发展建设。

最后，市场机制通过城乡生产要素的流动和合理配置，优化产业结构，推动城乡一体化有序发展。在城乡一体化的推进过程中，最本质的问题是生产要素在城乡之间的流动与重新配置，从而实现生产要素的优化配置与动态均衡。安山街城乡一体化的建设便是通过对优势资源的合理开发发展特色小镇。安山特色花卉市场经过规模经营发展成特色花卉市场，并逐步以产业集聚带动资源的集聚和人口的集聚，同时加强农村市场监管力度，规范农村市场秩序，切实保护农民合法权益，调动农民进入市场的积极性。当人口集聚和产业发展到一定程度，小城镇建设的需求便产生，小城镇建设的功能配套会进一步完善，城镇公共服务体系也会更加健全。这样，基础设施完善、人口集聚、产业发展又为市场化的发展提供良好的投资环境，特色产业的市场化就形成了区域内部特色经济。由此将优势资源向特色产品、特色产业、特色经济不断转化，为城乡经济一体化发展提供持续的资金来源。

3. 民间协同是城乡一体化发展的内在要求

2012 年，党的十八大明确提出了"推动城乡发展一体化。解决好农业农村农民问题是全党工作重中之重，城乡发展一体化是解决'三农'问题的根本途径"。城乡一体化的发展，归根到底是人的城镇化，所以在城乡一体化的发展过程中，应将农民的利益置于首位，让广大农民平等参与现代化进程，不能损害农民的切身利益，是否能发动和组织农民积极参与，是城乡一体化发展成败的关键。城乡一体化的最终目标是为了让老百姓安居乐业，所以在城乡一体化建设中应充分考虑农民的切身利益，多渠道广泛听取农民的意见，并鼓励民间力量积极参与到城乡一体化建设中来。因此，在城乡一体化建设中应该形成政府摆台唱戏，各方积极参与的局面。民间协同可分为人才支持、社会组织和民间资本三大方面。

首先，城乡一体化建设需要大量的劳动力资源，这不仅给农民提供了充足的就业机会，而且激发他们建设新型城镇化、建设美丽乡村的热情。只有朝着正确的方向发展，城乡一体化才能真正让人民群众满意。决定城镇化具体规划的力量应该由政府、社会、市场等多主体组成，不能形成某一力量独大的情形。以农民为代表的民间力量在城镇化建设中可贡献自己的才智，毕竟他们最了解当地实际情况，而且是未来生活在新农村的人。在这方面，安山森林小镇建设便是个典型，在区委、区政府的领导下，全镇上下干群一心，结合安山实际，开拓创新，发展现代都市农业，积极引导农户按照"依法、自愿、有偿、规范"的原则，通过转包、出租、入股等形式进行土地流转，有的农民是自己承包土地进行花卉种植，有的农民则进入当地园林局科研所和花木公司充当劳务用工、技术工人等。

其次，民间力量参与可以加强科技服务队伍建设，建立农村社会组织。安山街在城乡一体化建设过程中，发展林木、花卉种植业离不开技术人员的指导，需要长期种植花卉、有经验的村民。于是，安山以镇农业技术服务中心为龙头，建立镇、村、组、户四级农村实用技术组织，达到镇有中心服务队、村有科技协会、组有科技中心户，户有科技明白人，把富有经验的农户充分利用组织起来。让当地的能人带动农民参与到城乡一体化建设中来，形成有特色的产业合作社或者农民自发组成的合作组织，挖掘当地发展资源，带动当地经济发展。加大农业技术培训的力度，建立健全农村科技服务网络，引导农民建立多种社会合作组织，提高农民抗风险和适应市场经济的能力，在加快产业结构调整步伐的同时，提高现有产业的经营和管理水平，达到农业增产、农民增收的目的。

最后，民间资本可为城乡一体化建设提供资金支持。在城乡一体化建设中单靠财政拨款工作比较被动，发展缺乏活力，应当允许民间资本参与到城镇化建设中来。政府应制定合理的优惠政策，吸引民间资金参与其中。在调研中我们发现，民间资本参与城乡一体化建设的怡山湾新农村项目。怡山湾的建设资金来源于村书记胡涛本人的投资和政府的财政支持。新农村建设包括土地流转、村居改造、基础设施建设等，花费巨大，如果仅仅依靠政府投资，新农村项目建设是无法开展和可持续的，所以，当地政府积极吸引本地人的投资来进行新农村建设。胡涛成立怡山湾农业生态有限公司，公司根据国家政策，结合自身情况投资建设新农村。目前，大路村正按照社会主义新农村建设的要求，逐步实现生产发展、生活宽裕、乡风文明、村容整洁、管理民主，去年还被评选为"全国美丽乡村"，成为江夏区乃至武汉市名副其实的"明星村"。

4. 创新驱动是城乡一体化发展的长久之计

2012 年 7 月，党中央、国务院召开全国科技创新大会提出了创新驱动发展战略，党的十八大进一步强调科技创新是提高社会生产力和综合国力的战略支撑，必须摆在国家发展全局的核心位置。创新由此成为经济和社会发展的主导力量。因此，江夏区以实施创新驱动发展战略为契机，把科技创新和制度创新融入城乡一体化建设过程中。

首先，科技创新在城乡一体化中的作用主要体现在以下两个方面：

其一，科技创新推动产业结构升级，产业布局优化，促进城市空间和能源、资源高效集约利用。以科技创新驱动的经济增长的发展阶段其主要特征就是对传统产业进行改造，催生新型服务业等。近年来，江夏区围绕产业链接和主导产业壮大，着力提高招商引资的针对性、专业性和时效性。积极支持一批骨干企业做大做强，有效链接相关企业形成优势互补，提升现代装备制造、光电子信息、生物医药产业的规模和效益。在新城核心区，高标准规划商贸中心，在老城通过旧城改造提升产业业态，推动全区产业转型升级。在坚持全面推进、协调发展的基础上，优先发展金融、现代物流企业等服务业。

其二，科技创新驱动下，产业向集群化发展、空间梯度转移和产城融合化发展使得地区的产业布局得到优化，城市空间和能源、资源的利用更加紧凑、高效。近年来，江夏区依托上海通用及核心配套企业，做大做强汽车及零部件产业集群；依托南车集团、东方电气等企业，做大做强装备制造产业集群；依托光讯科技、日海通讯等企业，做大做强光电子信息产业集群；依托阿里巴巴、腾讯、百度等企业，做大做强互联网及物流产业集群；依托中粮、梁子湖水产集团等企业，做大做强农副产品加工产业集群。

其次，制度创新是创新之本，在城乡一体化过程中制度创新重点体现在户籍制度、土地制度、社会保障制度、财税制度的创新。制度创新能够有效地解决进城农民市民化问题，推进基本公共服务均等化，推动土地流转，促进城乡一体化发展。比如，法泗针对新农村农民新居分配问题，胡涛制定了科学合理的农民新居分配方案。农民新居分配按照：以两代人的男丁为主，人均不超过 50 平方米，若农户子女全部为女孩的可安排一名上门女婿，上门女婿必须是农业户口（享受与男丁同等的待遇）。每套农民新居按 5 万元分配。孤寡老人可免费安排一套农民新居，特困户可酌情考虑缓、减、免，获得了村民们的广泛认可和拥护，为城乡一体化的快速发展奠定了群众基础。

四　江夏区推进城乡一体化动力
增能模式创新的基本经验

（一）发挥政府在城乡一体化进程中的核心推动力作用

中国的城乡一体化是政府主导型的城乡一体化，政府是中国城乡一体化的核心推动力，要推进城乡一体化的发展，必须完善政府职责职能。

1. 促进政府职能转变，提高服务管理水平

政府职能的转变对推动和保障城乡一体化发展有着十分重要的影响。要促进政府职能的转变，理顺管理体制，逐步过渡到服务型政府。首先，转变政府职能，减少对市场配置资源的干预，逐步加大对社会和公共产品的服务职能，有效协调政府事权，在区一级建立综合协调运行机制，形成城镇规划、建设、管理合力，调动各类社会主体的积极性，努力形成以工促农、以城带乡、工农互惠、城乡一体的新型工农、城乡服务关系，为城乡一体化的发展建设服务；其次，增强村镇建设运行机制的综合性效应，健全和充分发挥乡镇政府的农村社会稳定机制，解决好小城镇建设中各自为政，管理无序的问题；最后，按乡镇综合配套改革要求，依托各乡镇城镇建设服务中心，设立专门管理机构，分别接受区国土、规划、建设部门和属地政府的管理，履行综合协调服务职责，提高服务管理水平。

2. 做好城镇全域规划，协调区域城镇发展

注重规划统筹，增强区域发展的协调性。城乡一体化是一场深刻的社会变革，涉及经济结构调整、社会结构变迁、城乡合理布局、区域协调发展等一系列重大问题，政府适度的引导、规划对城乡一体化的健康、有序、协调发展十分必要和重要。江夏区按照湖北省委、省政府出台的《关于加快推进新型城镇化的意见》要求，结合市域城镇体系规划，调整土地利用规划，明确小城镇及产业发展空间布局，提出小城镇体系建设。

首先，立足将城关镇、重点镇建成中等发达城市的目标定位，突出规划的龙头地位，高起点、高标准编制综合配套、科学合理、经得起历史检验的总体规划和专项规划；其次，突出以人的全面发展为核心，以生态低碳、智慧城市技术为依托，以工作、居住、休闲为一体的生态、智慧、文明的规划建设理念，推进我区小城镇改

造工作；最后，因地制宜，突出示范带动，加快推进城镇建设。坚持结合各地实际，保持地域特色、文化特色和民俗特色，凸显建筑景观风格，努力探索山坡街贺站口子镇、安山、五里界、郑店、金口等各具特色的小城镇建设发展样式，以点带线、以线带面，加快推进全区新型城乡一体化步伐。

3. 实施相关制度改革，统筹城乡发展水平

加强政策扶持，实施相关的制度变革。通常说来，政府主要通过制度创新和公共政策来发挥作用，城乡一体化的发展建设离不开政府的政策支持，但是现有的政策受到原有制度体系的束缚，所以制度变革是城乡一体化顺利推进的有效保障。中国是一个典型的城乡"二元结构"的国家，在城乡一体化过程中，涉及户籍制度、土地制度、社会保障制度等。其中，土地制度的变革，有利于缓解城乡一体化用地紧张的局面，户籍制度和社会保障的变革有利于增加农民进城的意愿，所以，要促进城乡一体化的快速发展，就要不断实施制度改革。这些制度建设将有力地促进了农村经济社会发展，有力地促进了农民平等参与现代化进程共享改革发展成果。江夏区在实践中不仅基本构建了统筹城乡发展的政策体系，而且初步搭建起统筹城乡发展的制度框架，为城乡发展一体化奠定了制度基础。

4. 积极拓宽融资渠道，健全投资融资体制

加大财政投资力度，积极拓宽融资渠道。一方面加大城镇化建设资金投入力度，将新型城镇建设资金列为财政专项资金，纳入财政预算；另一方面加大配套资金落实力度，整合层级配套，积极建立政府投入、企业运作，集体和民间参与、社会各方力量支持的多渠道筹集资金的有效机制，多层面增加小城镇建设资金投入。同时，创新机制，坚持市场化运作，有效推进新型城镇化建设，在城镇建设改造过程中，建议按照市场配置资源的原则，从项目融资、项目投资、项目管理及投资回报方面着力构建城镇建设的市场化机制，优先保证城镇改造过程中拆迁还建用地的报批和供地，为有效推进城镇建设开辟"绿色通道"。

（二）发挥市场对城乡一体化发展的拉动作用

1. 推进要素市场建设，促进生产要素合理配置

在城乡一体化的推进过程中，最本质的问题是生产要素在城乡之间的流动与重新配置，使得城市集聚经济蓬勃发展，发展到一定阶段，各规模等级城镇在各自科学合理的规模下协调发展，从而实现生产要素的优化配置与动态均衡。推进要素市场建设，就是要大力发展资本市场，规范发展土地、产业权市场。比如，农用地向非农用地的转变，是我国城乡一体化发展的必然要求。建立农地市场，逐步废除土地转让中先由集体转为国有的政策，实行用地单位向乡镇、村集体经济组织租地，也是城乡一体化发展的必然要求。

首先，在土地所有权不变的前提下，土地使用权和其他商品一样，进入商品市场和要素市场，土地使用权商品化，租地单位根据市场行情给予乡镇和农村集体经济组织土地使用补偿费，使农用地按照市场的要求流转。再者，明晰土地产权，实行农地使用权股份化，按照"明确土地所有权、稳定土地承包权、放活土地使用权"的原则，在保证土地所有权和使用方式不变的前提下，集中的土地由集体企业统一经营，农民既可按股分红，又可在企业工作，按劳取酬，在股权结构上，农民主要以土地使用权入股，也可以资金、技术、设备入股。推进城乡要素市场建设，促进生产要素合理配置，可以有效地促进城乡一体化的发展。

2. 促进金融市场创新，加快现代金融体系建设

全面推进金融改革和服务创新，完善金融监管体制，就要培植投融资主体，拓展投融资途径，广泛吸收企业、社会、民营、农民个体资金，平等参与城乡一体化建设。引导和支持金融机构向县域和乡镇延伸，鼓励金融机构在有条件的乡镇、村布设金融自助服务终端和便民服务点，积极发展村镇银行、农村小额贷款公司、农业担保公司等新型农村金融组织，扩大金融服务对乡镇和行政村的覆盖面。

同时，要积极利用产业、财政、金融等政策措施大力支持农村地区金融市场的发展，进一步推进农村信用合作社的市场化改革，充分发挥农村信用合作社活跃农村金融市场、满足农村和农业生产发展需要的功能，推动社会资本向农村公用事业、农村基础设施建设和农村生态环境建设等方面投入。充分发挥农业银行、农业发展银行和农村信用社的作用，全力支持"立足农村、服务'三农'"的村镇银行、社区银行的发展。允许有组织的民间借贷在一定的法律框架内开展金融服务，引导和鼓励民营的小额信贷银行、合作银行、私人银行等多种形式的农村民间金融健康发展，使其合法化、公开化和规范化，以增加农村金融体的服务供给，满足"三农"多层次的融资需求。

3. 统筹城乡产业发展，因地制宜发展特色产业

在城乡一体化的发展过程中，统筹城乡产业发展是至关重要的。实现城乡产业统筹发展，必须放眼城乡发展全局，充分利用政府的宏观调控手段和公共资源分配手段，发挥市场机制的积极调节作用，通过城乡资源共享、市场互动、产业互补，建立城乡互动、良性循环、共同发展的一体化体制。首先，统筹城乡产业发展。以工业化支撑城市化，以城市化提升工业化，加快工业化和城市化进程，建立以城带乡、以工促农的发展机制，加快现代农业和现代农村建设，促进城市基础设施向农村延伸，促进城市社会服务事业向农村覆盖，促进城市文明向农村辐射，提升农村经济社会发展的水平。

其次，在城乡经济发展中，必须把促进城乡人口就业放在重要地位，大力发展劳动密集型产业，同时也要促进农村劳动力向第二、三产业转移，进一步增加第三产业的比重，加快现代农业和新农村建设，创造有利于第三产业发展的有利环境，因地制宜发展当地特色产业解决人口就业问题。比如，安山街道为发展特色花卉产业、推进农业企业化，下大力气培育花卉龙头企业，用市场牵龙头，龙头带基地，基地连农户，形成"企业＋基地＋农户""专业

协会＋农户"等多种运行模式，不仅有效地促进城乡人口就业，还有利于城乡经济的统筹发展。

（三）发挥民间力量对城乡一体化建设的协同作用

1. 充分发挥民间组织的作用，引导群众规范有序地参与

近年来，中央高度重视"三农"工作，不断加大对"三农"的支持力度，对农业农村的投入越来越多，为农村经济社会发展提供了有利条件。但仅仅靠中央的投入和扶持来发展新农村、推进城乡一体化建设是不够的，必须借助强大的社会力量。社会民间力量在当前农村建设发展需求大，而政府财力投入相对不足的情况下能发挥重要的作用。各级党委政府应把引导扶持社会力量投身新农村建设、推进城乡一体化发展作为农业农村工作的重要突破口来抓，并下大力推动这项工作，制定好城乡一体化发展的目标规划，并采取有效举措，出台城乡资金、技术、土地、人力资源等生产要素流动和优化配置的相关优惠政策，积极做好城乡一体化发展的政策扶持、引导工作。同时，加大宣传力度，改变农民落后、传统的小农思想，建立和完善居民参与机制，把居民参与推向规范化、制度化，并做好失地农民的社会保障，加快解决进城农民市民化的问题。

2. 激活民间资本，积极促进民间资本投资平台建设

民间资本在城乡一体化建设过程中发挥着重要作用，政府应加以引导、鼓励并给予政策支持，从而使民间资本成为发展农业农村经济、推进城乡一体化建设的重要部分。一方面，新农村的建设需要资金、技术、人才、信息、项目、管理等先进生产要素的进入来激活、发展；另一方面，社会上有很多已积累了一定资本的企业家想开辟新的投资发展领域，而且有很多人都怀有回报家乡、造福家乡的愿望，愿意回到家乡到农村去投资创业。所以，各级相关部门也要围绕促进农村经济、城乡一体化发展做好服务支持工作，积极为企业、民间资本等社会民间力量进入农业农村做好用地、用工、

融资等方面的协调服务工作，积极促进民间资本投资平台建设，鼓励、激励民间资本进入广阔的农村投资创业，并在实践中不断总结、丰富和完善，形成统筹城乡、互联共建、一体化发展的长效机制，不断推进城乡之间的资金、技术、土地、人力资源等生产要素的广泛流动和优化配置，促进城乡一体化发展。

（四）发挥创新对城乡一体化建设的驱动作用

1. 科技创新为城乡一体化发展提供技术支持

在科技发展日新月异的今天，科技创新进一步成为经济和社会发展的主导力量。而城市既是经济社会发展的重要载体，也是创新要素的主要聚集地，科技创新在城市发展中的作用和意义愈加凸显。

（1）发展创新型新兴产业，促使产业结构升级，优化产业布局

科技创新促使产业结构升级主要体现在促使创新型经济的发展，创新型新兴产业包括文化创意产业、电子商务、生物医药、现代服务业等。通过培育发展资源节约和环境友好的创新型新兴产业，对传统产业进行改造，催生新型服务业等，能够有效地减少资源、能源的利用，提高其使用效率，减少排放和污染，从而使城市经济绿色化。江夏区在过去几年，加强对传统产业进行改造，重点发展汽车及零部件、装备制造、光电子信息、生物医药、互联网、农副产品加工六大主导产业，实现了城乡产业结构的升级。

在科技创新驱动下，产业集群化发展，特别是高科技产业园、大学科技园、孵化器等科技创新园区成为创新型产业的集聚地，更加提高了城市空间和各种资源的利用效率。而且，新兴产业的发展使得地区间比较优势发生变化，传统产业为寻求更适于生存的资源经济环境，通过扩散、对接等方式，发生梯度转移，从而为创新产业提供更大的发展空间，也使区域产业布局更加合理。

（2）信息通信技术发展创新，推进智慧城市的建设

持续创新、以人为本是智慧城市应有之义。随着物联网、互联网、云计算等新一代信息和通信技术及其衍生出的应用创新，能够推进智慧城市的建设，增强城市综合竞争力，达到可持续发展的目的。比如，通过信息和通信技术的创新应用，可以调控和优化城市资源和能源配置，强化对节能减排的监管，助力城市以低碳和环保方式发展，提供和谐宜居的生活环境，创造绿色城市生活。再者，还可以加强城市发展的预测分析和城市规划管理，运用信息预见问题、前瞻性地解决问题，为科学决策提供支撑，减少城市的重复建设，营造创新的政策环境，吸引和培养创新人才，支撑智慧城市建设和发展，提高城市运行管理和综合服务水平、提升政府行政效能，满足城市化进程的需要，保障城市的健康可持续发展。

2. 制度创新为城乡一体化发展提供制度保障

其一，户籍制度创新。户籍制度改革作为一项整体工程，是与教育、医疗、社会保障和住房等相关领域的配套改革以及财政支出体制紧密相连的，政府要立足实际和阶段特点，制定改革的时间表和步骤，推进和完善包括按"积分制"在内逐步接纳农村转移劳动力入户的多种制度化措施，尤其要加强有关部门协同，形成合力，共同推进工作落实，才能够有效地解决进城农民市民化问题，促进城乡一体化的快速发展。

其二，土地制度创新。推进城乡一体化发展，必须加快构建新型农业经营体系，赋予农民更多财产权利，建立起"归属清晰、权责明确、保护严格、流转顺畅"的农村产权制度，完善农村土地经营模式，在农民认可、自愿参与的前提下建立适合土地规模经营的组织形式，建立"公司 + 农户"、"公司 + 基地 + 农户"、股田制等新的农村土地经营模式，让农民在规模经营中获得实实在在的收益。依托城乡建设用地增减挂钩政策，优化用地结构，将农村边远地区一部分富余的建设用地指标调剂到城镇中心区使用，获得的土地增值收益扣除上缴和各项资金后用于反哺边远地区。同时，扎

实、稳妥地推进农村村级土地股份合作制改造，进一步拓展农民离土离乡发展的空间，促进农村人口向城镇的集聚。

其三，社会保障制度创新。城乡一体化建设，必须完善社会保障制度，推进基本公共服务均等化。政府要建立财政转移支付同农业转移人口市民化挂钩机制，督促各类城市按照各自特点增强吸纳能力。要稳步推进城镇基本公共服务常住人口全覆盖，把进城落户农民完全纳入城镇住房和社会保障体系，在农村参加的养老保险和医疗保险规范接入城镇社保体系，确保农民工养老、工伤、失业和医疗保险制度的完善，促进城市教育、住房、医疗等资源向农民工更大程度的开放，促进农民工由就业型向居住型转变。

第八章 江夏区城乡一体化建设
的经验、问题与对策

2014 年，武汉市地区生产总值达 10069.48 亿元人民币，武汉"1＋6"城市组群已总体上进入了工业化后期阶段。根据国际经验，工业化中后期不仅为各国的城市化提供了跨越式发展的有利时机，而且也给城乡一体化的创新和升级创造了良好的"窗口期"①。对于作为"城乡交错地带"的江夏区而言，农业在该区三次产业结构中所占比重过大，能否在该阶段中充分实现城乡一体化，实际上也就直接决定了江夏区乃至整个武汉市"四化同步"建设的成功与否。近年来，江夏区积极树立了新型城镇化、新型工业化和农业现代化并举的指导思想，确定了"一个率先，三个示范"总体战略思路，并围绕着"工业倍增、新城崛起、统筹城乡"三大目标，科学、系统地对新型城镇化进行了积极的探索与创新。一方面，江夏区已在城乡一体化的建设过程中取得了十分显著的成效，有力地破解了区域内的城乡矛盾、工农矛盾和人地矛盾；而另一方面，该区在实际工作中仍面临一些制约城乡统筹的限制条件和实践困局。基于此，本章将对江夏区城乡一体化工作的现状、经验和问题进行简要的分析，并进而提出具有针对性和操作性的政策建议，

---

① 谢琼、左文正：《武汉市 2013—2014 年新型城镇化发展形势分析与展望》，喻新安：《中国中部地区发展报告（2013）——新型城镇化与中部崛起》，社会科学文献出版社 2013 年版，第 330 页。

以助力"富强江夏、幸福江夏、美丽江夏"的建设。

一 江夏区城乡一体化的现状

通过"工业倍增"计划，江夏区正在快速进入工业化中期阶段，但农业产值占比依然不小。因此，江夏区内部的城乡关系与发达的东部沿海地区相异甚远，稳步推进城乡一体化、缩小地区社会经济差别的意义也就显得更为巨大。一方面，从工业的增加值在三次产业中的比重来看，2014 年江夏区的工业增加值比重为 62.68%，远超过了武汉市 47.5% 的平均水平；而另一方面，从城镇化的角度来看，江夏区 2014 年年末的全地域常住人口为 84.65 万人，其中城镇人口 43.72 万人，农村人口 40.93 万人，人口城镇化率为51.6%，与武汉市的平均水平 54.09% 相差了 2.49 个百分点。从以上的数据中我们可以看到，江夏区的城镇化远滞后于工业化的发展水平；同时，江夏区 2014 年的农业增加值在三次产业中所占的比重为 15.01%，其比全国平均的 9.2% 高出了近 6 个百分点。农业从业人员在 2012 年还占到全区从业人员的 30% 左右，农业隐形失业人口数量庞大。所以，江夏区的城乡二元结构限制仍然十分突出，城镇化拉动社会经济转型的空间还十分巨大，稳步实现城乡一体化的需求也显得越发迫切。事实上，江夏区委区政府也认识到了这一社会现实，并通过一系列的举措来增促本区城乡一体化建设的实效，这些措施主要反映在以下四个维度。

一是构建体制机制一体化。2012 年，江夏区成立了统筹城乡发展工作领导小组，设区统筹办，下设综合统筹、规划布局统筹、产业发展统筹、公共服务统筹、城乡建设统筹五个专班，建立健全了统筹城乡发展的领导体制和工作机制。

二是打造城乡规划一体化。以"一城十镇百社区"为发展思路，江夏区耗资 6000 多万元邀请全球知名城市设计机构，对全域1650 平方公里范围展开规划研究，形成了《江夏区城乡统筹战略

规划》《江夏区发展战略总体策划》等贯通城乡的规划指南。按照
"谋划到 2049 年、策划到 2030 年、规划到 2020 年、计划到 2016
年"的"四划"理念，实现了对城乡全域编制的规划引领。

三是确立产业布局一体化。江夏区确定了"生态重建、科技
引领、文化复兴、城乡统筹"的产业发展方向，将工业化、信息
化与城乡各自的生产要素相结合，促进农业现代化和工业智能化的
双向布局，将休闲观光、现代农业、临港运输业和高精尖工业分别
重点布置在江夏的四个重点区域。

四是建设社会管理一体化。江夏区明确了"基本公共服务向
城乡社区集中"的思路，2012 年的民生事业和社会管理支出就达
53.7 亿元、占到当年财政总支出的 63.7%，并较上年增长了
31.4%。

根据学者的研究，城乡一体化的实现程度可以通过数据来进行
量化，并由此划分为 5 个依次递进的阶段（见表 8—1）。江夏区目
前处于起始阶段。

表 8—1　　　　　　　　　城乡一体化的阶段划分

城乡一体化 阶段类型	准备阶段	起始阶段	扩展阶段	基本实 现阶段	全面实 现阶段
城乡一体化 指数得分区间	≤60	61—70	71—80	81—90	≥91

二　江夏区城乡一体化的经验

我国区域类型众多、资源分布差异巨大，地区之间和地区内部
都广泛地存在非均衡发展的现象，这决定了"因地制宜"是实现
城乡一体化的关键策略。故此，城乡一体化不光需要高屋建瓴的中
央政策指引，更需要脚踏实地的基层经验累积。从这一层面上讲，
江夏区统筹城乡社会经济发展、促进城乡一体化的工作既深具地方

特色，又形成了能够解决实际问题的基层经验。这些包含着"江夏智慧"的城乡一体化经验，主要表现在以下五个方面。

（一）优化体制机制，根本破解城乡一体化的制度困境

二元结构是阻碍城乡一体化建设的症结所在，因此，建立完善的城乡发展一体化的体制机制，是江夏区乃至全国其他地方所共同面临的一项紧迫任务，更是当前全面深化改革阶段攻坚克难的关键所在。突破城乡发展一体化的制度瓶颈制约，最为重要的一点就在于做好顶层设计。为此，江夏区委用了将近一年的时间，组织了参与广泛、深入细致的调查研究，排查梳理、深入剖析导致城乡二元结构的体制机制困境，特别是解决了政策不一致、不平衡甚至是相互背离等问题，完成推进城乡发展一体化的制度设计，并率先在武汉市新城区中拉开了统筹城乡发展工作的大幕。面对全新的统筹城乡发展工作，区统筹办一班人深入解放思想，科学谋划工作思路。通过采取实地调研、外出考察、研究政策、解剖典型、座谈讨论、征求意见、多方论证等多种形式，逐步明晰了推进全区统筹城乡发展的基本工作思路。

江夏区政府在 2012 年 8 月召开的全区统筹城乡发展工作动员大会，宣告了全区统筹城乡发展工作迈入了实质性推进阶段。2013年 10 月召开的"武汉市江夏区统筹城乡发展研讨会""武汉市江夏区城乡统筹战略规划及总体战略策划专家咨询会"，更是保障了城乡一体化制度设置的科学性、前瞻性和可操作性。

我们认为，这些体制和机制上的创新可被概括为"四个全域"和"五个新型"。所谓"四个全域"是指：城乡规划"全域覆盖"、城乡产业"全域带动"、城乡交通"全域畅通"、城乡公共服务"全域均衡"。所谓"五个新型"则是指：一是新在"城乡联动"，以城乡统筹为抓手，以江夏新城为突破口，推进全域城镇化；二是新在"重视生态"，不以牺牲农业和环境的方式来"经营城市"；三是新在"产城互动"，培育引进经济主体，建立产业支

撑，使"离土"农民可就近转移到第二、三产业中再就业；四是新在"服务均等"，通过实现制度正义，促使城乡居民都享受各具特色的居住环境和公共服务；五是新在"四化协调"，以城乡一体化为引领，促使新型工业化、信息化、城镇化、农业现代化的协调发展。

（二）空间规划先行，全面把握城乡一体化的科学布局

从本质上讲，对空间的规划是一种治理方式的创新，它意味着空间的生产与城乡社会治理的关系日益紧密[①]。江夏区城乡建设规划遵循着"一张图"的系统化建设，这破解了"先建设后规划、边建设边规划""一届政府，一个思路，一套规划"以及"领导随意更改规划"等困境，实现了"全域江夏，全局统筹"的城乡一体化推进。另外，江夏区按照"产城一体，独立城市"的理念，全方位开展规划编制工作，以高标准规划统筹引领新城建设和城乡统筹，这体现在以下三个层面。

首先，树立了居住和实体产业匹配的理念。城乡一体化布局事实上是要最终形成"新产业、新社区、新居民、新生活"的协调发展。一方面江夏加强对光电子信息、智能装备制造、生物科学制药等创新项目的引进；另一方面又积极发展以休闲旅游、现代农业为主的先导性产业，进而搭建起了城乡产业之间的良性分工和一体化对接。

其次，充分遵循"就"城改造的原则，因"势"兴城。城市规划围绕着江夏独有的山水格局，根据原有的地形条件和经济基础，设计出了"一心两片三临四区"的总体布局，实现了产业与城市互动、自然与人文和谐的双重目的。

最后，积极利用"反规划"的思路，优先考虑自然"生态"和居民"心态"，避免人地关系紧张。

---

① Simin Davoudi, Ian Strange. Conceptions of Space and Place in Strategic Spatial. NY：Routledge. 2009：pp. 9—10.

需要指出的是，"反规划"绝不是"不规划"，更不是"反对规划"，而是要将建设思路"反过来"做逆向的城镇规划①。换言之，"反规划"的城乡建设绝不孤立地创造出那些脱离居民生活的高楼房、大广场和宽马路，相反，却是要从"保留"和"保护"的角度去思考规划。比如江夏在五里界进行的新城建设中，"反规划"的首要步骤就是细致地梳理了当地的文化，充分保留老巷、老街的原生特色，实施建设之时也修复原有的城市肌理。这既最大程度地实现城市的集约化和智慧化工程，又创造性地保留了江夏特色的"民俗"味道。

（三）重视生态文明，全力维护城乡一体化的环境基础

江夏区境内山水资源充裕，耕地、山林、水域面积各约占三分之一，拥有"三分田三分山三分水"的良好生态格局。因此，在城乡经济社会建设的过程中保护好生态环境，既是对文脉和谐的传承、又是对新型城镇化的践行，同时更是构成实现城乡一体化可持续性发展的关键环节。欲实现城乡一体化，首先就得重塑工业化的理念，坚持走集约化、精密化和环保化的工业路子。近年来，江夏区重点引进了汽车及零部件、装备制造、光电子信息、生物医药、互联网、农副产品加工六大主导产业，初步建立起一条环境污染小、生态亲和性强的工业发展路径。除了在新型工业化方面下功夫，生态文明建设还离不开对城乡内在理念的重塑。因此，江夏区并没有将"乡"视为"城"的附属，而是在城镇建设中切实做到"看得见山、望得到水，留得住乡愁"，极力维护乡村的农耕文明。以旧城改造为例，江夏区切实秉承着"传统文化和现代城市要素相融合、城市功能提升与市民生活水平提升相结合"的观念，做到"逢山不推、逢水不填、逢树不砍"，在充分用好用活江夏区"依山傍水"的地理资源的基础上，实现"显山露水""秀山清水"，努力促成自然在城镇建成

① 俞孔坚、李迪华、韩西丽：《论"反规划"》，《城市规划》2005年第9期。

环境中归位，积极采用对生态有利的措施和办法①。

更为重要的是，江夏各级基层政府也在努力建设辖区内的生态文明，如五里界街道的规划中就专门开辟了 3000 亩的生态农场，并已建设完成了一条"生产性的景观商业大道"，将农业、工业和服务业全部统筹进生态保育的范畴之中，落实了城乡一体化的发展预期。另外，基层政府对生态文明的建设也不单只停留在政策执行之上，而是自主地对生态文明进行了科学化探索，以更好地契合本地的自然禀赋。比如，五里界街道就提出了"生态城市研究纲要"，从理论层面明确了"伊托邦"生态新城的建设的指导思想与目标。这一纲要分为八大部分：生态基础设施研究、慢行交通系统研究、土地复合功能与空间综合利用、城市废弃物减量化与资源化利用研究、生态文明社区研究、能源专项研究、绿色建筑专项研究、智能城市专项研究。

（四）发展重点集镇，大力稳固城乡一体化的过渡枢纽

建制镇作为我国的"城之尾、乡之首"，不仅起到了分担大城市人口流入的压力，而且也是实现居住集中和产业集聚的重要空间。因此，建制镇是城乡互动的过渡地带和中介枢纽，优化集镇的产业和居住形态，也就能够为城乡一体化提供分层次、分步骤的缓冲和实验空间。自 2012 年以来，江夏区就展开了郑店、安山、五里界三个试点集镇的建设工作。在试点取得成功经验后，又从广度和深度上拓展，逐步覆盖到全区所有的中心镇、重点镇、口子镇。具体来讲，江夏区通过优化规划编制工作和加大招商力度，努力将郑店打造成湖北省"三化"协调发展的示范镇。通过集镇整体迁移，引导周边村在集镇规划建设农民新村（社区）。安山镇的突破方向则是依托苗木花卉产业，以建设华中苗木花卉交易展示园为契

---

① 珍友莉：《哩尾公园的转变——永续性、社会正义与公共空间的活化》，林津如译，《台湾社会研究季刊》2009 年第 4 期。

机，实现城镇建设、生态建设、文化建设的合一，大力推进安山向特色森林小城镇转型。而五里界的发展目标在于塑造集生态、智慧和旅游为一体的小城镇，实现"伊托邦"新城建设与全镇生态旅游提档升级的双向结合。从表8—2中，我们可以直观地看到江夏区对重点镇的产业打造、发展定位情况。

表8—2　　　　　　　　重点镇的产业打造、发展定位

类型	主要产业	发展定位	借鉴意义
郑店模式	物流运输	欧式小镇	集镇的整体迁移以重建农民新村并打造品牌工业园，实现居住和产业的双向集中
安山模式	苗木花卉	森林小镇	以市场为手段，以项目为依托，按"先产业、后集镇"的原则，使得人文历史、文化传统、自然资源得到挖掘并有效利用
五里界模式	观光旅游	智慧新城	在推进"四化同步"的基础上，发展休闲旅游产业，实现"借旅活城"，以智慧和生态为建城原则，打造宜居城郊

（五）完善融资渠道，有效夯实城乡一体化的基础支撑

近年来，江夏区不断探索多元化的融资途径，以实现"政府主导，企业参与，居民得利"的开发模式。与西方的城市化不同，我国的城镇化采用了一种土地、财政、金融"三位一体"的模式[①]。融资顺畅成为了推进新型城镇化的关键保障，也是实现城乡一体化的重要基础。在推进城乡一体化发展过程中，江夏区通过银行贷款、土地打包、工程总承包、BOT、BT等方式每年直接融资几十亿元。与此同时，引入竞争机制，把城镇基础设施作为产业来经营，在政府、企业和投资者之间建立一种互动、互利、互惠的机制，促进城市基础设施建设可持续发展。如在规划建设城市客厅的

---

① 周飞舟、王绍琛：《农民上楼与资本下乡：城镇化的社会学研究》，《中国社会科学》2015年第1期。

实践中，江夏区统一做好该区域各个项目的规划设计和地块控制工作，通过公开招拍挂的方式，加快推进商务中心三栋高层楼宇项目，吸引更多社会资本进入市政设施建设，加速推进城市建设。又如，在五里界中心镇建设的过程中，江夏区引进了具有先进开发经验的公司，该企业已在"城市更新"方面累计投入10亿元，这无疑有效解决了政府主导城镇建设过程中的资金短板问题。

江夏区探索融资的新方式不仅局限在"城"，而且也充分调动了"乡"的基层自主性。比如，法泗镇在积极对接上位规划的前提下，通过引进"资本下乡"来平整土地和建设现代农业，试图实现"农村居住社区化、农民就业保障化，农业发展工业化"的愿景。法泗镇怡山湾的新农村建设实行以新增农用地换资金的投入机制，拓展土地经营的融资渠道。将农用地整理、集体建设用地整理与新农村建设相结合，既实现了工业化、城市化推进中的建设用地的城乡平衡，又增加了新农村建设资金来源。

三 江夏区城乡一体化建设中的薄弱环节

2015年12月召开的中央城市工作会议指出，我国城镇化必须同农业现代化同步发展，城市工作必须同"三农"工作一起推动，形成城乡发展一体化的新格局。但要突破长期存在的城乡二元格局之痼疾，绝非一日之功，会面临许多社会结构性难题。江夏区在努力探索城乡一体化、新型城镇化和农业现代化相结合的过程中，虽收获了不小的成果与经验，但难免也会遇到一些发展的困境与工作上的不足。这些薄弱环节也不仅只存在于江夏区，更是我国其他地区开展城乡一体化建设时普遍存在的问题。

（一）城乡社会治理的非协同性开始显现

党的十八届三中全会提出了"社会治理"这一新命题，同时还规定了治理的四个原则，即：系统治理、依法治理、综合治理和源头治理。因而，城乡社会治理无疑更应注重相互间的协调性、综合性和系统性。从这一维度来讲，江夏区的城乡社会治理还未达到协同化和一体化的程度，这主要体现在乡村社会治理的方式没有跟上乡村社会转型的步伐，由此形成了村治的"失灵"，进而破坏了城乡治理整体上的协同发展。具体而言，在城市治理方面，江夏区近年来不断创新着城市综合治理手段，大力推行"数字化城管""网格化城管""社会化城管"，延伸城市管理执法权，实现了城市综合管理的全覆盖。而在乡村中，新农村社区建设虽正如火如荼地展开，但由于快速的"集村并居"只是实现了人口居住的集中化，乡村治理却没有同步地向现代社区治理转型，这造成了村民自治在居住空间的变更中受到抑制，现代化的社区治理也没能跟上现实的社会需求。于是，与以往的乡村"散居化"相比，新农村社区的居住集中化往往会带来矛盾的聚焦化，传统的基层治理单元难以发挥成效。更需要引起注意的是，随着农村人口老龄化的提速，这些将农户集中居住的新社区很容易在不久的将来变成像"养老院"一样的老人集中区，进而极易令作为基层的乡镇沦为"保姆型政府"[1]。总之，从江夏区当下的情况来看，乡村社会治理的更新总体上不仅落后于乡村社会结构的转型，而且更落后于城市社会治理的升级，这种治理之间的差距也就成为城乡一体化建设所必须要解决的根本问题之一。

（二）重点镇建设缺乏可持续性动力

江夏区城乡一体化的开展，推动了"传统型小城镇"向两个维度发生了转型：一是近郊的建制镇逐步发展为"城市更新"后的居住区，以接收从主城转移出来的部分人口和产业；二是远郊的传统集镇发展为特色镇，以优势产业集聚带动人口居住的集中。但

---

[1]　周飞舟、王绍琛：《农民上楼与资本下乡：城镇化的社会学研究》，《中国社会科学》2015 年第 1 期。

这两类转型都遭遇到了现实的困境，前者面临"房地产化"的风险；而后者则面临中心镇规模偏小、资源聚合能力不强的瓶颈。一方面，江夏区近郊建制镇开发的实质是城市的郊区化，这就意味着城市更新与大规模的住房建设必然紧密相联。继中心城区之后，建制镇也开始充当起了驱动经济的"增长机器"①，而房地产开发则无疑成为了这类机器的"引擎"。于是，建制镇发展的"房地产化"危机逐步形成，这既容易造成集镇产业的单一化和脆弱化，又容易促使开发商与基层政府"结盟"圈占土地，致使失地农民的安置难以实现公平正义；另一方面，根据2012年年底的统计数据来看，江夏区的几个试点小城镇所聚集的人口规模也十分有限，郑店总人口有4.1万人、安山2.6万人、五里界才只有2万人。因此，江夏区城郊的小城镇规模仍偏小、档次不高，十分缺乏那种人口稳定在10万人左右的中等规模的集镇。这也就导致了小城镇难以形成与主城区相对应的匹配规模，巨大的落差致使主城区的人口和产业难以向小城镇疏散。另外，远郊的建制镇与近郊面临的情况极为不同，远郊镇的融资渠道极为有限，资金的缺乏令工业园区筹建中的水、电、路等基础设施建设难以开展。以安山镇为例，仅在工业园区一期规划的道路建设方面，该镇就缺口大约一亿元的资金。即便是通过"城乡建设用地增减挂钩"的政策来获取前期的建设款项，但用地周转指标补偿标准并不高，再加之资金补贴滞后于建设投入，前期启动资金筹措难度依然十分巨大。

（三）分离式城镇化的问题逐步突出

产业和人口集聚能带来城乡发展的规模效应，但却容易引发"分离式城镇化"的社会问题。具体而言，为盘活土地资源并实现

---

①　H. Molotch, The City as a growth machine: towards political economy of place, american journal of sociology, 82 (2), p. 311.

规模化效益，江夏区城乡一体化主要采用了"四集中"的方法，即"工业向园区集中、土地向规模集中、农民居住向中心村集中、农村人口向城镇集中"，但这种集中化也为城乡建设遗留下了巨大的社会问题。一些大型的园区和企业，依仗资本优势吸引外来务工者或本地青壮年劳动力，使用了他们最有活力的年龄阶段，而对超过一定年龄段的农民工的社会保障责任承担不够；这些园区、企业由此节省了大量的城镇服务体系建设的成本和劳动力的福利保障成本，却将社会责任推给了政府和社会，尤其是加重了农村所承担的风险①。我们将这一"工作在城市，福利在农村"现象称为"分离式的城镇化"。从本质上讲，分离式城镇化是城市不愿向农民支付社会福利成本的表现，这既不利于"离土"农民的人口城镇化，又加剧了农民自身对土地保障的依赖，进而反过来制约了人的城镇化。据保守估计，江夏区的进城务工人员约有 20 万人以上，他们在社保养老、计生、就业、医疗等方面不同程度地享受了"城乡有别"的福利待遇。因此，分离式的城镇化从本质上制约了城乡一体化的深入发展，它折射出了城乡二元结构下人口流动与户籍管理之间的矛盾，这也一直是我国城乡经济社会建设中难以破解的难题。

（四）城乡规划中的"社会规划"相对缺失

江夏区十分重视城乡建设规划的一体性和科学性，但其规划大都只局限在物质空间之上，对社会空间的认识和着墨并不充分。换言之，江夏区城乡一体化建设中的社会规划相对缺乏，这也间接导致了城乡经济的增长有时会偏离总体的社会需求，进而得不到居民的普遍认同，并由此引发了间歇性的群体矛盾。从理论上讲，社会规划是指一种以人为中心、将社会互

---

① 李强、陈宇琳、刘精明：《中国城镇化"推进模式"研究》，《中国社会科学》2012 年第 7 期。

动纳入到设计范畴之中的规划，它需要正视社会问题的复杂性和社会系统的开放性，并将实现社会的公平正义与人的全面发展作为自身的终极目标①。与之相较，空间规划的理论基础在于：通过优化交通路网、改善居住环境，实现城乡空间的功能专业化、聚落板块化、节点高级化等功能，进而缩小城乡发展差距。但正如列斐伏尔所言，单一的空间规划是一种"过滤器"，它可能去除掉某些真实的社会内容，并用一种抽象的空间去填补文本的空白，因而，城乡空间的规划也就具有抹去社会需求的内在危险②。

"新农村建设"作为城乡基础设施一体化的发展载体，无疑最能够体现江夏区当前社会规划缺失现状。据笔者观察，江夏区新农村社区建设的空间规划，并没有很好地包含社会性要素，尤其是没有考虑到农民的生活与生产之间的匹配程度。一方面，农民失地上楼后，经济要素的集聚没有与人口的集聚相互配套，稀缺的产业难以为社区人口提供足够的工作机会，人口外流现象开始显现；另一方面，空间规划也未能给集中居住的农民提供新型的互动场所，居民的原子化和社区的孤岛化相伴而生，这两者共同加速了农村社区"二次空心化"的形成③。"二次空心化"是新农村建设中社会规划缺失的必然后果，它造成了居民物质和精神生活的双重贫困、农村阶层分化的加剧、社区共意的溃散以及留守问题的复杂化等现象，这极大程度地降低甚至抵消了城乡一体化本应为农民带来的社会福利。

---

① 刘佳燕：《城市规划中的社会规划——理论、方法与应用》，东南大学出版社 2009 年版，第 36 页。

② 亨利·列斐伏尔：《空间与政治》（第二版），李春译，上海人民出版社 2008 年版，第 10 页。

③ 江立华、王斌：《农村社区的"二次空心化"问题探析》，《中国特色社会主义研究》2015 年第 5 期。

四　进一步促进江夏区城乡一体化的发展建议

2015 年 4 月 30 年，习近平总书记在中共中央政治局就健全城乡发展一体化体制机制进行的第二十二次集体学习中指出："实现城乡发展一体化，目标是逐步实现城乡居民基本权益平等化、城乡公共服务均等化、城乡居民收入均衡化、城乡要素配置合理化，以及城乡产业发展融合化。"江夏区未来的城乡一体化工作一方面必须在习近平总书记提出的方向下展开；另一方面也要重点回应江夏区本身所存在的社会问题。

（一）坚持走城乡一体化之路，创新城乡社会治理

提高认识，充分理解城乡一体化已迈进了一个全新的阶段。自新中国成立以来，妥善处理城乡关系的理论指导无疑都源于中国共产党对马克思主义经典的传承和发展。大致来讲，我党对调整城乡关系的探索和实践可分为三个阶段。第一阶段是在 1949—1978 年，这一阶段的最初的主导原则是"城乡兼顾，平衡发展"，工业农业的良性发展共同支撑着新中国成立后的经济运行，但遗憾的是，随着"左"倾思想的严重化，农村社会经济的发展被严重忽视了；第二阶段是 1979—1999 年间，这一阶段的主导原则是"城乡互动，协调发展"，统筹城乡社会经济发展、提升农村的现代化进程受到了中央和地方的普遍重视；第三阶段是进入 21 世纪至今，这一阶段的主要思想是"城乡统筹，一体发展"，城乡要素的交换和公共资源的配置日趋平等，城乡二元格局逐步被打破。①

中国社会经济发展的形势，也要求我们必须走城乡一体化建设的道路。当前，我国经济正面临着增长速度换挡期、结构调整阵痛

---

① 刘锐：《"城乡兼顾"、"城乡统筹"与"城乡一体化"——中国共产党人对城乡发展道路的探索与实践》，《石河子大学学报》（哲学社会科学版）2014 年第 2 期。

期、前期刺激政策消化期"三期叠加"的挑战。在这一宏观背景下，江夏区还经历着工业化转型、城镇化提速、产业结构升级以及社会结构分化相互纠结的特殊时期，推进城乡一体化、实现社会经济的平稳发展，在这一阶段也就显得至关重要了。从本质上讲，江夏区的城乡一体化建设是中央决策在地方和基层的不断探索。这一探索需要将顶层设计、地方创新和基层突破相结合起来，努力探求出一条与地区实际相符合、具有鲜明特色的城乡一体化道路，进而实现对新型城镇化的思路引领，最终达致"四化同步""五位一体"的科学发展。

　　坚持走城乡一体化之路，关键在于实现城乡社会治理的创新、实现城乡治理的一体化。江夏区目前所面临的困境就在于乡村治理滞后于城市治理。在未来的一段时间里，如何弥补这一短板以真正落实城乡统筹，也就直接决定了江夏新型城镇化的可能高度。笔者认为，创新乡村社会治理，加强城乡治理的协同性是江夏区城乡一体化建设的必由之路。一方面，我们要认识到，城乡在空间形态、功能定位和治理方式上都存在差别，不同地区的发展阶段和生产力水平也存在差异，城乡发展一体化不等于城市乡村一样化，而是均衡发展和差异化并存。尊重客观规律、尊重各地实际、尊重农民意愿，才能留住青山绿水，留住文化乡愁，最终真正实现城乡一体化；另一方面，我们还要努力优化服务以巩固新农村社区建设的成效，提升社区居民的认同感和幸福感。有学者指出，"服务"将是人们与社区及国家联系的纽带，也是人们对于国家和社区认同的基础[1]。因此，新农村社区的建设不仅在于改善农民的居住条件，更要通过"社区"来提高对农村居民的服务。提供服务首先是要统一标准、统一规范、统一步骤建设农村社区服务站，以实现"统一管理体制、统一服务标识、统一窗口受理、统一服务规范"；其

---

① 项继权：《中国农村社区及共同体的转型与重建》，《华中师范大学学报》（人文社科版）2009 年第 3 期。

次是要为有条件的社区引入社会工作服务，通过社区活动来强化居民的归属感和获得感。最后是要逐步引进物业管理公司，不断推动社区服务的专业化、社会化和市场化，以优化社区环境、维护社区治安、促进社区和谐。

（二）强化中心镇建设，打造城乡一体的新枢纽

《国家新型城镇化规划（2014—2020年）》提出"有重点地发展小城镇"，根据小城镇不同的空间位置和产业基础，确定其"卫星城""特色镇"和"综合性小城镇"的差异化定位[①]。但无论是何种定位，城乡一体化必然要求有条件的小城镇都必须向中心镇发展，即：把地理条件良好、自然条件优越的小城镇建设成联通城乡的中心和枢纽。因而，中心镇建设仍是一个"大问题"，它直接关系到我国新型城镇化的实现效果。大力打造作为"城之尾、乡之首"的小城镇、尤其是中心镇，不仅能以环保、生态的方式实现城镇化，而且可以拉动旅游、农产品加工和建筑业等内需型经济。更为重要的是，中心镇建设还能实现资源要素的加速流动，进而有利于城乡一体化和区域协调统筹的深入发展。《国务院关于进一步推进户籍制度改革的意见》提出要"全面放开建制镇和小城市落户限制"，这也为中心镇的发展提供了有力地政策支持和指引。

不过，江夏区的中心镇大都面临着规模小、基础设施薄弱、人居环境差和综合承载能力不足的问题，而破解这一难题的关键就在于实现中心镇在城乡交流之中的枢纽地位。事实上，中心镇还与一般的小城镇不同，就我国目前的社会经济发展状况而论，中心镇强调的是自身的辐射能力和服务能力，中心镇不再是农村地区的中心，而是数个小城镇集合体的区域中心[②]。中心镇一方面是企业和工厂集聚的生产性

---

① 《国家新型城镇化规划（2014—2020年）》，人民出版社2014年版，第37—38页。

② 王小章：《浙江四镇》，浙江大学出版社2013年版，第28页。

空间，即我们常说的产镇融合。比如，对于农业资源丰富且交通较为便利的中心镇来讲，发展观光和休闲农业是实现农业增值的必要途径。通过融合本镇的经济、文化、人口、资源等因素，深入挖掘当地历史文化底蕴，进而创建标准化的综合示范基地建设，着力培植优势农产品基地，打造观光休闲品牌，发展乡村旅游，提高中心镇的就业能力和可持续发展能力；另一方面，中心镇还要基本上实现农村基础设施的城镇化、生活服务的社区化、生活方式的市民化，以此将自身塑造为一个和谐的生活性的空间。当前，建设中心镇社区的综合性是江夏城乡一体化发展的重要步骤，唯有如此，才能通过对居民"生活的城镇化"来实现"人的城镇化"。换言之，中心镇并非只能靠单一的"生产"来建设，而是要将"生活"与"生产"结合起来，以促使城乡一体化的最终完成。

正如住房和城乡建设部村镇建设司司长赵晖所言，当前要促进中心镇发展，必须做好以下五个方面的工作。一是缓解塔式级别化行政体制的弊端、实施扩权强镇，将重点镇作为职能完整的行政体，赋予独立的财税、土地、规划建设管理以及人事等权限，增强发展自主性；二是改革农房建设体制，培育中心镇内生发展动力，打破宅基地只能在村内分配的机制，建立宅基地跨村入镇分配机制；三是建立以镇为中心的农民生活圈建设机制，综合考虑农民生活整体需求，建立镇村统筹的规划建设方案；四是推进房地产税征收的实施，化解中心镇地方税收不足的尴尬；五是研究制定国家支持中心镇的政策，建立中央和地方支持小城镇基础设施建设倾斜性资金。[①]

（三）努力构建"合一式"城镇化，推动城乡基本权益平等化

城乡一体化引导下的新型城镇化，是一场全面深刻的社会变革。从这个意义上看，城乡一体就不仅与城市物质生产等外在形式

---

① 参见《住建部建设司司长：中国小城镇为何发展不好》，新华网，http://news.xinhuanet.com/fortune/2013—11/04/c_ 125646446. htm。

有关，更与居民价值观的重塑和改造相连。亦即：城乡一体化语境下的新型城镇化并不是单一的"身体进城"，更为重要的在于新市民的"头脑进城"和"行为进城"。笔者在前文提及，江夏区分离式城镇化的现象已较为突出，这导致了农村剩余劳动力在走出乡村后无法在城市扎根，最终制约城镇化的有效发展。与分离式城镇化相反，合一式城镇化就是要突破城乡分离的浅度城镇化，并着重为进城农民创造"留下来"的条件，以提高进城农民的收入和福利水平，真正做到城乡居民"同工同酬同福利"，最终打破"工作在城市，福利在乡村"的二元格局。

一方面，从提高收入的维度上讲，进城农民大都是面向市场在务工经商，工资性收入靠的是市场行为，政府不宜过多涉入，只需要监督好市场主体，就能在一定程度上保障农民工获得公平的收入。但提高进城农民的收入不能仅将眼光放在城市，还要想办法盘活农民的固定资产，而农民最大的固定资产无非就是房产①。在江夏区一些临近主城、条件合宜的村庄或乡镇，我们可以探索对农村承包土地的经营权和农民住房财产权抵押贷款，以落实农村土地的用益物权、赋予农民更多财产权利。当然这一探索需要贯彻"小步走"的方针，因为一旦城市服务供给没有跟上，变现的农村土地资产就无法及时地在城市中转换为固有资产，那么农民就会蒙受极大的损失，甚至其还有可能既无法"留城"又无法返乡，产生了拉美国家的劣质城市化困境。

另一方面，合一式城镇化对于城乡福利的一体化有着更高的要求。从某种层面上讲，分离式城镇化的本质在于城市居民的福利并未完全提供给进城农民，这就造成了进城农民遭遇到了经济社会的双重排斥，返乡成了一种应对排斥的理性选择。在收入不公正且水平受限的前提下，福利的缺失更让进城农民难以通过消费来获取城

---

① 李培林：《社会改革与社会治理》，社会科学文献出版社 2014 年版，第 185—186 页。

市身份。因此，分离式城镇化最为明显的表现就在于："农村转移人口作为劳动力的城镇化与本人及家属作为消费者的城镇化的分离达到了前所未有的程度"，即劳动力的城镇化滞后于消费者的城镇化。[①]在这一情况下，合一式城镇化必须加强"供给侧改革"，继续增加社会福利的投入，尤其是要将福利改革的重心放在进城农民身上，为他们在城市提供有效的福利保障。这需要从三个层级来推进：

一是着力打破福利粘黏在户口之上的现实，做到城乡福利一体化；

二是实现公共服务全覆盖，为进城农民提供城乡无差别的福利供给；

三是建立低成本的住房制度，促使进城务工的农民能够"留得下""住得好""回得去"。[②]

（四）积极做好社会规划，树立"以人为本"的城乡一体化理念

正如笔者在前文所言，江夏区所面临的问题与全国其他地方的城乡规划相似，即社会规划滞后于空间的规划，这在本质上仍然难以逃离"土地城镇化"的窠臼。从表面上看，城镇化其实就是将农村人口从农村吸纳到城市之中，如果仅从土地着眼，这一过程也是相对容易实现的。农民"洗脚上楼"和"集村并居"就能较为轻松地从数字上提升城镇化率，但这并不是对人的关注和发展，相反却是用冰冷的数字去抹杀人的价值。空间规划虽然令城市的面貌焕然一新，不过其终归是在"土地财政"下形成的"以物为本"和"以地为本"的城镇化逻辑，对作为主体的人的关注还是极为不够的。因此才会有观察者发出了"城镇化，别把人落下"的警

---

① 宋立：《劳动力与消费者"分离式"城镇化》，《经济学动态》2014年第5期。
② 同上。

告。① 所以，要在社会规划的前提下，空间规划才能有效地形成一种"以人为本"的城乡一体化。

要做到社会规划与空间规划的互促，就必须在城乡一体化的建设过程中，坚守住"三条底线"和"三点要求"。所谓三条底线是指：不能损害农民利益、始终保持乡土田园风光和地方特色以及建设符合长远发展的乡村规划。② 而三点要求指的则是：一是要求政府对当前的经济、政治体制作出相应的调整；二是要求城市以更公平的方式提供更多公共品，以及就业和培训机会；三是要求土地的增值转化成人民生活水平的提高。③ 如果说"三条底线"和"三点要求"是方向性的指引，那么，我们更需要一种细化的指标来对社会规划进行一个全面的操作。我们将社会规划的核心内容做成下表，从而为江夏区城乡一体化建设提供未来的工作指引。

表 8—3 社会规划的核心内容④

社会规划的三个维度	包含层次	具体内容
基本主题：保障生活质量	健康	为全体居民创造健康的生活条件，促进环境、物质、社会和情感健康，使人们消除疾病和环境压力
	安全	维持社会稳定和社会安全，提高社区应对自然灾害、暴力行为和犯罪的能力，为居民提供安全的居住环境

---

① 言页：《城镇化别把人落下》，《人民日报》2014 年 2 月 24 日，第 10 版。

② 李培林：《新型城镇化与突破"胡焕庸线"》，《人民日报》2015 年 1 月 8 日第 16 版。

③ 郑永年：《城市化的核心是人的城市化》，《农村经济通讯》2011 年第 1 期。

④ 刘佳燕：《城市规划中的社会规划——理论、方法与应用》，东南大学出版社 2009 年版，第 66—68 页。

社会规划的三个维度	包含层次	具体内容
基本主题:保障生活质量	住房	提供多样、可支付和适宜的住房,保障面对中低收入群体的公共住房供给和支持服务
可持续手段:营造宜居环境	教育	支持广泛、灵活的教育和培训发展,支持正式与非正式的终身学习,加强学校与家庭、工作地之间的联系
	文化休闲	营造宜人的城市文化景观与休闲氛围,培育并推进城市和社区的文化认同
规范准则:实现社会和谐	社会公正	促进社会公正,保障城乡公共空间和社会资源面向所有社会成员,实现公平分配
	公众参与	推进公众参与,倡导和帮助社会相关利益群体积极参与到规划和决策的制定中,促进社区自我发展和能力建设
	社会整合	加强社会整合,通过用地功能、就业机会和住房类型的合理混合,引导居民之间的相互沟通与合作;提高社区环境、文化和风俗等方面的品质和特色,增强社区认同感和归属感

尤其要强调的是,社会规划不能"遗忘乡土"。一方面,农村的社会规划是整个规划体系的重要组成,正视乡村没落和逐渐凋敝的严酷事实,才能在社会规划中克服单向度的城市化和绝对的工业主义的片面性。因此,将乡土的情怀、记忆和责任应用到城市社会规划中显得十分必要,在城市规划和公共空间的设计中多考虑居民的社会化参与,才能使居民拥有更多的机会去亲近自然和土地,以使生态文明"内化于心、外践于行"①。另一方面,乡土的社会规划还要注重土地的"社会属性"。一则要规范农村土地流转的有序

---

① 朱红文:《社会治理不要遗忘乡土》,《光明日报》2015 年 1 月 12 日第 11 版。

性，大力发展新型农业经营主体，避免流转土地"非农化"。二则要开展多样化确权，在保障个体农民利益的基础上强化村集体，探索强化集体所有制的新途径。

总之，江夏区城乡一体化发展中的社会规划要以"重结构""顾大局""治根本"和"管长远"为特征。社会规划必须妥善处理好当前发展与未来发展、局部利益与整体利益、部门利益与全局利益、经济发展与生态保护、经济效益与生态效益、生产进步与生活质量、硬件提升与软件发展等关系。

五　总结：全面实现以人为本的城乡一体化

正如 2001 年诺贝尔经济奖得主斯蒂格利茨（Joseph Stiglitz）所言，"作为世界上最大的发展中国家，中国的城市化与美国的高科技发展，将是深刻影响 21 世纪人类发展的两大课题"。[①] 一方面，从城市的维度上看，近十多年来，我国的城镇化率以每年 1% 的增长速度驶进了快车道，并成为了中国经济社会发展的新引擎；另一方面，从乡村的角度上讲，当前农村的问题已由"老三农"向"新三农"转型，自我国 2006 年彻底取消农业税和全面推行新农村建设以来，乡土社会已经进入后税费时代，这也决定了城乡关系的深刻转型，"三农"问题由此被更新。农民组织权益、农村社会可持续发展以及农业生态安全成了新的问题源。所以，我国的经济社会发展始终面临着城乡关系的内在挑战，如何通过城乡一体化来化解这些难题，也亟需我们做进一步的思考、探索和研究。更为紧迫的是，目前中国的经济发展已正式步入新常态之中，在城乡结构原本就未理顺的前提下，扩大内需、促进产业升级以及加强供给侧改革也给城乡一体化提出了新的挑战。

[①]　王梦奎、冯并、谢伏瞻主编：《中国特色城镇化道路》，中国发展出版社 2004 年版，第 163 页。

　　江夏区作为武汉市城乡一体化建设的先行地区，当前面临三个难以突破的困题，即："地从哪里来""钱由哪里出""人往哪里去"。这其中尤以"人往哪里去"最为重要，因为只有合理地安置了"人"的去向，才能最终在"地"和"钱"的问题上找到可持续性的发展途径，并最终实现"以人为本"的城镇化。然而，较之于以往"以地为本"和"以物为本"的传统发展取向，"以人为本"的城镇化实际上是最难突破的，其原因就在于城市化的过程中，"非符号化"的要素（楼房和基础设施建设）总是要比"符号化"的要素（思想观念和生活习惯）更易改造。"以人为本"的城镇化无疑是我国当前深化改革所必须攻克的重点领域，也构成江夏区实现城乡一体化所面临的最大难点之一。

　　总之，城乡一体化就是始终将工业和农业、城市和乡村作为一个整体统筹谋划，促进城乡在规划布局、要素配置、产业发展、公共服务、生态保护等方面相互融合和共同发展。江夏区未来城乡一体化建设的着力点在于通过建立城乡融合的体制机制，形成以工促农、以城带乡、工农互惠、城乡一体的新型工农城乡关系，目标是逐步实现城乡居民基本权益平等化、城乡公共服务均等化、城乡居民收入均衡化、城乡要素配置合理化，以及城乡产业发展融合化。

附表

城乡一体化指标体系指标、权重及标准值

总目标系统	一级目标系统及权重	二级目标系统及权重	个体指标		
			指标	单位	基本现代化标准值	权重
城乡一体化指数	城乡一体化发展度　40		人均GDP	美元	8000	30
			城市化率	%	70	10
			农业劳动生产率		20000	10
			非农就业比重	%	85	10
			服务业增加值比重	%	65	10
			城镇居民人均可支配收入	元	25000	10
			农村居民人均纯收入	元	12000	10
			人均预期寿命	岁	74.5	10
	城乡一体化差异度　60	居民收入和生活差异　25	城乡居民人均收入差异	元		40
			城乡居民恩格尔系数差异			30
			城乡居民生活用电量差异	千瓦时		15
			城乡人均文教娱乐支出差异	元		15
		公共服务差异　25	城乡医疗保险覆盖率差异	%		50
			低保标准差异	%		50
		基础设施与社会环境　20	城乡有线电视覆盖率差异	%		50
			城乡安全饮水普及率差异	%		50
		区域发展差异　20	地区人均GDP差异	元		60
			地区人均财政收入差异	元		40
		外来人口与本地人口差异　10	计生事业费财政补贴差异	元/人/年		50
			公共卫生服务费补贴差异	元/人/年		50

后　记

本书稿是江夏区政协立项的《新型城乡一体化发展的探索——来自武汉江夏的"中国经验"》课题的最终研究成果。本研究目的主要在于，总结和概括江夏区政府在理顺城乡关系、建设美丽乡村实践中所形成的"江夏经验"和"江夏模式"。一方面，我们全面梳理了江夏区城乡一体化建设的背景和历程，深入展现了区委区政府推进城乡一体化发展的理念、内涵和方法，并积极探究了其背后蕴藏的深层意涵、逻辑与机制。同时，课题组还对城乡社会治理、城乡发展动力、城乡公共服务均等化等关键议题给予了重点探讨，以此对城乡社会结构形成一个更为系统且立体的观照；另一方面，我们也对江夏区在破解城乡发展失衡中的新手段和新成果作了深度分析，进而立于地方特色而提炼出了城乡一体化的"江夏经验"和"江夏模式"，并针对其存在的问题和不足给予了相应的对策性建议。

为了推进该项研究，课题组多次深入江夏区城镇和农村进行城乡一体化建设的调研，获取了丰富的访谈资料、收集了大量的文件和统计数据，为研究提供了坚实的前期准备。在写作中，江立华提出了研究框架和基本思路，课题研究采取分工负责与集体讨论相结合的方式进行。写作的具体分工是王斌负责第一章和第八章，卢飞负责第四章和第七章，姚英负责第二章和第五章，梁爽负责第三章和第六章。最后由江立华修改并定稿。书稿可以说是课题组成员团结、协作的结晶，每一章的内容都凝聚着课题组集体的智慧。

　　在该书出版之际，脑海里又浮现出治学严谨、胸怀宽广、师德高尚的恩师郑杭生教授的高大形象。对武汉市江夏区的城乡一体化探索，是先生生前选定的研究"中国经验"的一个地方范例——当代中国城市社会发展实地调查研究的中部典型，为此他倾注了大量心血。然而不幸的是，课题刚开始启动，先生就乘鹤而去。为了完成先生留下的这份任务，我们没有懈怠，尤其是几位博士生和硕士生冒着酷暑多次深入实地调查，收集资料、专心写作，今天这本书终于杀青了。愿此书的出版可以告慰先生的在天之灵。先生的"方向正确，品德高尚，学问扎实，身体健康"的做人准则将永远铭记在我们心中。

　　另外，该书的出版还要感谢中国人民政治协商会议武汉市江夏区委员会原主席张敏女士、副主席段水林先生和秘书长王文灿先生的大力支持。在课题研究中，他们不仅提出了许多宝贵的意见和建议，而且落实调查地点、协调调研工作、提供有关资料和数据，为课题的顺利开展提供了重要保障。

　　最后，感谢华中师范大学社科处为研究的开展提供的大力支持，也感谢中国社会科学出版社的编辑对本书付梓付出的辛勤劳动。

　　由于作者水平有限，书中错误之处在所难免，敬请广大读者批评指正。

江立华

2017 年 3 月于武汉桂子山